智能交通研究与开发丛书
INTELLIGENT TRANSPORTATION

智慧出行服务
技术与方法

TECHNOLOGY AND METHOD OF
SMART MOBILITY SERVICE

吴晓东　邱红桐　马东方　梅振宇　封春房　伍速锋　付长青　著

本书由"十三五"国家重点研发计划项目"城市智慧出行服务系统技术集成应用"的技术成果凝练而成，系统介绍全方式出行特征和精准用户出行需求，并以出行需求全链条响应和出行资源一体化配置为主线，讨论全方式、全链条、一站式的交通出行服务技术，形成出行即服务新模式；同时，面向政府治理侧论述交通供需预测、资源优化配置、多方式交通协同管控、智能推荐诱导服务等技术，形成管控促服务新模式，最终实现交通出行品质和资源利用效率双提升。

本书适用于智能交通相关行业的研究机构、管理机构和出行服务企业的管理者和技术研发人员阅读，也可为我国出行服务系统的革新提供一些思路和方法。

图书在版编目（CIP）数据

智慧出行服务技术与方法 / 吴晓东等著. -- 北京：机械工业出版社，2024.9. --（智能交通研究与开发丛书）. -- ISBN 978-7-111-76799-2

Ⅰ. F502

中国国家版本馆 CIP 数据核字第 2024TR9324 号

机械工业出版社（北京市百万庄大街 22 号　邮政编码 100037）
策划编辑：李　军　　　　　　　责任编辑：李　军　高孟瑜
责任校对：曹若菲　张　征　　　责任印制：刘　媛
北京中科印刷有限公司印刷
2024 年 11 月第 1 版第 1 次印刷
169mm×239mm・12.75 印张・2 插页・238 千字
标准书号：ISBN 978-7-111-76799-2
定价：99.00 元

电话服务　　　　　　　　　　网络服务
客服电话：010-88361066　　　机　工　官　网：www.cmpbook.com
　　　　　010-88379833　　　机　工　官　博：weibo.com/cmp1952
　　　　　010-68326294　　　金　书　网：www.golden-book.com
封底无防伪标均为盗版　　机工教育服务网：www.cmpedu.com

前言 PREFACE

近年来，随着云计算、大数据、物联网等时代前沿技术助力科技创新，传统交通出行服务与新兴技术渗透融合，正逐步向智慧出行服务模式变革，为出行者提供多渠道、多方式、可预约、可定制的高品质出行服务，提升大城市交通出行效率。我国《交通强国建设纲要》也提出要"推进出行服务快速化、便捷化""打造基于移动智能终端技术的服务系统，实现出行即服务"。

当前，"互联网＋出行服务"新业态、新模式的相继推出和盛行，在一定程度上促进了交通运输服务行业的生产力解放，促使交通运量和运力之间的动态平衡。但城市交通出行过程中还存在多方式组合出行效率低、出行信息集成服务不足、交通资源协同调度能力不高、行车停车衔接不够顺畅等问题。因此，精准获取出行需求、科学配置出行资源、高效推送出行信息，最终实现多种方式出行供需动态匹配，是当前亟待解决的关键技术。

Uber、Lyft、滴滴出行等网约车公司通过开启共享出行服务，向传统出行服务市场发起了冲击，之后出行即服务（Mobility as a Service，MaaS）这一核心概念的出现与兴起，为智慧出行又赋予了新的内涵，"一站式出行服务"迅速成为当下的热点与发展趋势。

与此同时，交通供给不断增加，供需矛盾不平衡所导致的资源不充分利用、分配不公平、城市生存环境恶化、土地资源紧张等问题也不断凸显。究竟什么才是出行服务模式的变革？什么样的出行新模式可以解决现在城市交通拥堵常态化、出行体验差等痛点？什么样的出行服务新模式才是适合我国国情和体制机制的？

公安部交通管理科学研究所及其团队承担了"十三五"国家重点研发计划项目"城市智慧出行服务系统技术集成应用"，努力通过技术创新回答上述问题，并将研究成果凝练成本书。相关成果为出行服务模式构造提出了新思路和新方案。全书由公安部交通管理科学研究所副所长吴晓东研究员统稿,并负责著第 1 章和第 7 章部分内容;公安部交通管理科学研究所邱红桐研究员负责著第 5 章;浙江大学马东方教授负责著第 2 章和第 8 章;公安部交通管理科学研究所封春房副研究员负责著第 3 章;浙江大学梅振宇副教授负责著第 6 章;中国城市规划研究院伍速锋教授级高工负责著第 4 章;北京千方科技股份有限公司总工程师付长青参与著第 7 章剩余部分。

  由于著者水平有限,书中难免出现疏漏和不足之处,敬请读者批评指正!

著 者

目录 CONTENTS

前言

第1章 智慧出行服务理念

1.1 智慧出行的概念与特征 / 001
1.2 智慧出行服务的建设内容 / 005
1.3 智慧出行与智慧交通的关系 / 009
  1.3.1 智慧出行与智慧交通概念的发展 / 009
  1.3.2 智慧出行与智慧交通的内在联系 / 010

第2章 面向智慧出行服务的个体出行画像构建技术

2.1 个体出行画像导入 / 011
2.2 基于居民调查数据的职住画像构建 / 012
2.3 基于轨迹聚类算法的通勤路径画像识别 / 014
  2.3.1 研究流程与框架 / 014
  2.3.2 时空轨迹相似度 / 015
  2.3.3 轨迹聚类的模型 / 017
  2.3.4 实验验证 / 018
2.4 基于车牌识别数据的通勤画像构建 / 019
  2.4.1 车牌数据预处理 / 020
  2.4.2 通勤车辆画像构建 / 025
2.5 基于公交刷卡数据的乘行画像构建 / 028
  2.5.1 公交刷卡数据处理 / 028
  2.5.2 乘客上车站点匹配 / 031
  2.5.3 乘客下车站点预测 / 031

2.6 基于轨迹数据的密集路径画像构建 / 035
    2.6.1 时空轨迹相似度 / 036
    2.6.2 轨迹聚类模型 / 037
    2.6.3 潜在定制线路提取方法 / 039
    2.6.4 实验验证 / 039

2.7 出行画像数据架构和标签设计 / 043
    2.7.1 数据框架及开发环境 / 043
    2.7.2 数据标签体系 / 044

第3章 面向出行服务的交通需求优化技术

3.1 出行特征表达与萃取技术 / 047
    3.1.1 出行特征指标体系构建 / 047
    3.1.2 出行特征萃取技术 / 051
    3.1.3 出行特征概率图模型框架和提取方法 / 056
    3.1.4 出行特征可视化 / 067

3.2 多尺度交通态势演变推演技术 / 069
    3.2.1 交通态势演变推演思路整体设计 / 069
    3.2.2 多尺度交通态势演变推演体系 / 071

3.3 交通出行需求优化与引导技术 / 090

第4章 基于大数据挖掘的出行激励服务技术

4.1 激励出行措施概述 / 092

4.2 出行方式决策机制及关键影响要素挖掘 / 092
    4.2.1 北京交通绿色出行一体化服务平台数据挖掘 / 092
    4.2.2 其他 APP 数据挖掘 / 093

4.3 面向系统最优的激励措施优化方法 / 094
    4.3.1 激励效果评价模型 / 094
    4.3.2 出行激励策略库设计 / 095

第5章 面向出行服务的交通资源动态调度技术

5.1 基于供需失衡致因挖掘的多方式出行资源协同调配技术 /100
- 5.1.1 交通供需失衡单元识别及致因挖掘 /101
- 5.1.2 多方式出行资源协同调配方法 /104

5.2 重要节点交通时空一体化智慧管控技术 /120
- 5.2.1 交叉口多方式综合效率测算模型构建 /120
- 5.2.2 面向出行服务的公交主动优先技术 /130

5.3 特殊或异常交通需求下多方式出行协同诱导技术 /139
- 5.3.1 异常交通需求识别 /139
- 5.3.2 特殊或异常交通需求影响范围及持续时间 /143
- 5.3.3 诱导信息下出行者行为选择分析及建模 /150
- 5.3.4 诱导信息的多方式组合发布 /153

第6章 面向复合网络的个体出行方案规划技术

6.1 复合网络的表达模型 /156
- 6.1.1 复合交通网络拓扑 /156
- 6.1.2 方式网络层构建 /158

6.2 基于复合网络的可行组合路径生成技术 /158
- 6.2.1 复合网络的路段表达 /158
- 6.2.2 复合路径的表达 /159

6.3 组合路径出行广义成本测算方法 /160
- 6.3.1 行驶段出行成本 /160
- 6.3.2 转换段转换成本 /163
- 6.3.3 方式链出行成本 /163

6.4 基于用户画像的出行前静态方案匹配技术 /163
- 6.4.1 出行组合方案优化 /163
- 6.4.2 出行偏好与模式识别 /168

第7章 基于实时交通信息的出行方案动态调整技术

7.1 出行路径动态优化方法逻辑框架 /173

7.2 实时动态信息影响的行程时间预测方法 / 174
    7.2.1 模型输入与数据处理 / 176
    7.2.2 域转换器构建方法 / 178
    7.2.3 基于复合邻接矩阵的图卷积网络设计 / 179
7.3 基于潜在语义知识蒸馏的动态交通事件实时识别方法 / 180
    7.3.1 语义知识蒸馏研究背景 / 182
    7.3.2 基于对比学习潜在语义知识蒸馏方法框架 / 182

第8章 出行服务评价技术

8.1 出行服务评价策略 / 187
8.2 出行服务评价指标体系及测算方法 / 189
    8.2.1 服务感知–期望聚合模型 / 189
    8.2.2 服务感知聚合模型 / 190
    8.2.3 服务感知分解模型 / 190
    8.2.4 服务感知–期望分解模型 / 191
8.3 出行服务评价反馈机制 / 191

参考文献 / 193

第1章
智慧出行服务理念

1.1 智慧出行的概念与特征

智慧出行，是指借助移动互联网、云计算、大数据、物联网等先进技术和理念，将传统交通运输业和互联网进行有效渗透与融合，形成具有"线上资源合理分配，线下高效优质运行"的新业态和新模式，为出行者提供多渠道、多方式、可预约、可定制的高品质出行服务，提升大城市交通出行效率。我国《交通强国建设纲要》也提出要"推进出行服务快速化、便捷化""打造基于移动智能终端技术的服务系统，实现出行即服务"。

本书在借鉴国内外关于智慧出行、出行即服务（Mobility as a Service，MaaS）等概念和内涵的基础上提出了适合中国特色的智慧出行模式，即管理和出行相结合的服务模式（TMaaS）。中国特色的智慧出行以"全要素联动、一站式出行"为核心理念，以"出行服务高品质、资源利用高效率"为目标，通过智慧出行服务平台，将信号、事故、拥堵状况等交通管控数据与个性化出行服务方案相结合，不仅可以提高城市的交通运行水平，还可以实现出行全过程智能化服务，如图1-1所示。

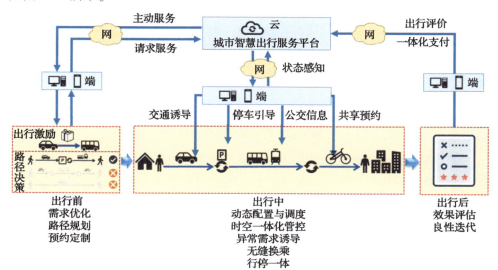

图1-1 出行全过程智能化服务

整个服务过程可以分解如下：出行前，用户通过客户端可以进行预约出行，并享受路径组合的方案推送；出行中，通过前端的感应设施，管理端和运营端可以实时调配交通资源，进行交通管控和诱导，为用户提供行停一体、无缝换乘的出行服务；出行后，用户通过客户端进行一码支付，若按照推荐路径出行，还可以获得相应的奖励。通过历史出行数据，还可以进行闭环反馈和效果评估，为管理者制定交通政策和规划方案提供数据支撑。

中国特色的智慧出行最明显的转变就是将面向个体的出行服务转变为面向宏观系统调控和个体出行服务相结合的"双服务"模式。用四个字总结管理和出行相结合的服务模式的核心特点便是"多快好省"："多"——出行选择多，"快"——出行用时短、速度快，"好"——出行体验感好，"省"——运输成本最小化和出行消费最节省。

中国特色智慧出行的"多快好省"主要来源于以下4个方面：数据赋能、效率革命、需求引导以及网络协同。

（1）数据赋能：要素联动

数据赋能的核心在于联动管理端、出行端、资源端，实现三位一体的高效率出行服务，即交通参与者、交通管理者、交通工具、道路管理设施之间进行及时和高效的信息交换，如图1-2所示。

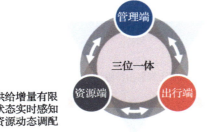

图1-2 数据赋能三位一体

对于管理端，需要打通交通局、交警、城管、规划局等各个部门的管理壁垒，做好数据的共享与统一，这对系统间的协同和单位、部门间的协调提出了更高的要求。通过对数据的挖掘利用，交通管理部门可以更好地掌控整个交通系统的状态，对道路网络的瓶颈点、事故易发点等进行精准监测与控制，还可以结合交通需求的动态变化，及时通过信号配时优化、道路路权分配优化等手段，对交通时空资源进行优化。

资源端是交通数据的来源，利用状态实时感知设备所获取的交通系统数据，交通资源供应商,例如公交运营商和滴滴、高德出行服务商等,可以更好地把握供给与需求之间的平衡,对车辆做出更有效的调度与组织。

出行端的核心是用户需求,在供给增量有限、需求量不断增加的情况下,需要通过对历史数据的不断学习去了解用户,对用户出行需求进行预测,做出更高效合理的主动需求管理政策与方案。

(2)效率革命:一站服务

"信息不对称"是产生多种交通问题的原因之一,智能交通的理想状态就是人、车、路和环境等要素高度信息化、协同化,促进出行效率的大幅提升。交通系统的总体效率包含道路时空资源利用效率和交通工具利用效率等。

目前城市公交及共享单车的利用率还有很大的提升空间。如2019年下半年北京市共享单车日均周转率仅1.4次/辆,仍有3倍以上的潜力有待挖掘。交通工具提升潜力如图1-3所示。新模式下的出行服务系统通过对大量历史数据的分析,可以实现对用户习惯、喜好及需求的精准把握,对共享单车供给缺口大的地方加大单车投放量,对利用率不高的地方收回一定数量的单车,同时加以引导,鼓励用户使用公共交通出行,提高公共交通、共享单车等交通工具的利用率。

交通管理者和运营商则通过新模式下的出行平台获取必要的数据,通过对这些数据的处理和分析,掌控交通实时运行状态,并据此采取合理措施。例如:获取交叉口的车辆信息、排队信息等,调整信号配时,对交叉口的通行效率进行改善,提高对道路时空资源的利用率。远期随着无人驾驶技术发展,还可以提高车与车、车与路之间信息交互能力,缩小车头时距,将道路通行能力提高2~3倍。

图1-3 交通工具提升潜力

(3)需求引导:削峰填谷

交通出行新模式下,鼓励用户预约出行和根据交通状况优化出行选择,通过获取用户的出行需求对整个交通系统进行宏观把控,为用户提供出行时间、路径、方式上的备选方案，通过激励手段，引导用户选择从个体最优向系统最优演进，达到科学引导需求，促进需求与供给的平衡，如图1-4所示。

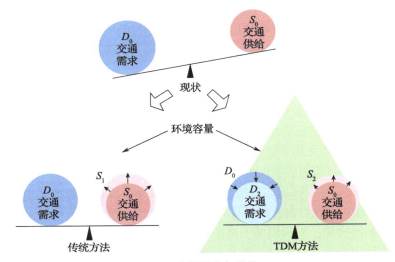

图1-4 交通需求与供给

在出行产生阶段，尽量减少弹性出行的产生，如以电信方式代替出行（电信会亲访友、网上购物、电视电话会议、网络办公/电子通勤等）；压缩工作日（在一段时间内，延长一天的工作时间，减少工作的天数）。在出行分布阶段，将出行由交通拥挤的目的点向非拥挤的目的点转移，如实行区域限行措施、城市布局优化。在出行方式选择阶段，将出行方式由小汽车方式向集约化方式转移，如对小汽车方式实行抑制措施（如停车费、通行费）或对公交、自行车、步行等交通方式实行鼓励措施（如乘车费的调整、公交优先、自行车及步行环境改善等），以促进人们选择集约化或低耗能的交通方式，保持各种运输方式宏观上的供需平衡。在空间路线选择阶段，将出行由交通拥挤的路线向非拥挤的路线转移，如采用先进的信息技术向出行者提供实时交通信息，或通过强制收费或价格优惠，使出行者避开拥挤地段等。在时间段的选择阶段，将出行由交通拥挤的时间段向非拥挤的时间段转移，如采用先进的信息技术、向出行者提供实时交通信息、错时出勤或通过价格策略，使出行者避开拥挤时段。

（4）网络协同：发挥合力

信息化和智能化已注定让这个社会走进万物互联的世界。在万物互联的世界里，出行新模式的根本革命在于形成了一张开放的"网"——开放的网络结构、自由的多元协同、分布式的自组织体系。TMaaS的第四个底层逻辑便是网络协同，其核心在于各个要素的直连直通、互联互通、共同生长。

在智慧出行新模式这张"网"上，可以密布海量的"点"，各个点都是可以直连直通的角色，两两相连形成线，每条线都是一个应用场景。比如车路协同就是两个"点"，直连直通形成"线"的应用场景。更深一层次的网络协同是将交通管理者、用户、交通设施、交通环境、交通运营商、交通工具、服务提供商、数据提供商等联系起来，形成一个完整的交互生态体系，突破"二元制"的直连直通，从双边市场演化成了复杂的多边市场，多元角色在其中相互协同。

网络协同是互联网时代的未来趋势，其产物就是给用户提供一个"超级平台"。以美团公司为例，2020年11月，美团市值一度超过中国工商银行，年内猛增230%。美团的"超级平台"战略以本地生活服务为大场景闭环，通过满足同一类用户的不同需求，集低频为中频、集中频为高频，来实现用户争夺和心智占领，从而达到掌控用户流量的目的，如图1-5所示。

图1-5　美团本地生活服务大场景的"超级平台"

智慧出行新模式同样可以提供一个"超级平台"。这个"超级平台"允许多方参与者进行交互，包括出行需求者（私人或群体客户）、出行服务供应商（公共或私人企业）、平台所有者（第三方企业、公共服务运营商等）、行业管理者（政府相关部门、地方当局）以及其他行动者（支付结算、电信和数据管理公司等）。让交通管理不再仅仅是传统的交通管理部门由上而下单向管理工作，而是逐步转变为道路出行者、交通管理者、信息服务商、出行服务供应商等之间的交互式管理。

1.2　智慧出行服务的建设内容

智慧出行服务就是通过数据和信息把交通系统四要素的"人、车、路、环境"统一管理起来，利用大数据和智能化打通各个要素之间的关系，同时也改变各要素之间的关系，实现对微观个体出行服务的优化以及对宏观交通系统的优化，从而实现整个交通系统更高效运行，为用户提高更高品质的出行服务，如图 1-6 所示。

同济大学杨晓光教授在"智能交通是破解交通难题的主要着力点"中表示："自交通强国提出之后，大家已经充分认识到了'现代交通+'的概念，也就是说把交通做强不仅是解决了交通问题，实际上也是在重塑一个城市、一个区域的时空形态，催生经济新业态、新模式，变'人走得了''物运得了'为'人便其行''物优其流'，未来交通将会变成一种享受。"

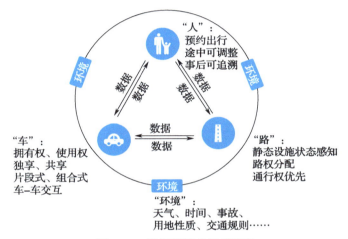

图 1-6 出行新模式组成要素

(1)"人"

"以人为本"是交通系统的核心所在，交通管理者和决策者不能只关注基础设施的完善和高新技术的应用，却忽略人在交通系统中的角色和地位。从"人"的角度理解新模式，将人的出行行为转变为出行服务方案，并为方案消费。相比传统出行模式，交通系统中的"人"要素总共有 5 个方面的转变，如图 1-7 所示。

1) 出行服务由单次转变为多次。出行新模式为用户提供一站式出行服务，用户只需指定出行起讫点即可得到多方式组合的出行服务，并通过平台一次性支付费用，比起需要多次查看、规划路线并分开支付费用的传统单方式出行服务，出行新模式可以更加高效、便捷地实现门到门的服务。

2) 用户角色的可变性。例如顺风车服务，用户乘客的身份向驾驶员身份转变，自己出行的同时也可以为别的用户提供出行服务，提高车辆及道路资源的利用率。

3) 单人出行向多人出行的转变。依据社群经济，出行新模式为用户提供拼车合乘的可能。在出行新模式下，系统可以依据用户需求及历史数据对用户出行进行个性化的匹配，利用用户出行起讫点及时间等方面的契合程度提供高质量的拼车服务。

4）一般化服务向个性化服务的转变。不同的出行场景中，如通勤、商务、旅游等，用户会针对性地选择合适的时间、网点和车型等。区别于传统的出行服务，出行新模式可以根据用户的特点、偏好等属性，在特定场景下为消费者提供个性化的车型和服务，打造差异化，为用户提供私人定制的出行服务。

5）单一出行目的向"出行+消费"的转变。通过使用新模式下的出行服务，系统会为用户推荐目的地周边的兴趣点等，同时用户可以得到一定的积分奖励，形成"交通+旅游"的出行模式。

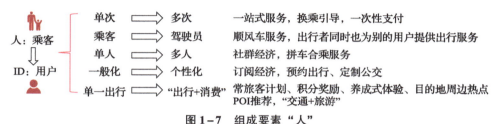

图1-7 组成要素"人"

（2）"车"

从"车"的角度理解新模式，将车从交通工具转变为出行商品，贴近人的需求，为人服务。具体有三个方面的转变，如图1-8所示。

1）车辆拥有权向使用权的转变，独享性向共享性的转变。新模式下的出行服务让供给和需求都能实现快速、精准、高效的匹配，为广泛而复杂的共享运营提供了可能，可以极大化地改善供需关系，提高道路资源及交通工具的利用率。

2）车辆状态由不可知向可监测的转变。通过接入交通动态数据，为乘客提供实时车辆信息，如公交车的实时位置，从而让乘客了解车辆还有几站以及几分钟到达，避免其焦急等待，有效提升出行体验。

3）出行模式由片段式向组合式的转变。以北京MaaS一站式出行平台为例，该平台能够整合各种方式的交通出行服务，为市民提供一站式出行服务。

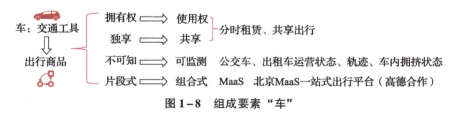

图1-8 组成要素"车"

（3）"路"

随着智能交通的发展，越来越多的数据采集设备应用到交通管理之中，交通管理系统更加智能,让交通出行更加安全。从"路"的角度理解新模式,通过智能感知设备,静态交通设施转变为动态信息流,更好服务人和车。主要包含四个关键信息流:道路、路口、公交站点、枢纽。以道路为例,道路上的数字化、智能化设施设备,可以为交通管理中心提供道路上的实时交通信息,通过分析得到的交通信息,管理中心可以掌握路网运行状态,为道路上的车辆提供一些精确、准确的诱导信息,保障整个交通系统的运行。再者,通过公交站点的采集设备,系统能得到公交车辆的实时运行状态、站点的候车人数等信息,从而在很大程度上提升了用户乘坐公共交通的体验。

(4)"环境"

从"环境"的角度,利用大数据,建立环境与出行行为的关系,如图1-9所示。利用天气、用地性质、时间、事故等多源数据,将环境与人的出行行为联系起来,确保出行线路更安全、更畅通、更便捷,促使出行服务走向个性化、精准化。

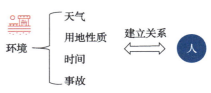

图1-9 组成要素"环境"

一方面,通过对环境数据的分析,可以增加道路安全性。以道路天气传感器为例,该设备能自动检测当前道路的天气状况,如雨水、结冰、积雪等,通过对这些数据的分析演算得到当前路面的摩擦系数并反馈给交通管理中心。交通管理中心则会依据这些数据调整信号配时,为驾驶员提供更安全的出行环境。

另一方面,通过在时间尺度上分析用户出行行为,可以得到用户出行特征与时间的相关性,从而更好地调配资源。以网约车为例,研究发现,对比工作日,非工作日时网约车的需求大于供给,出现了不平衡的状况,如图1-10所示,因此,可以考虑在非工作日增加供给或引导部分用户乘坐公共交通,以实现交通系统的供需平衡。

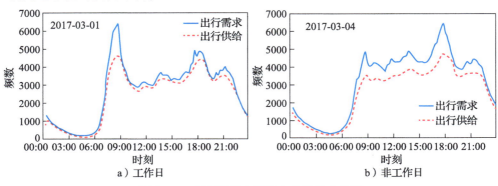

图1-10 时间尺度上网约车供给需求分析

1.3 智慧出行与智慧交通的关系

1.3.1 智慧出行与智慧交通概念的发展

智能交通的概念最早于1960年由美国智能交通协会提出,而随着居民对交通需求的提高,以及智慧城市建设的逐渐走向实践,智慧交通的概念也从智能交通发展出来。

最初,智能交通只是服务于交通运输设施建设的技术,聚焦于各类交通应用的信息化。然而,随着信息技术的广泛应用和与产业的深度融合,交通运输行业已经发生了巨大的变化。智能交通不再只是服务于交通运输的技术,更被赋予了新的概念和意义,智能交通更关注城市与交通的协调发展,为城市居民提供更好的出行服务。交通真正的智能化是交通运输行业发展的必然选择,也是交通运输系统发展的最终愿景。

智能交通系统(Intelligent Transport System,ITS)服务于交通管理和控制过程,将先进的感知技术和控制技术有效地集成运用于交通运输管理体系,实现对城市交通场景全面深入地合理规划和管控,广泛应用于交叉口信号灯智能控制、机场车站客流预测和疏导、智能电子收费系统、公共交通自适应调度系统、高速公路拥堵预判和车流疏导、交通设施质量检测和日常维护等多种交通子系统。

通过加强人、车、路三种交通参与者之间的联系,智能交通系统的广泛应用明显提高了交通设施的利用率,缓解了交通拥堵,优化了城镇居民的出行体验;同时,智能交通系统在降低能源消耗、减少碳排放等方面也发挥了积极作用,已经成为现代城市不可缺少的组成成分。

智慧交通是智能交通理念的更深入表达。随着科技的发展,在完善的智能交通系统的基础上,物联网、云计算、互联网、人工智能、自动控制、移动互联网等信息技术应用到交通控制领域中,智慧交通的概念从智能交通系统中演化出现。智慧交通不仅仅是通过优化控制实现现有交通资源的最大化利用,更关注于如何从大量交通信息中学习交通环境特征,在更大的空间和时间尺度下实现对交通过程的感知、分析和预测,结合已有经验完成对当下和未来的交通过程的优化控制。智慧交通主要吸收使用了大数据、云计算等领域数据处理技术,使用机器学习、人工智能等决策方法,实现了对交通的即时、准确预测和控制。智慧交通可以充分发挥现有资源,给交通的参与者和规划者提供了未来交通资源的供需预测,对城市居民出行、交通供给规划和调度有着指导性作用,服务于公众出行,对城市经济的可持续发展有着重要意义。

智慧出行是智慧交通的重要组成。智慧出行是指利用新的科技形式来助力出行,借助大数据、移动互联网、物联网、人工智能等信息技术重新构建出行方式，将传统出行方式与互联网的发展有效融合，沟通了线上需求分析和线下资源调度两个过程，建立起大范围内的实时、高效、准确的出行系统。相较于传统出行，智慧出行的研究更关注信息技术的应用，但智慧出行的研究对象仍是出行问题。在学习新技术优化控制方法的基础上，研究者更应该关注交通出行实际应用场景，推动智慧出行从理论发展到实践。在研究中，智慧出行利用卫星、车联网、高清摄像头等传感技术实现数据的采集，使用云计算等技术完成交通数据的处理和计算，最终服务于出行的主体，为用户提供即时的交通信息，对交通环境进行准确预测，提升居民出行质量；同时，智慧出行还关注城市整体交通环境的变化，帮助政府部门制定交通管理方案，提升城市运行效率。

1.3.2 智慧出行与智慧交通的内在联系

从组成成分来看，智慧交通涵盖智慧出行、智慧物流、智慧交通管理、智慧交通规划等多个交通控制领域，而智慧出行是智慧交通最重要的组成成分之一。出行需求作为交通过程特别是居民需求的主要内容，是智慧交通控制过程的重要环节。智慧出行的发展对社会和生活产生了深刻的影响，一方面，从主观上讲，智慧出行影响了人们的出行方式与出行理念，深刻改变人们的出行行为；另一方面，在客观上，智慧出行显著提升了城市出行的效率，改善了过度拥挤的交通状况，提高了人们的出行体验感和社会发展过程的参与度，帮助人们享受科技发展带来的便捷。

从服务对象来看，智慧出行主要服务于公众。居民是交通要素的使用者，如何为其提供良好的出行服务是智慧交通建设的重要组成部分，打车、导航等第三方出行服务提供者致力于为用户提供个性化、人性化、智能化的服务内容，满足消费者的出行需求。在智慧出行的基础上，智慧交通的业务架构还关注其他两个主体：一是政府管理部门，政府统筹城市交通运输规划，调整交通资源供给，参与包括宏观决策、规划设计、交通设施建设、交通秩序维护、交通资源调度在内的各项工作；二是相关企业，除了消费者的属性，企业还是交通运输要素的提供者，与交通部门合作提供车辆、船舶、飞机、铁路等一系列交通运载工具。智慧交通技术的落地和应用，离不开包括这些要素的提供者，即公交、地铁、物流、航空等公司的创新和实践，信息技术的高速发展也在改变着企业竞争格局，如何充分利用物联网、大数据等技术分析客户需求，提高要素供给质量，同时优化运输组织与运营管理能力也给企业带来了全新的挑战。此外，随着共享出行等新型出行方式出现，共享单车、共享汽车企业也通过共享经济的方式参与到智慧交通的建设中，改变着智慧交通的产业结构。作为竞争对手，共享出行方式给传统交通运输企业带来了新的挑战，也推动交通行业在充分竞争中在不断发展。

第 2 章
面向智慧出行服务的个体出行画像构建技术

本章首先介绍居民出行画像的基本内涵及构建框架，然后结合常用的居民调查数据、车牌识别数据、公交刷卡数据、出租车 GPS 等数据提出职住、出行目的、通勤路径、上下车点等出行画像标签的提取方法，最后介绍出行画像的数据架构体系及开发要点。

2.1 个体出行画像导入

用户画像通过整合用户的多源数据，借助数据交叉分析与数据挖掘等手段，帮助使用者了解用户状态并深入挖掘潜在规律。得益于各类数据挖掘手段的发展与计算效率的提升，可以实现对海量用户构建丰富的标签并提供个性化的服务。个体出行画像功能如图 2-1 所示。在用户画像的基础上，运营者可以获得城市居民出行的全面信息，进而向用户提供更加个性化的服务，如出行趋势预测技术可以在个体出行画像的基础上调取历史出行记录，实现出行趋势预测。城市管理者可以在大数据平台上动态计算城市区域的交通状态分布与区域出行趋势变化，协助关键拥堵路段疏通与日常的城市交通管理。在大数据背景下，如何从采集个体的出行数据、使用信息化手段出发，构建包含个体的出行偏好、出行习惯等特征的个体出行画像是一项具有较大挑战性的工作。

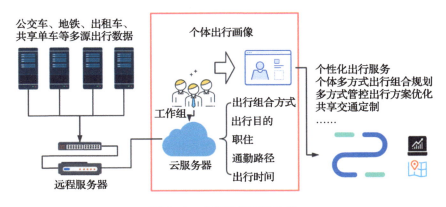

图 2-1 个体出行画像功能

不断发展的城市交通网络为城市居民提供了丰富便捷的组合出行选择，公交车、地铁、出租车以及共享单车共同组建了居民的公共交通出行选择空间，同时也产生了海量蕴含个体丰富出行知识的交通大数据。物联网与云计算的发展与车载智能设备的普及，极大地方便了时空地理信息数据的采集、获取与存储。公交刷卡数据、地铁进出口刷卡数据、出租车 GPS 定位数据、共享单车起终点数据等，记录着海量的居民出行记录，内涵有丰富的个体内在信息与出行语义信息。这些刷卡数据与时空轨迹信息为城市交通状态与居民出行行为的研究，如城市交通状态、道路网更新研究、城市热点区域提取等诸多领域，奠定了坚实的基础。

本章提供了完整的个体出行画像的构建框架，包括数据预处理、数据架构和标签体系设计、核心标签算法开发、个体出行画像可视化。

如何开发针对个体出行的标签是构建个体出行画像的核心问题。对此，开发了基于车牌识别数据的私家车通勤标签、基于公交数据的出行需求标签、基于居民调查数据的职住标签、基于轨迹数据的通勤路径标签、基于多源数据的出行目的标签等。其标签均是针对个体出行提取相关特征而生成的，以支撑、优化向用户提供的交通出行相关服务和策略。

采用用户画像的方式，可以有效利用多源交通大数据，便于向个体提供更加个性化的出行及服务，对于认识城市居民出行规律、支撑城市交通规划与出行服务具有重要意义。

除了根据用户的基本信息构建用户画像，本章重点关注用户群体中的通勤用户。通勤用户的出行是城市高峰时段交通拥堵的主要原因之一，深入挖掘这一群体在城市出行中的特征将有助于提高城市管理者在公共交通建设、拥堵解决、个性化出行服务等诸多方面的决策能力。

后面将介绍如何从居民调查数据、车牌识别数据、公交刷卡数据、出租车 GPS 等数据中挖掘通勤相关画像，并在 2.7 节简要介绍在工程实践上的出行画像数据架构和标签设计。

2.2 基于居民调查数据的职住画像构建

对个体出行画像构建职住标签需要基于个体的出行数据，数据来源可以是多样的，如公交车、地铁、网约车、私家车数据等。本章融合 2018 年苏州居民出行调查数据、多源出行记录数据等，提取每位居民的工作地集合（Work-Station Set，WS）与居住地集合（Home-Station Set，HS），将每位用户的经纬度移动信息映射至地理栅格并统计其频次，通过阈值和栅格权重筛选出最可能的用户职住标签。

设置合理的初始职住地点筛选规则对最终的结果影响较大。由于大部分用户的第一次出行都是从居住地出发，少数夜班工作者的第一次出行可能是工作地，因此以大部分乘客的出行习惯为标准，本章选择用户一天中的第一次出行点为 HS。

将第一次出行结束 3h 后的首次出行纳入 WS 中。理由如下：

根据 2018 年苏州居民出行调查数据统计得到的居民出行时间分布如图 2-2 和图 2-3 所示。一次正常出行的时间最多为 2h，选择 2h 作为时间间隔，可以保证选择的出行记录不是同一次出行。

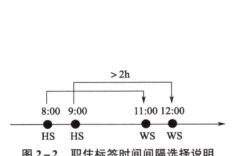

图 2-2　职住标签时间间隔选择说明

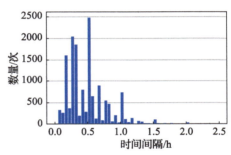

图 2-3　出行时间间隔统计

如图 2-2 和图 2-3 所示，通勤的人早高峰出行后，大于 2h 后为上午下班时间，乘客第一次出行后的第一次出行意图有如下可能：外出午餐、外出开会、回家取物、回家午休、晚上下班回家等。以上情况的出发地均为工作地，基于以上原因，这里将第一次出行后间隔 2h 以上的首次出行定位作为工作地位置。

职住标签的确定需要考虑支持度与站点权重。考虑支持度，设置用户每月出行频次大于 15 次为通勤用户。另外考虑站点权重，职住点需要占据所有出行点一定的权重，本章取 0.8 作为阈值，即乘客在该区域的出勤次数占总出勤次数的比例应大于 0.8。基于 2018 年苏州居民出行调查数据和其他多源交通流数据，其城市层面的职住标签分布如图 2-4 所示。

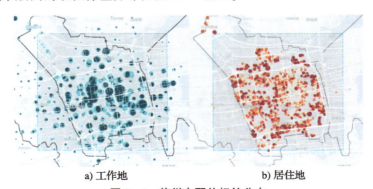

图 2-4　苏州市职住标签分布

2.3 基于轨迹聚类算法的通勤路径画像识别

居民的出行轨迹是一系列连续的时空轨迹点，每一点都代表某一瞬间在空间的坐标。轨迹聚类旨在找到具有相同（或相似）模式的轨迹，或者区分一些不期望的行为（如异常值）。

通勤路径反映了个体日常的通勤出行信息。对于城市居民而言，通勤路径往往连接着居住地与工作地，且在所有出行中具有较高的规律性与高频性。得益于交通大数据的发展，大量的交通出行数据与样本多样性能够满足深入研究个体出行规律的需求。

2.3.1 研究流程与框架

通勤路径是指具有相似出行起讫点及轨迹的特定线路，可以通过出行者的出行轨迹挖掘提取。本书基于车载 GPS 数据提出一种通勤路径识别方法，通勤路径识别框架如图 2-5 所示，具体过程包括如下四个阶段：时段划分、相似度

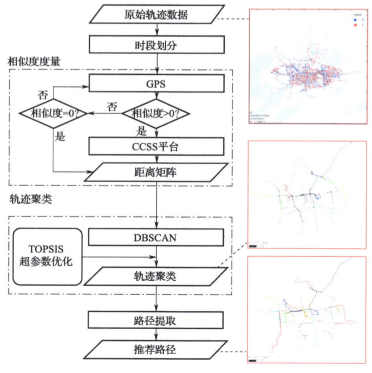

图 2-5 通勤路径识别框架

度量、轨迹聚类与路径提取。每一阶段的简要说明如下：

时段划分：通勤路径的识别对于智能交通系统而言往往只是其中的过程要素，其最终目标必须要服务于下一步的交通管理与调控措施的优化。为此，通勤路径的识别问题应重点关注特定时段尤其是高峰时段，应首先根据出行量的分布提取需要重点分析的时段范围。

相似度度量：GPS按照一定的规则和时间间隔采取车辆位置信息，受到数据传统等多种外界因素的影响，其表现形式往往是很多不连续的离散点。这种不规则、不规律的数据点构成的离散轨迹的相似度度量是一项具有一定挑战性的工作。

轨迹聚类：聚类技术旨在将相似的轨迹重新组合成彼此不同的簇。基于轨迹相似度度量或测算结果得到聚类所需要的距离矩阵，进而可采用经典的密度聚类算法，如基于密度的噪声应用空间聚类（Density-Based Spatial Clustering of Applications with Noise，DBSCAN）算法，得到轨迹聚类的结果。在此过程中，其难点在于如何优化聚类算法里面的超参数。

路径提取：基于上一步获得的轨迹聚类结果，选择其中与簇内其他轨迹平均距离最小的轨迹代表最终的提取线路。

2.3.2 时空轨迹相似度

常见的空间轨迹相似度度量方法包括欧氏距离（Euclidean Distance，ED）、动态时间规整（Dynamic Time Warping，DTW）、真实序列编辑距离（Edit Distance on Real Sequence，EDRS）等，这些方法适用于轨迹表征相似且长时间无剧烈变化的情况。

先将轨迹表征为 $Tr = Tr_1, Tr_2, Tr_3, \cdots, Tr_i$，其中 $Tr_i = p_{i_1}, p_{i_2}, \cdots, p_{i_n}$ 表征一条规矩中的轨迹点集合。其中轨迹点 $p_{i_n} = (p_{i_n} | <lon, lat, time>)$，每个轨迹点有经纬度与时刻三个属性。

（1）空间相似度度量

对于空间层面的相似度一般可用最长公共子片段（Longest Common Subsequence，LCS）来表示。LCS是指在两个或多个序列中找到的具有最长长度的公共子序列，需要确定两个不同序列中数据采集点的匹配标准。假设 $D(p_i, p_j)$ 为利用经纬度坐标计算的两个点的距离，如果两个空间点 p_i、p_j 的距离小于 σ（一个给定的参数，表示匹配的距离阈值），可以将两个空间点进行匹配。在进行轨迹点匹配的过程中，对于给定 Tr_i 中的点 p_i，在给定阈值 σ 的情况下，在 Tr_j 中可能存在多个匹配点。此时应选择 Tr_j 中距离最短的点作为匹配点。该过程如图2-6所示。

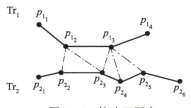

图 2-6　轨迹匹配点

针对传统的时空序列数据（数据间隔固定且不存在未知的数据缺失），可用匹配点的数量来表征相似度，即能够匹配的数据点越多，则两条序列的相似度越高；若两条序列上的数据点存在一一匹配关系，则序列的相似度为 1.0。然而，对于出行轨迹数据而言，数据采样频率不一且人/车的移动速度也不尽相同，如果采取匹配点数量作为度量依据，可能出现相同匹配点数情况下实际的相似片段差距很大的情况。为此，本书采用匹配段长度而非匹配点的数量作为度量依据，两端轨迹中的相似片段越大，空间相似度越高。因此，有如下空间相似度计算公式：

$$S(\text{Tr}_1, \text{Tr}_2) = \begin{cases} 0 & \min[l(L_{1,2}^1), l(L_{1,2}^2)] < \gamma \\ \dfrac{l(L_{1,2}^1)}{l(\text{Tr}_1)} & l(\text{Tr}_1 < \text{Tr}_2) \\ \dfrac{l(L_{1,2}^2)}{l(\text{Tr}_2)} & 其他 \end{cases} \quad (2-1)$$

式中，$l(L_{1,2}^1)$ 和 $l(L_{1,2}^2)$ 分别为公共子片段在轨迹 1 和 2 中的长度；$l(\text{Tr}_1)$ 和 $l(\text{Tr}_2)$ 分别为轨迹 1 和 2 的长度。

于是定义 Tr_1、Tr_2 的空间距离为

$$D_s(\text{Tr}_1, \text{Tr}_2) = 1 - S(\text{Tr}_1, \text{Tr}_2) \quad (2-2)$$

（2）时间相似度度量

时段的时间间隔由其端点的时间点决定，希望在同一时间段轨迹间时间相似度尽可能大，而不同时间段间轨迹的时间相似度尽可能小。Jacard 距离用于估计两个有限集合的相似度，通过两组之间的相同部分和不同部分的大小来确定，定义如下：

$$J(A, B) = 1 - \frac{|A \cap B|}{|A \cup B|} \quad J(A, B) \subset (0, 1) \quad (2-3)$$

定义两条轨迹的时间差值：

$$\Delta T_{\text{Tr}_1, \text{Tr}_2} = \max(t_{s1}, t_{s2}) - \min(t_{e1}, t_{e2}) \quad (2-4)$$

式中，t_{s1} 和 t_{e1} 分别为轨迹 1 中的开始时刻和结束时刻；t_{s2} 和 t_{e2} 分别为轨迹 2 中的开始时刻和结束时刻；当两条轨迹有重叠时，$\Delta T_{\text{Tr}_1, \text{Tr}_2}$ 为两条轨迹的交叉时间，其值为负值；否则，若 $\Delta T_{\text{Tr}_1, \text{Tr}_2}$ 为分离时间，其值为正值。

在实际的时间相似度度量中，还需考虑两条轨迹的状态（分离或相交），如图 2-7 所示，可以看到分离或相交的部分。

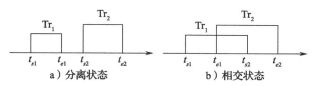

图 2-7 轨迹时间维度的状态

由此,可以定义轨迹在时间维度的距离如下:

$$T_1 = t_{e1} - t_{s1} \quad (2-5)$$

$$T_2 = t_{e2} - t_{s2} \quad (2-6)$$

$$D_t[\text{Tr}(\text{Tr}_1,\text{Tr}_2)] = \frac{\Delta T_{\text{Tr}_1,\text{Tr}_2}}{T_1 + T_2} \quad (2-7)$$

可以看到,时间距离取决于时差和持续时间,若时间差小且自身持续时间长,则它们的轨迹间距离 $D_t[\text{Tr}(\text{Tr}_1,\text{Tr}_2)]$ 则变小,即相似度增大。最后,将该距离进行归一化,即

$$D_t(\text{Tr}_i,\text{Tr}_j) = \frac{D_t[\text{Tr}(\text{Tr}_1,\text{Tr}_2)] - \min(T_d)}{\max(T_d) - \min(T_d)} \quad (2-8)$$

式中,T_d 为任意两条轨迹的空间距离集合。

2.3.3 轨迹聚类的模型

在轨迹聚类中,通过前面的相似度计算方法,可以计算得到两条轨迹的空间相似度与时间相似度。为纳入时空两个维度对轨迹总体相似度的度量,为此分别设置了两个距离参数,ε_s 为空间相似度的最大半径参数,ε_t 为时间相似度的最大半径参数。最小点参数采用 MinPts,MinPts 是指在密度聚类中,某样本可以称为核心对象的邻域内最小样本个数。以下是拓展的定义与说明:

定义一 $\varepsilon_s,\varepsilon_t$:轨迹的时空邻域

$$N_{\varepsilon_s,\varepsilon_t}(\text{Tr}_i) = \{\text{Tr}_j \in \text{Tr} \mid D_s(\text{Tr}_i,\text{Tr}_j) \leq \varepsilon_s, D_t(\text{Tr}_i,\text{Tr}_j) \leq \varepsilon_t \mid \} \quad (2-9)$$

定义二 直接密度可达

轨迹 Tr_i 与轨迹 Tr_j 直接密度可达需满足以下两个条件:

$$\text{Tr}_j \in N_{\varepsilon_s,\varepsilon_t}(\text{Tr}_i) \quad (2-10)$$

$$|N_{\varepsilon_s,\varepsilon_t}(\text{Tr}_i)| \geq \text{MinTrs} \quad (2-11)$$

即 Tr_i 在 Tr_j 的时空领域内,且 Tr_i 是核心轨迹。

定义三 密度可达

若一个轨迹序列 $\text{Tr}_i,\cdots,\text{Tr}_n,\text{Tr}_{n+1},\cdots,\text{Tr}_j$ 中的每个轨迹 Tr_{n+1} 都与前一个轨 Tr_n 直接密度可达,则称 Tr_i 与 Tr_j 密度可达。

定义四 密度相连

若两个轨迹 Tr_j 与 Tr_k 都与 Tr_i 密度可达,则称 Tr_j 与 Tr_k 密度相连。

由于 DBSCAN 的每个聚类类别被定义为使得密度相连集合最大,可以将原始轨迹数据分为三类:核心轨迹、边界轨迹、噪声轨迹。核心轨迹为其时空领域轨迹数大于 MinTrs,如果一个轨迹在核心轨迹的邻域内但不满足轨迹数大于 MinTrs,则为边界轨迹,其他轨迹被定义为噪声轨迹。

2.3.4 实验验证

实验验证数据使用苏州居民调查数据(2019 年 12 月 1—30 日),为说明效果,仅取 12 月 1 日的数据进行实验验证,实验数据分布如图 2-8 所示。初始数据量共 9541879 条,去除无效数据后为 9406761 条,有效数据比例占 98.58%。

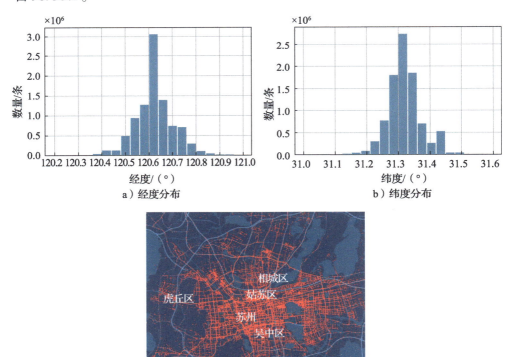

图 2-8 实验数据分布

由图 2-8 可知,数据主要集中在苏州市中心区域。GPS 数据信息见表 2-1。

表 2-1 GPS 数据信息

字段	说明	字段	说明
ID	车牌号	Latitude	纬度
Time	日期、时间	Longtitude	经度
Speed	速度	Status	载客状态

如图 2-9 所示，不同颜色为筛选的不同编号出行者的通勤路径画像，表征该出行者的高频出行路径。由图 2-9 可以发现，某一出行者在一定时间区间内的出行范围是有限的，显然这受到居住地、工作地以及娱乐地的影响。通过轨迹聚类算法，提取了个体的通勤路径画像，这使得对个体的地理出行信息有了直观的认识。通过实验结果可以发现，某些出行者在出行的空间层面具有高度规律性，轨迹聚类显示了出行者的主要通勤路径，这为后续进行的个体出行趋势在空间维度的预测提供了理论依据。

图 2-9 轨迹聚类结果分布

2.4 基于车牌识别数据的通勤画像构建

近年来，城市交通建设已经由基础设施建设逐渐向信息化建设转变，数据源也由单一的固定检测器向多元化的交通数据发展。此外，随着视频及图像识别技术的提升，识别率也不断增加。现在的城市交通信息采集设备中，图像采集设备得到越来越广泛的应用，治安卡口以及电子警察等检测车辆信息的设备功能也逐渐完善。海量的车牌数据为挖掘居民出行轨迹、出行行为及构建出行画像提供了充分的基础数据。本章结合苏州市的实际情况研究了基于车牌识别数据的出行画像构建方法。

通勤交通作为交通出行的主要构成成分之一，对于城市的路网状态和运行质量有着至关重要的影响，特别是在早晚高峰时段，通勤交通更是占据了总出行需求的较大比重。近年来，随着城市建设的日益成熟及路网结构的逐步完善，交通需求管理逐渐成为治理和缓解城市交通问题的主要方式之一，国内外的主要城市如北京、杭州、新加坡等相继出台了许多需求管理政策，包括限行管理、错峰出行等。然而，这些政策的实施往往需要精准的供需关系描述与供需结构研判。为此，基于多源交通大数据提取不同出行群体的出行特征可以全景化描述需求结构，对于需求管理措施的优化和实施具有重要的支撑作用。本节利用高清卡口系统获取的车牌识别数据对交通出行使用特征进行细化研究，并对其中的通勤交通进行分析。

2.4.1 车牌数据预处理

车辆智能监测记录系统（俗称卡口系统）采用先进的光电技术、图像处理技术、模式识别技术对过往的每一辆汽车记录车辆的图像信息，并自动识别出车辆的牌照，所采集到的车辆信息数据保存至服务器数据库中。卡口系统可分为前端信息采集系统和后端信息处理系统两部分，前端采集设备工作原理如图2-10所示，其基本流程如下：

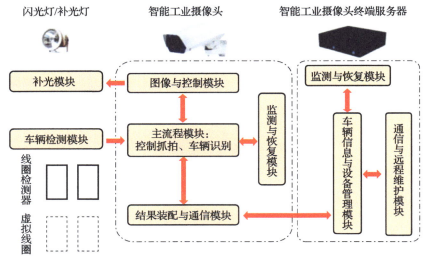

图2-10　前端采集设备工作原理

1）车辆通过检测区域时，车辆检测模块被触发，输出信号给主流程模块。

2）当接收到触发信号后，主流程模块将控制信号输出至图像与控制模块，并且触发补光模块的控制部分；之后，主流程模块开始进行车辆的图像采集、车辆牌照的识别，识别信息包括车辆的颜色、车道以及车辆型号等，并将车辆的识别结果输出至结果装配与通信模块。

3）经过数据分析后，数据打包并通过通信模块将数据上传至车辆信息与设备管理模块。

4）车辆信息与设备管理模块的主要功能是分析、判断、存储数据，其数据维度包括车牌的号码、车牌颜色、车辆类型、行驶速度、通过时刻等；同时，需要通过通信与远程维护模块将数据传输给通信服务器。

卡口系统中的原始数据主要包括两张重要的数据表，一张是过车记录表，见表2-2，另外一张是设备点位信息表，见表2-3。

表2-2 过车记录表

车牌识别主要信息	数据形式	数据说明
CCARNUMBER	*A70Z**	车牌识别数据，存在未识别和无牌
DCOLLECTIONDATE	2016/2/21 0:00	采集时间，精确到秒
CCOLLECTIONADDRESS	**北路与**东路交叉口	采集设备点位
CSNAPTYPE	2	车辆类型，不同数字代表不同类型
CLANENUMBER	2	车辆匹配时所处的车道
NDERICTRION	3	进口道方向

表2-3 设备点位信息表

主要信息	数据形式	数据说明
CCOLLECTIONADDRESSCODE	12000001	设备点位编码
CCOLLECTIONADDRESS	**北路与**东路交叉口	采集设备点位名称
Longitude	120.**	采集设备点位经度
Latitude	30.**	采集设备纬度

（1）过车数据预处理

受检测、传输、存储等各个环节的影响，卡口过车数据可能会受到噪声、遗漏、不一致等情况的侵扰，严重影响后续的数据分析与挖掘结果质量。因此，需要对原始卡口数据进行预处理，以提高基础数据质量及挖掘后的数据质量。数据预处理的主要方法包括：

1）数据清洗。所谓数据清洗，就是根据噪声数据产生的原因以及存在的形式，利用一定的方法和技术对噪声数据进行清洗，并将其转换为满足分析精度要求的可用数据，从而提高基础数据质量。

车牌识别数据的主要问题是缺位、车牌号异常、车牌位数不正确、未识别等表现形式，具体说明如下：①车牌未识别，识别字符为未识别、无牌等；②车牌位数少于正常车牌的位数 7；③部分识别车牌实际中不存在等。

2）数据集成。消除冗余数据后，将数据按照一定的方式进行整理，并将所有数据统一存储在数据库、数据仓库或文件中，形成一个完整的数据集。

3）数据转换。主要是对数据进行规范化操作，如将数据值限定在特定的范围之内，即常用的数据标准化。

4）数据规约。把不能够刻画系统关键特征的属性剔除，从而得到精练的并能充分描述被挖掘对象的属性集合。该操作主要是为了降低数据维度、提升后续的数据分析和挖掘速度。

(2) 点位数据的预处理方法

1）点位表常见错误。点位数据即卡口、微波等固定式检测设备的经纬度位置信息。由于实际安装过程中 GPS 定位不准、数据录入失误等，部分数据点的经纬度可能会出现错误或者缺失等现象，故应对点位数据表进行修正和补全。点位数据的异常情况主要表现为：部分数据点的经纬度不准确、缺少部分数据点的经纬度。

2）异常点位补全策略。异常点位数据的处理策略：点位数据作为通勤画像构建中的空间匹配数据，对算法的效果具有重要的影响。由于点位数据的数据量较小，故可以采用人工核查的方法，即人工核查所有卡口视频设备的布设位置，采用统一的地址书写范式、地址编码原则，并进行正确的经纬度标定，建立正确的点位信息表。

实际操作中，为提高工作效率，可采用以下策略对原有点位数据进行补全和修正：①将所有点位信息运用 GIS 软件投射至地图中，逐个核查点位的地址信息，确认点位地址的正确性；如果点位地址与地图地址不符，则说明该点位记录的经纬度错误，可以通过百度等商业地图软件的坐标回查功能以及坐标转换方法对这些记录进行修正；②针对点位数据的第二种异常情况，依然可以采用百度地图坐标回查功能以及坐标转换方法对点位数据进行补全；③针对部分检测器没有经纬度且点位名称也缺失的情况，可以采用一定的算法对设备点位进行补全。具体算法如下：

步骤 1：使用一天的车牌识别数据，按车牌号和检测时间进行排序。

步骤 2：将同一车牌与前一个时刻车牌相连，并计算相差时间 t，得到形如 car1、time、last_time、dcollectaddress、last_dcollectaddress 的数据序列。

步骤 3：选择缺失设备点位 dcollectaddress 的车牌数据，并且将按时间序列获取其距离最近的时间点 t 的设备点位的前 10 位（不同的设备点位）。

步骤 4：按照步骤 3 的顺序，判断其样本量及相邻时间是否满足数量条件，如果满足条件，则将该点位赋值给缺失点位数据；如果不满足，则跳过这个点位，继续下一个设备点位，直至满足条件。如果前 10 位的设备点位都不满足条件，则该缺失设备数据不进行补全。

（3）行程时间预处理方法

1）车牌信息预处理。车牌信息按照如下步骤进行预处理：

步骤1：筛选上下游过车数据中的正常数据，将一部分异常数据剔除，主要是剔除未识别的车牌数据及车牌识别错误的数据。

步骤2：首先将上游交叉口的车牌数据按照过车时刻进行排序，然后遍历通过下游交叉口的车牌数据，搜索每辆车在合理时间范围内上游是否存在与之匹配车辆，匹配成功后跳出搜索。

步骤3：对匹配成功的车辆进行筛选，去掉一定时间范围内重复匹配的车辆。

2）信息匹配

车辆在上下游检测断面通过车辆拍照匹配后通过式（2-12）可计算得到区间旅行时间。

$$T_i = t_{id} - t_{iu} \qquad (2-12)$$

式中，t_{id}和t_{iu}分别为车辆i通过下游停车线和上游停车线的时刻；T_i为车辆i通过该路段的行程时间。

由于设备存在误识别以及环境变化等因素的影响，车牌匹配得到的数据当中可能会存在部分异常数据；同时驾驶状态的变化，如停车、加油、载客等均会导致行程时间偏大，也会导致行程时间异常，该类异常数据也需要剔除，具体的剔除策略将在后面详细介绍。

（4）行程时间分析

行程时间预处理尤其是异常数据的识别可采用箱形图的方法。箱形图可以用来观察数据整体的分布情况，利用25%分位数、75%分位数、上边界、下边界等统计量来描述数据的整体分布形式。箱形图中包含大部分正常数据，而在箱体上边界和下边界之外的，便是异常数据。在采用箱形图进行数据初步处理后，根据初步预处理后的行程时间标准差σ'进行如下分析：当存在过度剔除情况时，本时间窗的标准差σ'明显偏小，此时宜采用扩充策略，即采用25%分位数、75%分位数分别向外扩充一个周期；当存在未被剔除情况时，本时间窗的标准差σ'与上一时间窗的标准差σ'_0存在明显差异，此时应采用替代扩充策略，即采用上一时间窗中有效数据的5%分位数、95%分位数分别向外扩充一个周期；若不存在以上两种情况，则仍旧保留箱形图基本方法的处理结果。

由于样本数会影响数据预处理质量，因此时间窗的选取需要考虑样本数即行程时间个数。时间窗的取值方法如下：夜间低峰选取较大的时间窗（默认为30min），处理间隔为1min进行一次数据预处理；其他时段选取较小的时间窗（默认5min），处理间隔为1min进行一次数据预处理。如果时间窗内的样本数仍旧过小，为避免分位值为异常点所带来的干扰，应判断上一个时间窗是否存在有效数据，有则采用替代扩充策略，否则采用箱形图基本方法。

1)箱形图基本方法。提取时间窗内行程时间数据集 X 中的每一个元素 $[t_i,T_i(t)]$,计算其上四分位数、下四分位数、上下四分位差 IQR、上边界 UpperLimit 和下边界 LowerLimit,计算方法如下:

$$IQR = 75\%分位数 - 25\%分位数 \quad (2-13)$$
$$UpperLimit = 75\%分位数 + 1.5IQR \quad (2-14)$$
$$LowerLimit = 25\%分位数 - 1.5IQR \quad (2-15)$$

提取[LowerLimit,UpperLimit]范围内的行程时间数据作为正常数据,计算其行程时间标准差 σ'。

2)扩充策略。当通过箱形图基本方法进行处理后的行程时间标准差 σ' 过小时,可能存在过度剔除情况。此时,应根据行程时间特性,采用25%分位数、75%分位数分别向外扩充一个周期作为上下边界。即当 $\sigma' < G/2 + a$ 时,G 为该时间窗对应周期的绿灯时长(如果该时间窗对应多个信号方案,取最大值);a 为考虑行程时间波动而引入的松弛系数(默认取20),应进行如下操作:

$$LowerLimit' = 25\%分位数 - C \quad (2-16)$$
$$UpperLimit' = 75\%分位数 + C \quad (2-17)$$

式中,UpperLimit′为本时间窗扩展后的上边界;LowerLimit′为本时间窗扩展后的下边界;C 为当前时间窗的周期时间。行程时间预处理方法总体流程如图2-11所示。

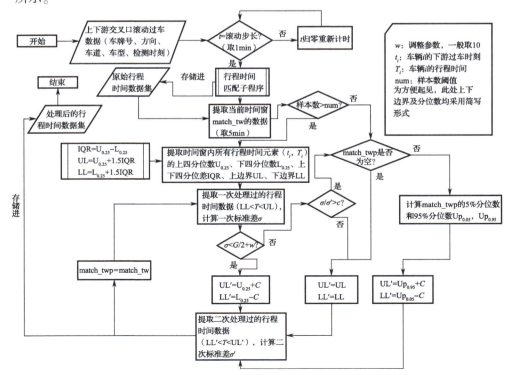

图2-11 行程时间预处理方法总体流程

2.4.2 通勤车辆画像构建

（1）研究思路

通勤车辆的画像可通过挖掘不同出行模式的机动车使用特点建立相应的特征集，进而基于数据聚类算法对不同类型的机动车群体进行划分，进而基于聚类结果提取具有通勤交通特性的使用人群，并解析相应的出行特性。

通勤的定义：规律性地往返两地之间，其出行目的一般包括工作和上学。

通勤车辆的定义：指在工作时段内规律性地往返两地之间的机动车辆；由于有些出行行为如夜校求学、夜班值班等，对于交通的影响有限，因此此类车辆并没有包括在通勤车辆的定义中。

如何选择指标进行聚类分析是识别通勤车辆的重要一环，需要结合通勤车辆定义提取车辆的规律性往返点。需要说明的是，本书采用提取得到的第一次出行最大概率点、工作时间最大概率驻留点以及车辆使用频率作为主要指标进行车辆行为的聚类。

（2）第一次出行最大概率点

机动车每天的第一次出行最大概率点是反映出行者是否有稳定居住点的重要刻画指标，具体的提取方法如下：

步骤1：对每辆车的车牌识别数据按照车牌、检测时间进行排序，并且提取出每天的第一次出行的点位（为减少夜间活动对确定居住点的干扰，本书定义提取的开始时间为凌晨3：00）。

步骤2：统计一个月内工作时间范围第一次出行的点位频率 t_i，如 A 点 t_1 次，B 点 t_2 次，C 点 t_3 次……

步骤3：按照各点位的频率进行排序，取出最大频率检测点位作为第一次出行的最大概率点。

在图2-12中，由于高清卡口存在漏识别的情况，因此车辆可能存在从同一地点（居住地）出发，但是被不同检测器检测到的情况，如从同一条路径（路线1）出行，由于检测设备漏检，分别被两个不同检测器 B、C 所检测到。此外，由于路径选择的不同，即便从同一地点（居住地）出发，但是由于选择了不同的路线（路

图2-12　第一次出行检测点示意图

线 1 和路线 2），而被其他检测检测器检测到。

考虑到以上两种情况，应该使用一定的聚合方法，对识别点位进行聚合。具体的聚合方法如下：

步骤 1：按照点位第一次出行最大概率点的统计频率进行排序，取出最大频率点位作为其第一次最大出行概率点 Pfirst。

步骤 2：提取排在前 10 位的其他所有点位，计算与 Pfirst 的直线距离 d_i。

步骤 3：如果 $d_i < K_1$（表示距离阈值），则将该点位的统计次数 N_i 统计到第一次出行最大概率点；反之，如果 $d_i > K_1$，则不进行聚合。

（3）工作时间最大概率驻留点

通过车辆的车牌匹配可以获取得到车辆在一天当中的整条出行链，但是完全的出行链可能包括很多次出行，因此需要通过出行链分离实现工作地的识别与定位。

如图 2-13 所示，车辆驻留点的提取最为重要的一步是出行链的打断，目的是将同一辆车的出行路径按照出行完成度进行切割，得到出行的分界点，进而提取出主要的驻留点。具体的出行链打断方法如下：

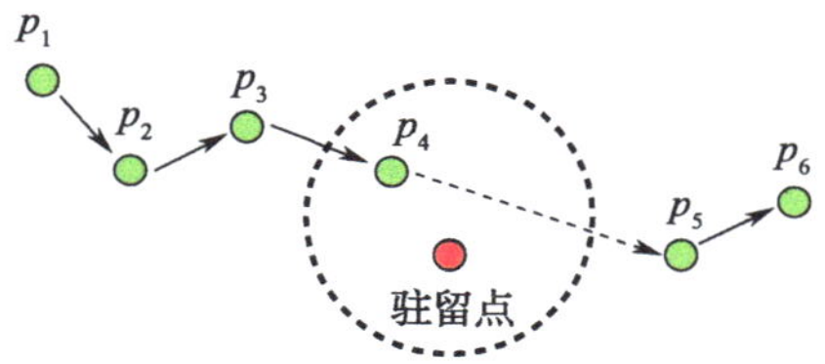

步骤 1：卡口过车数据的地理位置属性

图 2-13　车辆轨迹示意图

匹配。由于卡口过车数据与设备点位数据的设备点位编号、设备点位地址是一一对应的，故可以通过地理名称和编码信息进行匹配，为过车数据的记录匹配上地理位置属性。

步骤 2：单个出行链的获取。对卡口过车数据的所有记录通过车牌属性、检测时间属性排序后，即可得到每辆车经过的设备点位集合，为设备点位匹配相应的交叉口编号 ID。若相邻记录车牌属性、车流方向属性相同，且检测时间间隔较短，则进行合并操作，保留相邻记录的上一项，即把最后一次检测的时间作为离开停车线的时间；若检测时间间隔较长，则不进行合并操作，下一项记录作为下一次出行的起点。

进行完上述操作后，每个车牌号的 ID 编号集合为每辆车的出行链。该算法将出行链含有的地点个数定义为出行链长度，即出行链长度为车辆在研究时段内经过的交叉口个数。

步骤 3：单个出行链的分离策略。同一车辆的出行链分离在分析车辆 OD 等特性中具有重要作用，其具体指的是将同一辆车的出行轨迹拆分为一定次数的出行。经过上述处理获得车辆出行链后，便可进行出行链的打断。出行链打断的核心思想是确定两个检测点之间的合理行驶时间，即借助时空数据来完成分界点的划定。

1)计算相邻检测点时间差。设车辆出行轨迹为 $p_1 - p_2 - \cdots - p_i$,定义两个邻接检测点的检测时间差为 $\Delta T_i = T_{p_i} - T_{p_{i-1}}$。

2)连续检测断面合理行程时间获取方法。建立全路网的拓扑结构表达,刻画道路的邻接关系和交通流流向模式,并融合设备点位与路网拓扑的映射关系,通过最短路径法获取并保存各路口之间的最短路径。

对所有邻接路口(安装有电警的点位)进行车辆拍照匹配以获取路段行程时间。由于行程时间具有一定的稳定性(即一段时间内的不同个体车辆的行程时间近似相等),因此可以以 15min 为时间窗口,对时间窗内的所有车辆行程时间进行预处理;由于凌晨(0:00—6:00)的车辆较少,因此本时段可将时间窗口适当放宽至 30min。对行程时间进行预处理,具体滤波方法如图 2-11 所示。

计算 $T_{p_{i-1}}$ 至 T_{p_i} 之间最短路径内各连续检测断面即路段 15min 行程时间的均值 TT_i,i 表示第 i 条路段的行程时间;对于路径内没有卡口设备而导致的行程时间无法获取的路段,通过以下方法对该路段行程时间进行补全:

$$TT_{\text{miss}} = \frac{L_{\text{miss}}}{L_{\text{up}} + L_{\text{down}}}(TT_{\text{up}} + TT_{\text{down}}) \quad (2-18)$$

式中,TT_{miss} 为需要补全的路段行程时间;L_{miss} 为需要补全路段的路段长度;L_{up} 为与路段邻接的上游路段长度;L_{down} 为与路段邻接的下游路段长度。

$T_{p_{i-1}}$ 至 T_{p_i} 的路径行驶时间 $TT_{\text{path}} = \sum TT_i$,因此确定合理的行驶时间区间 Z 为 $[K_1 TT_{\text{path}}, K_2 TT_{\text{path}} + T_{\text{stay}}]$,其中 K_1 可设置为 0.8,K_2 设置为 1.2,T_{stay} 设置为驻留活动时间,这里取 1h 作为活动驻留阈值。

T_{stay} 取值依据如下:个体出行者的单次出行均有一定目的性,两次出行之间会有一定的停留时间间隔;因此,为了实现对出行路径的分离,可以采用停留间隔法,即通过设定一个合理的阈值来检测出行停留点;本章主要应用的是机动车出行数据,且提取的是日常工作日的驻留点,因此驻留时间的选取应采用相应的数据进行分析。这里从一个月所有工作日中随机选择 1800 辆车的轨迹数据进行分析,不同驻留时间划分阈值下的出行需求总量即 OD 量如图 2-14 所示。

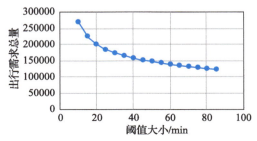

图 2-14 不同驻留时间划分阈值下的出行需求总量

由图 2 - 14 可知，当阈值选择为 40～70min 时，出行链打断的总数变化开始趋于稳定，同时本章主要研究的是诸如工作、上课等较长时间跨度的日常活动驻留点，因此选择 1h 作为划分阈值。

（4）车辆使用频率

车辆使用频率反映了出行者的主要交通使用频度，并以此提炼出其主要的出行特征，因此这里选取统计每个月驾驶员使用车辆的天数作为车辆的使用指标作为其特征指标之一。这里设置一个固定阈值，当使用频率大于该阈值时，定义为通勤出行者，否则定义为非通勤出行。

2.5 基于公交刷卡数据的乘行画像构建

随着智能公交系统的快速发展，IC 卡及手机移动终端的公交刷卡出行成为主流模式，乘客刷卡数据以及车辆到离站时间数据变得日益丰富。公交 IC 卡数据见表 2 - 4。挖掘公交刷卡数据与 GPS 数据，可有效提取公交乘客出行特征。例如，通过公交乘客上车刷卡时间和公交车到站时间的数据融合分析，可较为精准地推测乘客的上车站点。然而，目前我国绝大多数城市的常规公交均采用一票制，即刷卡记录中仅有上车刷卡时间，缺失下车站点、换乘记录等信息。因此，如何高效判断刷卡乘客下车站点成为利用多源数据进行公交 OD 推导与换乘识别的关键。

2.5.1 公交刷卡数据处理

由于刷卡时间的不可逆性，后上车乘客的刷卡时间逻辑上始终应晚于先上车乘客，且相同站点的上车乘客刷卡间隔相对很小；同时，相异停靠站之间由于附加公交行驶时间、信号灯延误等，其先后两次刷卡所对应的时间间隔相对较长。如图 2 - 15 所示，Δt_4 理论上要明显大于其余间隔时间，基于此原则对刷卡数据进行归类。

表 2 - 4 公交 IC 卡数据

含义	字段	示例
日期	长整型	0522
IC 卡卡号	长整型	20080831
车载终端机号	长整型	22502614
终端交易日期	长整型	20170522
终端交易时间	长整型	201705221468
线路编号	整型	000001

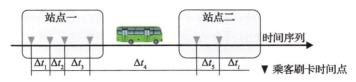

图 2-15　公交 IC 卡刷卡时间间隔示意图

（1）时间标准化

由于车载终端在记录刷卡时间时，数据格式均未标准化，需对刷卡时间标准化，以便于进一步处理。表 2-5 为时间转化结果，本节以首位刷卡乘客为时间序列基点，将时间以 s 为单位标准化。

表 2-5　时间转化结果

线路编号	刷卡终端号	刷卡时间	转换后时间/s
000001	370030007905	20170523160453	0
000001	370030007905	20170523160456	3
000001	370030007905	20170523160458	5
⋮	⋮	⋮	⋮
000001	370030007905	20170523170437	3584
000001	370030007905	20170523170731	3758

根据标准化时间计算前后刷卡时间间隔，得到一组时间间隔序列，如图 2-16 所示，从图中可明显看出，刷卡间隔存在紧密连续，也存在多处断层，与前期分析状况相吻合。

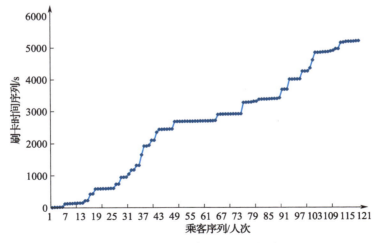

图 2-16　公交 IC 卡时间间隔序列

（2）站点归类阈值

获取时间间隔序列后，将间隔较小的样本归为同一站类，因此需要标定判定阈值，作为识别同站类的依据。由于线路中每个站点之间的路况、距离截然不同，每个站点之间的行驶时间存在差异，本节以相邻站点间最小行驶时间为阈值 δ。

$$\delta = \min(T_i - T_{i-1}), \quad i = 2, 3, \cdots \tag{2-19}$$

式中，T_i 为公交车行驶至第 i 站点的时间节点。

通过对苏州市、青岛市等城市公交车辆运行状态的实际调研，多次记录早高峰时段相邻站点间的行驶时间，取其平均值作为站点归类阈值以降低路段信号灯延误带来的偶然误差，最终取得判定阈值为 67s。

（3）数据归类

确定判定阈值 δ 后，本部分通过 R 语言编程处理以实现对公交刷卡数据进行归类，程序流程图如图 2-17 所示。通过判定刷卡时间间隔与判定阈值大小，将不同站类的刷卡数据分离，最终得到归类结果。

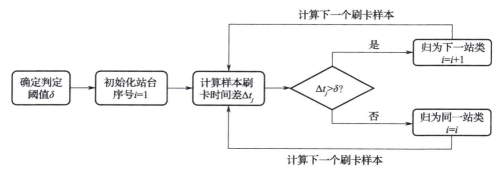

图 2-17 归类程序流程图

（4）数据漂移点、冗余点清洗

GPS 数据清洗筛选掉无意义字段，并去除漂移点（指车辆设备在上传 GPS 信息过程中发生设备损坏、时钟不统一等原因造成的异常点）。去除漂移点效果图如图 2-18 所示。若公交车辆的瞬时速度超过 120km/h 则认定为漂移点。假设前后两个站点的位置坐标分别为 (lat_{t1}, lon_{t1}) 和 (lat_{t2}, lon_{t2})，则站点之间的距离及瞬时速度分别为

$$a^2 = \sin^2\left(\frac{lat_{t2} - lat_{t1}}{2}\right) + \cos lat_{t1} \cos lat_{t2} \sin^2\left(\frac{lon_{t2} - lon_{t1}}{2}\right) \tag{2-20}$$

$$d = 2R a\tan^2(\sqrt{a}, \sqrt{1-a}) \tag{2-21}$$

$$\text{speed}_{t2} = \frac{d}{t_2 - t_1} \tag{2-22}$$

对于时间序列相邻点间距小于 10m 或大于 200m，认定为冗余点。

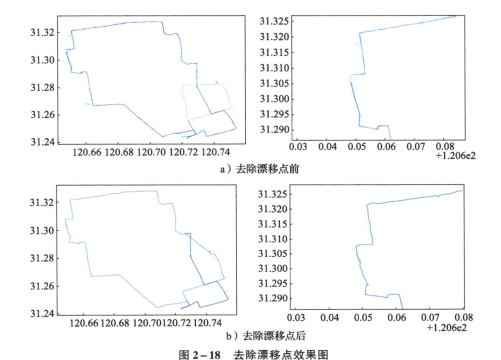

图 2-18 去除漂移点效果图

2.5.2 乘客上车站点匹配

首先,将公交 GPS 数据中的经纬度信息与公交站点静态信息相结合,实现连个数据源之间的融合。然后,将 GPS 数据按照趟次进行划分,选择线路编码和车牌号作为唯一趟次标识设定趟次编码;最后,通过 GPS 数据匹配最相近站点作为到站信息,保留其线路编码、车牌号、时间、经纬度、站点名等信息字段。

预处理之后的公交趟次数据和公交刷卡数据进行融合,按照公交线路编码和车辆车牌号进行分组,将用户刷卡行为默认为在站点处完成;针对上车后未进行及时刷卡的乘客,假定用户刷卡时间不会超过半个站间距离的行进时间。按分组匹配的刷卡时间与 GPS 趟次时间最相近的站点作为上车站点,并计算两时间差,保留时间差在 30min 以内的数据。公交乘客上车站点匹配流程图如图 2-19 所示。

2.5.3 乘客下车站点预测

大多数情况下,公交乘客上车刷卡一次性消费后,下车并不需要刷卡。因此,数据源中并不包含乘客乘坐公交车的下车站点信息。在此情况下,为得到用户完整的出行链路,可以对乘客的公交车下车站点进行预测。

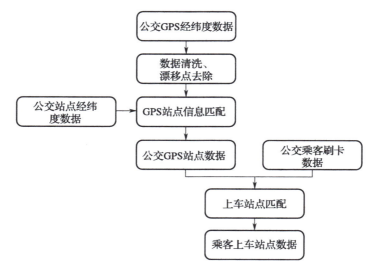

图 2-19　公交乘客上车站点匹配流程图

本节介绍一种融合基于出行链、基于规律出行、基于站点权重匹配算法的综合预测技术，元数据包括公交车 O 数据（通过 2.5.2 节得到）和地铁 OD 数据，流程图如图 2-20 所示。

图 2-20　公交乘客下车站点匹配流程图

（1）基于出行链匹配

公交出行链可归纳为以下 3 种情况：

1）乘客多天连续出行，出行路径构成闭回路，即换乘或者无换乘到达目的地后经过一段时间又从此地返回原来的出发点，如上班通勤、上学等规律出行，如图 2-21 所示。

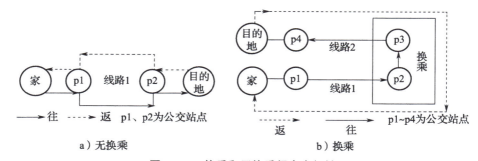

图 2-21　换乘和无换乘闭合出行链

2) 乘客多天出行只有半程处于连续状态，即某些天去往目的地时采用公交出行，返程采用其他方式；或某些天去往目的地采用其他方式，返程采用之前同线的公交，出行链半闭合。

3) 乘客多天随机出行，呈现出完全非连续闭合状态，即从某地出发乘坐公交一次后采用其他交通方式，或者并不返回等各种随机出行，具体过程如图2-22所示。

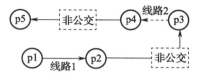

图 2-22 随机出行

无论是闭合还是非闭合出行行为，乘客在站间刷卡及上下车行为间表现出关联关系。已知上车站点，可以挖掘部分乘客出行规律和站点客流特征。对于完整闭合出行链，逐个连接乘客多次出行的上车站点可推算乘客下车站点；对于非闭合出行链，分析该乘客近段时间相似出行链来推算其下车站点。

针对不同类型出行链，连续两次刷卡间的连接方式分两种。本节作如下定义：在一条出行链中，连续两个公交刷卡点的连接称为一个公交接续节点，包括接续节点连续的上下车站和接续节点断裂的上下车站两种，具体分析如下：

1) 假设乘客第 i 次刷卡记录在线路1的 A 站点上车，第 $i+1$ 次刷卡记录在同线路站点 B 处，且站点 B 位于站点 A 下游，则站点 B 为第 i 次刷卡上车的下车站点，即接续节点连续，如图2-23所示。

图 2-23 无换乘接续节点连续

2) 如果第 $i+1$ 次刷卡记录的上车站点 B 与第 i 次的站点 A 不为同一条公交线，但站点 B 与站点 A 同线的下游站点 $B1$ 满足距离阈值条件，仍然认为接续节点连续，即站点 B 也为第 i 次刷卡上车的下车站点，如图2-24所示。

1) 和 2) 主要处理接续节点连续的情况，针对接续节点不连续的情况进行如下分析：

3) 若第 $i+1$ 次刷卡记录的上车站点 B 与第 i 次的站点 A 不为同一公交线，且不满足站点距离阈值条件，即接续节点断裂，则第 i 次刷卡上车的下车站点根据与站点 A 同线且位于下游的高频刷卡点来确定，如图2-25所示。

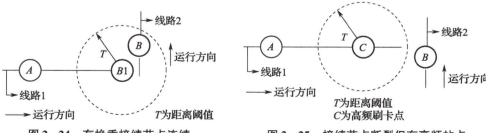

图 2-24 有换乘接续节点连续　　图 2-25 接续节点断裂但有高频站点

4）对于两次刷卡接续节点断裂且高频刷卡点集为空的情况，即无重复性的一般随机出行，则根据乘坐线路各站点的下车吸引权确定下车站点概率，如图2-26所示。

图2-26 接续节点断裂且无高频站点

（2）基于规律出行匹配

对基于规律出行有以下两点规则：

1）基于规律出行匹配针对往返出行，若当天出行记录中包含公交车ID相同、方向相反的一对出行，则两次出发的出发站点被判定互为终点的概率提高。

2）有规律用户的出行记录中必然包含一定量的相同出行记录，通过查询用户出行画像历史出行信息，把历史记录中最可能的下车站点作为该次出行的预测结果。

（3）基于站点权重匹配

站点相关度是指在一条公交线路中两站点之间的关联程度。通常若 A、B 两个站点之间相关度越高，说明 $A(B)$ 站上车乘客选择 $B(A)$ 站为公交出行目的地的倾向性更强。在计算站点相关度时，需综合考虑站点间双向的客流，具体计算公式为

$$R_{ij} = \left[\alpha \frac{\frac{g_{ij}}{N_{\text{up}}}}{\sum_{i=1} q_i} + (1-\alpha) \frac{\frac{g_{ji}}{N_{\text{down}}}}{\sum_{i=1} q_j} \right] \times 100\% \qquad (2-23)$$

式中，α 为公交上行影响权重；g_{ij} 为在 i 站点上车、j 站点下车的乘客数（人次），g_{ji} 同理；N_{up}、N_{down} 分别为与路段邻接的上游和下游站点数。q_i 为在 i 站点上车的总人数，q_j 同理。

算法步骤如下：

1）读取乘客（同一刷卡ID）本次上车站点 i 的乘车线路 R 和下次刷卡站点 i' 上车线路 R'。

2）若 $R = R'$，且站点 i' 位于站点 i 下游，则可确定站点 i' 为上车站点 i 的下车站点。

3）若 $R \neq R'$，计算线路 R 下游站点 $i+k(1 \leq k \leq n-i)$ 与 i' 的最小欧式距离在 $i+k'$ 站点取得，距离为 d，若 $d \leq T$（给定阈值），则站点 $i+k'$ 为下车站点。

4）若2）、3）均不满足，则乘客出行接续节点断裂，根据刷卡ID统计出行记录，统计乘客各上车站点的上车频次 N_i，判断上车站点下游是否有高频刷卡站点。

5）若高频站点集 I 非空，对每个具备高频点的卡号，计算 F_i，将 $\max(F_i)$ 对应站点 i 作为该卡号的下车站点，同时统计所有具备高频点的乘客的高频站点下车总人数。

6）若高频刷卡站点集 I 为空，则根据车辆运行下游站点吸引权依据概率分配得到下车站点，即计算 F_{ij} 来分配下车站点，并统计站点 j 处下车的人数。

$$D_j^* = \sum_{i=1}^{j-1}(K_i F_{ij}) \qquad (2-24)$$

式中，K_i 为站点的上车人数。

2.6 基于轨迹数据的密集路径画像构建

居民的出行轨迹是一系列连续的时空轨迹点，每一点均代表着车辆和出行者在某一瞬间的空间坐标。轨迹聚类旨在找到具有相同（或相似）模式的轨迹，或者区分一些不期望的出行行为（如异常值，即数据错误、套牌车辆数据等）。

通勤路径反映了个体日常的通勤出行信息。对于大多数城市居民而言，通勤路径往往连接着居住地与工作地，且在所有出行中具有较高的规律性与高频性。得益于交通大数据的发展，大量的交通出行数据以及数据样本的多样性已经满足深入研究个体出行规律的需求。

路径画像可以用于定制公交线路的自动生成。近年来，一种名为定制公交的新型地面公交服务模式正在我国兴起。定制公交为特定用户尤其是通勤者提供一站式直达的高品质公交合乘出行服务，是缓解高峰时段交通拥堵的重要手段之一。对于定制公交中的线路安排，目前的做法多是公交公司基于问卷调研被动式确定线路设置，无法进行技术推广。本节以海量出租车 GPS 轨迹数据为基础，采用轨迹聚类方法挖掘其中的共性出行模式，设计定制公交潜在线路的自动提取的统一框架。首先，针对目前单一的轨迹相似度计算方法无法综合考虑轨迹的多维局部特征问题，创新性提出一种两阶段的轨迹相似度计算方法（GRS-CCSS），实现对轨迹的地理区间、方向以及中间片段等特征的综合计算，其中一阶段为地理区间相似度（GRS），二阶段为累计公共子序列相似度（CCSS）；其次，采取 DBSCAN 方法完成时空轨迹数据聚类，并采取逼近理想解排序法 TOPSIS 优化聚类算法参数。最后，基于苏州市的实际数据完成定制公交线路提取，并计算线路覆盖率与可开设率，与苏州市已开设的定制公交线路进行对比评估验证所提出方法的潜在应用价值。本书针对定制公交潜在线路提出的系统研究框架和具体实现方法，具体过程包含如下四个主要步骤：时间段划分、相似度计算、轨迹聚类和线路提取。

时间段划分：根据出行需求总量的时空分布提取需要开设定制公交的潜在时间区间。

相似度计算：采取两阶段的空间轨迹相似度测量 GRS 与 CCSS，实现轨迹的地理区间、方向以及中间片段等多维特征的综合计算。在 GRS 阶段计算轨迹方向相似度和经纬度区间相似度。对于 GRS 计算为 0 的两条轨迹,其起终点的方向完全相反或它们在经度区间或纬度区间均没有交集,不必计算其 CCSS 而将其总的距离置为"1",表明其在空间上相似度为 0。对于 GRS 计算大于 0 的轨迹,则进一步计算 CCSS,即轨迹间中间片段的相似度。

轨迹聚类:聚类技术旨在将相似的轨迹重新组合成彼此不同的簇。基于上述的轨迹相似度计算已经得到聚类所需要的距离矩阵,接下来基于 DBSCAN 算法,便可得到轨迹簇。

线路提取:基于上一步获得的轨迹簇,选择其中与簇内所有轨迹平均距离最小的轨迹作为最终提取的潜在线路。

2.6.1 时空轨迹相似度

假设某轨迹数据集合的表征形式为 $Tr = \{Tr_1, Tr_2, \cdots, Tr_i, \cdots, Tr_I\}$,其中 I 表示轨迹数量,$Tr_i = \{p_{i_1}, p_{i_2}, p_{i_3}, \cdots, p_{i_n}\}$ 为一条轨迹中的数据点集合。轨迹点 $p_{i_n} = (p_{i_n} | <lon, lat, time>)$,即每个轨迹点均有经纬度与时刻三个属性。

本节将最长公共子序列(LCSS)的理念进行拓展设计了 CCSS。在 LCSS 中,轨迹中所有匹配点构成的最长连续子序列被定义被该轨迹的最长公共子序列。然而,轨迹间的匹配片段可能存在多段的情况,从整体比较轨迹的角度出发,我们应当将多匹配片段的情况进行综合考虑。

与轨迹间的 LCSS 计算相同,CCSS 的计算需要确定轨迹点之间的匹配准则,这一准则由一个距离参数 δ 表征(即如果两点的空间距离小于 δ 将会被匹配)。实际上,对于任意轨迹 T_i 上的一个点 p_i,轨迹 T_j 可能存在多个点与之匹配,如图 2-27 所示,轨迹 T_A 上的点 p_{A_1} 可以与轨迹 T_B 上的点 p_{B_2} 及 p_{B_3} 匹配。此时规定:对于 T_i 上的点 p_i,只要与之进行比较的轨迹上存在相应的匹配点,则 p_i 是一个匹配成功的轨迹点。

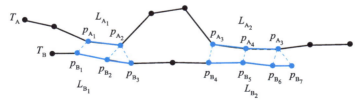

图 2-27 CCSS

如图 2-27 所示,对于计算 CCSS 的两条轨迹,可以得到两组分属于两条轨迹的匹配片段集合,即 T_A 与 T_B 进行轨迹点匹配后,轨迹 T_1 中 $\{L_{A_1}, L_{A_2}\}$ 与轨迹 T_2 中 $\{L_{B_1}, L_{B_2}\}$ 分别为其匹配片段。取两条轨迹的匹配片段比例平均值作为它们的相似性度量:

$$\text{CCSS}(T_1, T_2) = \frac{1}{2}\left(\frac{\sum l(L_{1,2}^1)}{l(T_1)} + \frac{\sum l(L_{1,2}^2)}{l(T_2)}\right) \quad (2-25)$$

式中，$\sum l(L_{1,2}^1)$ 与 $\sum l(L_{1,2}^2)$ 分别为 T_1 与 T_2 的匹配片段长度和；$l(T_1)$ 与 $l(T_2)$ 分别为 T_1 与 T_2 的轨迹长度。显然，$\text{CCSS}(T_1, T_2)$ 的值属于[0,1]。

时间相似度度量与2.3.2节中方法一致，此处不再说明。

2.6.2 轨迹聚类模型

本书使用DBSCAN，一种基于密度的聚类方法对轨迹进行聚类，该方法可以发现任意形状的簇，并能区分噪声点。DBSCAN算法需要确定两个参数，即Eps与MinPts，前者表示邻域的最小半径，后者表示核心点邻域内的最少点数。Kim等人针对轨迹聚类问题对DBSCAN进行了拓展，将点的概念推广到轨迹上，本节沿用了这一思想。

Eps与MinPts的设置很大程度上影响了聚类效果，本书基于Silhouette Coefficient与有效轨迹数两个指标，结合逼近理想解排序法TOPSIS对聚类参数进行优化，越大的轮廓系数反映了越好的聚类质量，簇内的各轨迹反映的出行需求越集中，而覆盖更多出行者的出行需求则要求尽可能多的有效轨迹数。其中Silhouette Coefficient计算公式如下：

$$S(i) = \frac{b(i) - a(i)}{\max\{b(i), a(i)\}} \quad (2-26)$$

式中，$a(i)$ 为轨迹 i 到其簇内其他轨迹的平均距离；$b(i)$ 为轨迹 i 到其他簇的轨迹平均距离的最小值。

$S(i)$ 的取值范围为[-1,1]，越大反映聚类结果越好，说明簇内轨迹距离越近，簇间轨迹距离越远。当 $S(i)$ 为负值时聚类结果不理想，表明该轨迹应该聚在其他簇中，而当轨迹在两个簇的边界上时，轮廓系数接近于0。

我们期望从轨迹聚类结果中进行定制公交的线路规划，通过设置不同的Eps与MinPts可以得到多组非支配聚类结果，每个结果具有两个属性轮廓系数与有效轨迹数，这两个属性共同影响了最终的线路提取效果。因此，找到一个折中参数组合可以被认定为是一个多属性决策问题。

对于通过组合Eps与MinPts得到的包含 W 个参数方案集 $S = [S_1, S_2, \cdots, S_i, \cdots, S_W]$，每个参数方案可以表示为 $Y_i = [y_{i1}, y_{i2}, \cdots, y_{ij}, \cdots, y_{iZ}]$，$Z$ 为属性的数目。TOPSIS的主要步骤如下。

步骤1：将属性值归一化到[0,1]。

$$\hat{y}_{ij} = \left.\frac{y_{ij} - \min(y_{kj})}{\max(y_{kj}) - \min(y_{kj})}\right|_{k=1:Z} \quad (2-27)$$

步骤2：设置权重向量$[\lambda_1,\lambda_2,\cdots,\lambda_j,\cdots,\lambda_z]$，其中$\lambda_j(\lambda_j\geqslant0)$表示属性的重要性，这基于经验和对该属性在结果中的期望进行设定，所有的权重和等于1。

步骤3：定义理想解S^+和负理想解S^-：

$$S^+ = [\max(\hat{y}_{k1}),\max(\hat{y}_{k2}),\cdots,\max(\hat{y}_{kj}),\cdots,\max(\hat{y}_{kZ})]\mid_{k=1:Z} \quad (2-28)$$

$$S^- = [\min(\hat{y}_{k1}),\min(\hat{y}_{k2}),\cdots,\min(\hat{y}_{kj}),\cdots,\min(\hat{y}_{kZ})]\mid_{k=1:Z} \quad (2-29)$$

步骤4：计算评分$D=[D_1,D_2,\cdots,D_i,\cdots,D_W]$，其中$D_i$表示第$i$个参数方案的评分值。折中解即其中最大的一个评分值所对应的参数方案。其中D_i可以表示为

$$D_i = \frac{\sqrt{\sum_j^Z[\lambda_i\hat{y}_{ij}-\min(\hat{y}_{kj})]^2}}{\sqrt{\sum_j^Z[\lambda_i\hat{y}_{ij}-\min(\hat{y}_{kj})]^2}+\sqrt{\sum_j^Z[\lambda_i\hat{y}_{ij}-\max(\hat{y}_{kj})]^2}} \quad (2-30)$$

整个轨迹聚类 DBSCAN 算法如算法 1 所示。

算法1：轨迹聚类 DBSCAN 算法		
输入	轨迹聚类集合 Tr = {Tr$_1$,Tr$_2$,Tr$_3$,$\cdots$,Tr$_i$} 距离矩阵 **SS**、**TT** 聚类参数 ε_s、ε_t、MinPts	
输出	簇 $C=C_1,C_2,\cdots,C_n$,其中 $C_n=\{$Tr$_1$, Tr$_2$, $\cdots$, Tr$_{\mid C_n\mid}\}$	
过程	1	Set Cluster = 0;
	2	make all trajutories in Tr as unvisited;
	3	if Tr$_j$ is not visited,
	4	mark Tr$_j$ as visited;
	5	get $N_{\varepsilon_s\varepsilon_t}$(Tr$_j$) using **SS**, **TT**;
	6	if $\mid N_{\varepsilon_s\varepsilon_t}$(Tr$_j$)$\mid$ < MinTrs,
	7	mark Tr$_j$ as noise;
	8	else,
	9	set Cluster = Cluster + 1;
	10	assign Cluster to all trajectories in $N_{\varepsilon_s\varepsilon_t}$(Tr$_j$)
	11	insert $N_{\varepsilon_s\varepsilon_t}$(Tr$_j$) − Tr$_j$ into queue N
	12	call expand cluster(Cluster, j, N)
	13	return C
	14	expand cluster(Cluster, j, N):
	15	while N is not empty, do:
	16	remove Tr$_j$ from the font of N;
	17	get $N_{\varepsilon_s\varepsilon_t}$(Tr$_j$) using **SS**, **TT**
	18	if $\mid N_{\varepsilon_s\varepsilon_t}$(Tr$_j$)$\mid\geqslant$MinTrs,
	19	for each Tr$_k$ in $N_{\varepsilon_s\varepsilon_t}$(Tr$_j$),
	20	if Tr$_k$ is visited or noise,
	21	assign Cluster to Tr$_k$
	22	if Tr$_k$ is not visited,
	23	insert Tr$_k$ into N

2.6.3 潜在定制线路提取方法

假设所有的轨迹数据聚类完成之后共包含 K 个簇，潜在定制线路的确定需要满足如下两个条件：①线路应切实可行，即线路应能映射至实际存在的道路网络；②线路应具有足够的代表性，即应与簇中所有轨迹样本的距离尽可能小或者相似度尽可能大。由上述分析可知，不能采用样本轨迹平均值的方式确定潜在线路。

假设针对 K 个轨迹簇（$C_1, C_2, \cdots, C_k, \cdots, C_K$），第 k 个簇的样本大小为 N_k，则可以选用距离簇内所有样本距离的最小（或者相似度最大）真实样本作为潜在线路，即

$$T_{C_k}^{ce} = \mathop{\text{agrmax}}_{T_i, i \in [1,2,\cdots,N_k]} \left\{ \sum_{j=1, j \neq i}^{N_k} S(T_i, T_j) \right\} \quad (2-31)$$

式中，$T_{C_k}^{ce}$ 为簇 C_k 中提取的潜在定制公交线路；$S(T_i, T_j)$ 为轨迹 i 和 j 的相似度。

2.6.4 实验验证

为验证所提出方法的可行性，本研究基于苏州市 2019 年 12 月 2 日至 12 月 6 日早高峰通勤时段出租车 GPS 数据进行潜在线路提取，部分数据集见表 2-6。数据字段说明见表 2-7。在 4092 辆出租车出行轨迹中，随机选择了 10000 条轨迹进行实验验证。

表 2-6 部分数据集

ID	经度/(°)	纬度/(°)	记录时间	速度/(km/h)	载客状态
00001	120.6022	31.361320	2019.12.02 00:00:47	41	0
00001	120.6120	31.322937	2019.12.02 00:00:47	18	1
00001	120.5476	31.320774	2019.12.02 00:00:46	17	1
00001	120.5208	31.380439	2019.12.02 00:00:46	19	1
00001	120.6647	31.317443	2019.12.02 00:00:46	11	0
00001	120.6959	31.328268	2019.12.02 00:00:47	29	1
……	……	……	……	……	……
00001	120.5536	31.358772	2019.12.02 00:00:47	71	1

表 2-7 数据字段说明

字段	说明	字段	说明
ID	车牌号	Time	记录时间
Longitude	经度	Speed	瞬时速度
Latitude	纬度	Status	载客状态（1 表示载客、0 表示空载）

图 2-28 所示为 12 月 2 日至 12 月 6 日的不同时间段轨迹的生成数量，可以看出出行需求量在 8:00 达到最高值，因此取 8:00 前后 1h 的时间区间为早高峰通勤时段，即设置早高峰通勤时段为 7:00—9:00。

根据提出的方法，通过聚类获得了 45 组轨迹簇，每个轨迹簇包含相似的出行轨迹集。如图 2-29 所示，聚类结果基本涵盖苏州市中心地区，且通过单独的聚类结果，

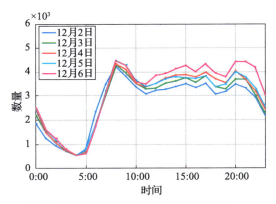

图 2-28 不同时间段轨迹的生成数量

可以观察到每个轨迹簇都具有较为集中的出行起终点，即在相同轨迹簇中的人群具备近似的出行需求，如图 2-30 所示。不同轨迹簇间的轨迹长度不同，但短的轨迹并不会淹没在长的轨迹中。

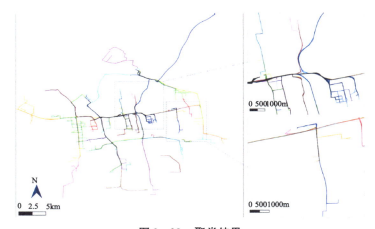

图 2-29 聚类结果

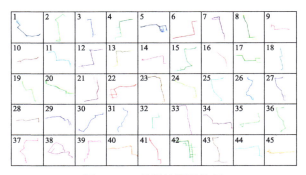

图 2-30 单独的聚类结果

为提取每一个轨迹簇中的代表性轨迹,并将其作为最终的潜在线路提取结果,需要计算轨迹与簇内其他轨迹平均距离,平均距离越小的轨迹反映了该轨迹簇内越多轨迹的出行需求。如图2-31所示,为对其过程进行展示,随机选择了其中4个轨迹簇与提取的潜在线路,可以看出潜在线路均可以较好地反映整体轨迹簇的出行趋势。图2-32所示为提取的所有潜在线路。

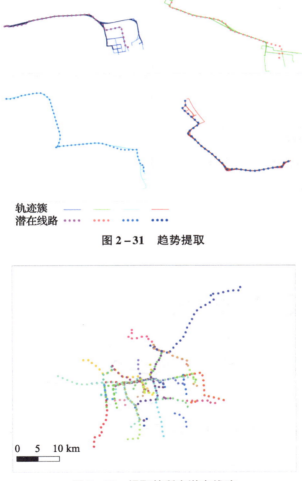

图2-31 趋势提取

图2-32 提取的所有潜在线路

为验证所提出方法的有效性,即提取的潜在线路的可行性与可发展空间,将潜在线路提取结果与苏州现有的定制公交线路进行了对比,苏州已开设定制公交线路分布如图2-33所示。并设计线路覆盖率与可开设率两个指标分别进行表征。线路覆盖率反映了提取的线路与现有开设线路的相似性,从实际开设角度验证提取的潜在线路的可行性；可开设率则反映了提取的潜在线路的可发展空间。

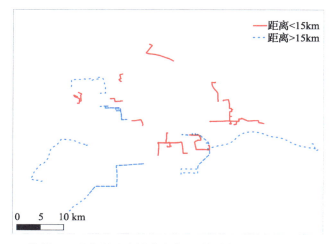

图2-33 苏州已开设定制公交线路分布（以线路长度15km进行区别显示）

线路覆盖率（LC）与可开设率（PL）计算方法表示如下：

$$LC = \frac{L_e \cap L_p}{L_e} \quad (2-32)$$

$$PL = \frac{L_p - (L_e \cap L_p)}{L_p} \quad (2-33)$$

式中，L_e 为已开设的线路；L_p 为提取的线路。

苏州市已开设定制公交线路24条（总长289.8km），本研究总提取潜在线路共45条（总长537.9km），其中覆盖线路重合共16条（总长156.8km），根据线路数量与路线长度计算的覆盖率分别为66.7%与54.1%，可开设率分别为64.4%与70.8%。提取的潜在线路基本覆盖了已开设的定制公交线路，验证了潜在线路开设的可行性。我们对其中未覆盖的8条线路进行分析，其中6条（4条大于15km）为连接地铁站到企业、学校或大型工业园区的接驳公交线路。由于连接地铁站的长途接驳公交的开设成本更高，因此这些长途定制公交线路的开设更大程度上由政府政策主导或大型企业与公交公司的合作开设而并不完全反映出行需求，且选择出租车出行的出行者大多为短途出行，因此出租车数据集对较长距离的出行需求覆盖率较低。

根据线路数量与路线长度计算的可开设率分别为64.4%与70.8%，考虑到数据集的局限性，实际的可开设空间可能更大，这在一定程度上表明提取的潜在线路有较大的开设前景。

2.7 出行画像数据架构和标签设计

2.7.1 数据框架及开发环境

在整个工程化方案中，系统依赖的基础设施包括 Spark、Hive、HBase、Airflow、MySQL、Redis、Elasticsearch。除基础设施外，系统主体还包括 Spark Streaming、ETL、产品端 3 个重要组成部分。用户画像数仓架构如图 2-34 所示。

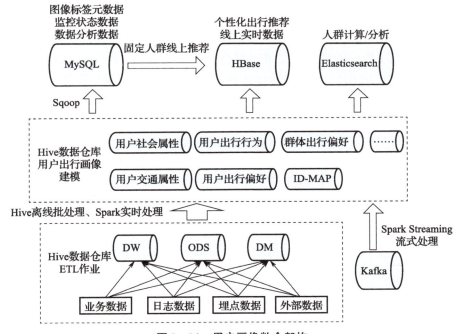

图 2-34　用户画像数仓架构

图 2-34 中，下方虚线框中为 Hive 数据仓库 ETL 作业，常见的数据仓库 ETL（ETL 是将业务系统的数据经过抽取、清洗转换之后加载到数据仓库的过程）加工流程，也就是将每日的业务数据、日志数据、埋点数据、外部数据等经过 ETL 过程，加工到数据仓库对应的数据运营（Operational Data Store，ODS）（直接获得的元数据）层、数据仓库（Data Warehouse，DW）（根据主题而构建的各种数据模型）层、数据集市（Data Mart，DM）（以业务出发而建设的局部 DW）层中。作业调度根据场景需要可以选择 crontab 或 Airflow 等工具。

中间虚线框为用户出行画像构建模块，用户画像是对基于下方数据仓库 DW 层、ODS 层、DM 层中与用户相关数据的二次建模加工。在 ETL 过程中将用户标签的计算结果写入 Hive，并根据后续使用场景同步到 MySQL、HBase、

Elasticsearch 等数据库中。对于更新频率、实时性要求较高的画像标签，需要使用 Kafka 与 Spark Streaming 流式处理。

使用的四种数据库的使用场景：

1）Hive：存储用户标签计算结果、用户人群计算结果、用户特征库计算结果。

2）MySQL：存储标签元数据、监控相关数据、输出到业务系统的数据。

3）HBase：存储线上接口实时调用类数据。

4）Elasticsearch：支持海量数据的实时查询、用户存储人群计算结果、用户群透视分析所需要的用户标签数据。

用户标签数据在 Hive 中加工完成后，不分标签通过 Sqoop 同步到 MySQL 数据库，提供用于展示的数据和多维透视分析表，另一部分同步到 HBase 数据库用户业务开发，向用户提供个性化的线上服务，如出行路线推荐、停车位预约等。

各环节开发环境见表 2-8。

表 2-8　各环节开发环境

环节	开发环境	开发语言
数据开发	Spark	Scala Hive SQL Python shell
数据存储和查询	Hive、MySQL、HBase、Elasticsearch	
流式处理	Kafka、Spark Streaming	
作业调度（ETL）	crontab、Airflow	

2.7.2　数据标签体系

目前在建立用户画像时一般除了基于用户维度（userid）构建一套用户标签体系外，还常基于用户适用的设备维度（cookieid）建立相应的标签体系。基于设备维度（cookieid）开发标签是考虑到当用户没有登录账户而访问设备时，也可以基于用户在设备上的行为对该设备推送相应服务。

（1）标签类型

建立的用户标签按标签类型可以分为统计类、规则类和机器学习挖掘类。

1）统计类标签：这类标签是最为基础也最为常见的标签类型，例如对于某个用户来说，他的性别、年龄、城市、星座、近 7 日活跃时长、近 7 日活跃天数、近 7 日活跃次数等字段可以从用户注册数据、用户访问、消费类数据中统计得出。该类标签构成了用户画像的基础。

2）规则类标签：该类标签基于用户行为及确定的规则产生。例如对平台上"消费活跃"用户这一口径的定义为近 30 天交易次数≥2。在实际开发画像的过程中，由于运营人员对业务更为熟悉，而数据人员对数据的结构、分布、特征更为熟悉，因此规则类标签的规则确定由运营人员和数据人员共同协商确定。

3）机器学习挖掘类标签：该类标签通过数据挖掘产生，应用于对用户的某些属性或某些行为进行预测判断。例如根据一个用户的行为习惯判断该用户是男性还是女性，根据一个用户的消费习惯判断其对某商品的偏好程度。该类标签需要通过算法挖掘产生。

从建立的标签维度来看，将标签分为用户属性类、社交属性类、用户行为类、出行特征类，用户属性类和社交属性类大部分属于统计类标签，短时间内不会发生大幅度变化，之后的三类标签与用户的出行关系密切，且随着用户出行次数增多，标签更新频繁，应重点分析。

1）用户属性类：用户属性涵盖了用户最基本的个人信息，包括年龄、性别、注册时间、地区、收入等，同时也包含与出行相关的基础信息，如驾照情况、交通工具拥有情况等。

2）社交属性类：即用户的家庭情况、工作情况，如子女数、工作地点、家庭成员数等。

3）用户行为类：通过用户行为可以挖掘其偏好与特征，如出行的时间段、出行链信息、近30天出行次数等。

4）出行特征类：出行特征类是针对用户出行行为类标签挖掘后获得的，可以对用户的出行特征、偏好进行表征。其中最核心的标签包括规律通勤用户标签、公交偏好出行、地铁偏好出行、共享单车偏好出行、停车需求等。

（2）标签命名规则

例如：对性别"男"的用户打上标签"ATTRITUBE_U_01_001"，分别对应标签主题、用户纬度、标签类型、一级归类等角度确定，见表2-9。

表2-9 标签命名规则

标签主题	用户纬度	标签类型	一级归类
ATTRIBUTE：人口属性 ACTION：行为属性 TRIP：出行属性 ……	S：静态数据 D：动态	1：统计型 2：规则型 3：算法型	年龄 性别 驾照 地域 ……

（3）标签衰减

考虑标签的时效性而提高标识的准确性，我们对于某类变动较大的标签引入时间衰减系数。时间衰减是指随着时间的过去，用户的历史行为和当前行为的相关性不断地减弱，其相关系数呈现指数型衰减。$f(t)$是随着时间t的增长而

衰减，其原来行为信息衰减为

$$f(t) = e^{\alpha t} \quad (2-34)$$

式中，α 为衰减常数，可通过回归计算得出。如：指定 30 天前的行为信息和当前的相关度为 0.5，即 $0.5 = e^{-\alpha \times 30}$，求得 $\alpha = 0.0231$。

行为信息衰减函数曲线如图 2-35 所示。

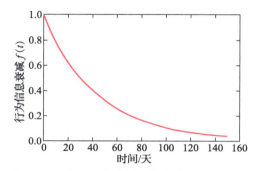

图 2-35　行为信息衰减函数曲线（$\alpha = 0.0231$）

第 3 章
面向出行服务的交通需求优化技术

随着信息化和数据化时代的到来,交通大数据已经从稀缺走向丰富。俗话说,无数据不智能,数据是信息化和智能化的基础,也是智慧出行新模式的基础。交通出行是一种复杂的行为,和出行相关的多源大数据更是包罗万象。传统的交通规划理论中建立的出行行为分析方法存在很大的缺点,最关键的问题是无法对出行行为进行细致的刻画。例如不同类型的关注点(POI)会产生不同的交通量,这些交通量又存在明显的时间差异、出行距离差异等。同时,出行者本身的属性和外部属性,又会对出行行为产生影响。

3.1 出行特征表达与萃取技术

3.1.1 出行特征指标体系构建

交通大数据体现出来的交通出行信息,取决于出行者的决策过程。集计层面出行数据形成过程如图 3-1 所示。对于特定的城市区域,有其固有的总出行量。该出行量由该小区的宏观社会经济状况决定,例如年龄结构、性别结构、收入、工作类型等。该总体出行量对应整个路网的局部供给,包括小型汽车路网的供给和公交、地铁、出租车等供给。总出行需求进行分化,选择不同的出行方式并选择不同的出发时刻。这样就形成了方式出行量和出发时刻分布。二者共同决定了方式时变交通量,例如公交载客量、道路车流量等。方式时变交通量的附属信息,例如行程时间等,又会反过来决定出行者的行为决策。例如,如果某一路段频发拥堵,则出行者可能选择其他路径,甚至变换出行方式。

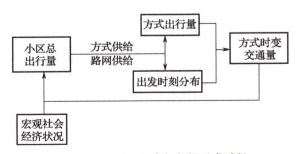

图 3-1 集计层面出行数据形成过程

对出行者的出行研究需要对出行行为进行细致的刻画，包括从研究一次出行到研究出行链的整体过程。出行方式链包含一次出行中从出发地到目的地（OD）之间所有出行方式。在出行方式多样化的现实条件下，居民出行不再局限于一种出行方式，例如停车换乘"P+R"、公交换乘等。对这种链式行为的刻画，需要考虑时间尺度、空间尺度和结构尺度。时间尺度指的是出行者在出行过程中经历的时间长度等；空间尺度指的是出行者在出行过程中经历的空间范围等；结构尺度指的是出行者在出行过程中集计形成的方式比例、方式链的时间比例等。

三个尺度的出行特征受到不同因素的影响。这些因素有稳态特征，也有非稳态特征。稳态特征是该小区长期存在的出行特征，例如方式的分担率、出发时刻的分布等；非稳态特征是偶尔出现的特征。稳态特征的影响因素包括：①需求端：交通小区的人口数量、人口的社会经济状态、工作岗位数量、机动车保有量等；②供给端：路网的结构、小区的可达性等。非稳态特征的影响因素包括天气、大型活动、交通管制等。出行特征建模思路如图3-2所示。集群出行特征指标如图3-3所示。

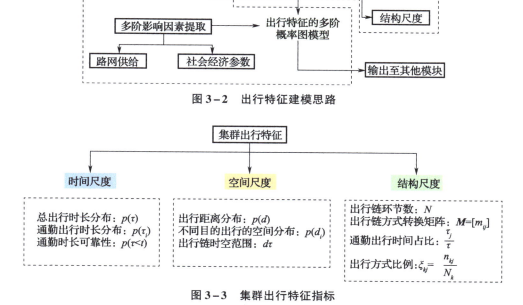

图3-2 出行特征建模思路

图3-3 集群出行特征指标

由图3-2可知，出行特征还受到更加深层次的多阶因素的影响。这些因素包括路网供给和社会经济参数，例如人口数量、工作岗位等。同时，这些因素对出行特征的贡献率不同。为了识别不同特征的贡献率，需要构建其相互关系的理论模型，用实际数据进行标定，并利用标定好的概率图模型进行推理，识别影响出行特征的关键因子。

出行特征指标表达体系建立了多源特征指标间的出行特征关系。研究多源出行特征指标数据，需要对城市出行进行整体考察，需要以不同空间粒度，包含特殊粒度（轨道站点）、栅格、交通小区、街道、市县行政区划等为基本空间单元进行聚合。出行特征指标体系的构建分为三个逻辑层次：影响特征指标族、出行特征指标族和交通状态指标族。

（1）影响特征指标族

影响特征指标族包括稳态特征和非稳态特征两种影响因素，共计18个指标。

1）稳态特征指标族（表3-1）。稳态特征指标的影响因素分为需求端和供给端。受到需求端影响的因素有人口结构和岗位特征两大类。其中，人口结构含不同空间单元中的人口总量、年龄结构、性别结构和教育水平比例。岗位特征含有不同空间单元的工作岗位数量和岗位平均收入。

受到供给端影响的因素有路网特征、公交网络特征、轨道网络特征和慢行网络特征。其中，路网特征包含路网密度、交叉口平均间距、交叉口位阶差。公交网络特征包含公交站点个数、平均站点间距和公交线网密度。轨道网络特征包含轨道站点个数、轨道站点平均间距和轨道线网密度。慢行网络特征包含自行车服务点位数量、每个点位的自行车数量和自行车道里程。

2）非稳态特征指标族。非稳态特征指的是偶尔出现的特征，包含天气、交通事件和疫情特征三类。其中，天气指标中有降雨量等级、降雪等级、高温、寒流和其他极端天气。交通事件指标中包含交通事故信息和大型活动或特殊事件造成的交通管制信息。另外，针对疫情等特殊场景，本次指标还加入了突发疫情信息，包含确诊/疑似人数和行动轨迹。

表3-1 稳态特征指标族

稳态因素	指标类别	指标名称
需求端	人口结构	人口总量
		年龄结构
		性别结构
		教育水平比例
	岗位特征	工作岗位数量
		岗位平均收入
供给端	路网特征	路网密度
		交叉口平均间距
		交叉口位阶差

（续）

稳态因素	指标类别	指标名称
供给端	公交网络特征	公交站点个数
		平均站点间距
		公交线网密度
	轨道网络特征	轨道站点个数
		轨道站点平均间距
		轨道线网密度
	慢行网络特征	自行车服务点位数量
		自行车数量
		自行车道里程

（2）出行特征指标族（表3-2）

依据出行过程，出行特征指标定义可分为三个类别：时间尺度、空间尺度和结构尺度。

表3-2 出行特征指标族

出行特征	指标类别	指标名称
时间尺度	出行时长	平均出行时长
		最大环节出行时长
		最小环节出行时长
		最大通勤出行时长
		最小通勤出行时长
	出行时刻	高峰出行比例
		平峰出行比例
空间尺度	出行距离	平均出行距离
		最大环节出行距离
		最小环节出行距离
		通勤出行距离
	出行空间分布	公交车OD
		轨道交通OD
		公共自行车OD
		出租车/网约车OD
结构尺度	多方式出行方式比例	公共交通出行比例
		轨道交通出行比例
		慢行出行比例
	出行链	出行链最大环节数
		出行链平均环节数

1）时间尺度。时间尺度分为出行时长和出行时刻两方面，共计 7 个指标。其中出行时长的指标有平均出行时长、最大环节出行时长、最小环节出行时长、最大通勤出行时长和最小通勤出行时长；出行时刻的指标有高峰出行比例和平峰出行比例。

2）空间尺度。空间尺度分为出行距离和出行空间分布两方面，共计 8 个指标。其中出行距离的指标有平均出行距离、最大环节出行距离、最小环节出行距离和通勤出行距离；出行空间分布的指标有公交车 OD、轨道交通 OD、公共自行车 OD 和出租车/网约车 OD。

3）结构尺度。结构尺度分为多方式出行方式比例和出行链两方面，共计 5 个指标。其中多方式出行方式比例的指标有公共交通出行比例、轨道交通出行比例和慢行出行比例。出行链的指标有出行链最大环节数和出行链平均环节数。

（3）交通状态指标族（表 3 – 3）

交通状态指标族分为出行强度、出行速度和拥堵时长三个指标类别，共 6 个指标。

表 3 – 3　交通状态指标族

指标类别	指标名称
出行强度	平均出行次数
	多方式出行量
出行速度	路网平均运行速度
	路网最差运行速度
拥堵时长	拥堵持续时长
	拥堵恶化时长

其中，出行强度指标包含平均出行次数和多方式出行量，远行速度指标包括路网平均运行速度和路网最差运行速度，拥堵时长指标包括拥堵持续时长和拥堵恶化时长。

3.1.2　出行特征萃取技术

出行特征指标体系中，针对具体的城市交通系统，指标表达的含义有所重叠。例如，出行时长和出行距离一般而言正相关，因此，二者表达的信息存在冗余。同时，特定的小区，其某一尺度的出行特征占据主要地位。因此，需要根据出行数据，将出行特征进行提纯与萃取，得到具有代表性的出行特征组合。上述问题归纳为出行特征指标体系的降维，可利用主成分分析（PCA）法实现。

主成分分析法是一种将多种相关变量转化为少数几个不相关变量的降维方法。出行特征指标族是一个基于客观性、可比性和全面性的多层次综合体系，而每一个样本数据，即每个小区的各个特征指标所反映的信息可能会有一定程度的重叠。PCA 可以在尽可能避免原有信息量损失的前提下消除各指标之间的相关性，并根据累计贡献率构建出相应的新指标，即主成分。

出行特征指标可分为时间尺度、空间尺度和结构尺度三个尺度，具体见表 3-4。

表 3-4 交通小区出行特征指标一览表

尺度	指标符号	特征指标	尺度	指标符号	特征指标
时间尺度	X1	平均通勤时间	空间尺度	X17	平均总出行距离
	X2	最大通勤时间		X18	最小总出行距离
	X3	最小通勤时间		X19	最大总出行距离
	X4	通勤时间 50%		X20	总出行距离 50%
	X5	平均单次出行时长	结构尺度	X21	平均出行链环节数
	X6	最小单次出行时长		X22	最大出行链环节数
	X7	最大单次出行时长		X23	最小出行链环节数
	X8	单次出行时长 50%		X24	出行链环节数 50%
	X9	平均总出行时长		X25	平均通勤时间占比
	X10	最小总出行时长		X26	最大通勤时间占比
	X11	最大总出行时长		X27	最小通勤时间占比
	X12	总出行时长 50%		X28	通勤时间占比 50%
空间尺度	X13	平均单次出行距离		X29	机动车占比
	X14	最小单次出行距离		X30	公交车占比
	X15	最大单次出行距离		X31	轨道交通占比
	X16	单次出行距离 50%		X32	非机动车占比

原数据进行预处理后，得到 taz 特征矩阵，特征矩阵包含 65 个样本量和 32 个特征指标。其中，1 个样本表示 1 个小区。taz 特征矩阵（局部）见表 3-5。

表 3-5 taz 特征矩阵（局部）

ID	X1	X2	X3	X4	X5	X6	X7	X8	……
2817	72.76470588	103	40	72	34.87962963	10	90	30	……
2749	58.2	165	16	45	27.7752809	6	105	20	……
2401	0	0	0	0	30	30	30	30	……
2691	57.95454545	158	20	46	25.46551724	5	95	20.5	……
……	……	……	……	……	……	……	……	……	……

表 3-5 中不对维度的取值空间存在较大差距，需要进行如下标准化操作。

（1）Min-Max 标准化

Min-Max 标准化是对原始数据的线性变换，使结果映射到 [0, 1] 之间，转换函数为

$$x^* = \frac{x - \min}{\max - \min} \quad (3-1)$$

式中，max 为原始样本数据的最大值；min 为原始样本数据的最小值。

（2）Z-score 标准化

$$x^* = \frac{x - \mu}{\sigma} \qquad (3-2)$$

式中，μ 为原始样本数据的均值；σ 为原始样本数据的标准差。

标准化处理后的数据见表 3-6。

表 3-6　标准化处理后的数据

ID	X1	X2	X3	X4	X5	X6	X7	X8	……
2817	0.4983	-0.7618	0.9110	0.6970	0.4289	-0.0624	-0.0566	0.1399	……
2749	-0.1838	0.3250	-0.2232	-0.5906	-0.4297	-0.3469	0.5067	-0.9428	……
2401	-2.9095	-2.5672	-0.9793	-2.7365	-0.1609	1.3603	-2.3097	0.1399	……
2691	-0.1953	0.2023	-0.0342	-0.5429	-0.7089	-0.4181	0.1311	-0.8887	……
……	……	……	……	……	……	……	……	……	……

标准化之后的数据有助于提升 PCA 结果的准确性。然而，数据之间是否存在强相关性及是否需要进行主成分分析需要进一步分析，此处采用 KMO 检验和巴特利特球形检验两个方法对数据进行检验，结果见表 3-7。

表 3-7　KMO 检验和巴特利特球形检验结果

KMO 检验	取样适切性量数	0.767
巴特利特球形检验	近似卡方	4576.321
	自由度	496
	显著性	0.000

由表 3-7 可知，KMO 检验取样适切性量数大于 0.7，表明指标之间的相关程度无太大差异，数据适合进行主成分分析；同时，巴特利特球形检验的显著性小于 0.05，说明各指标之间存在相关性，适合进行主成分分析。主成分特征值从大到小排序见表 3-8。

表 3-8　主成分特征值

主成分	特征值	主成分	特征值	主成分	特征值	主成分	特征值
1	13.5867	9	0.4908	17	0.0674	25	0.0097
2	7.0075	10	0.3224	18	0.0531	26	0.0060
3	3.4255	11	0.2674	19	0.0404	27	0.0052
4	2.0210	12	0.2303	20	0.0296	28	0.0026
5	1.4443	13	0.1940	21	0.0253	29	0.0015
6	1.1329	14	0.1378	22	0.0154	30	0.0013
7	0.6438	15	0.1053	23	0.0141	31	0.0002
8	0.6051	16	0.1015	24	0.0116	32	0.0001

为了更加直观地表达特征值的变化趋势，利用主成分提取方法得到每个因素的主成分特征值，如图3-4所示。

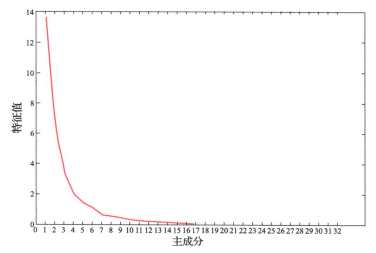

图3-4 主成分特征值碎石图

由表3-8和图3-4可以看出，前6个主成分的特征值均大于1，且第6个主成分之后特征值曲线变化趋势趋于平稳，因此可以选择前6个主成分进行分析。前6个主成分贡献率见表3-9。

表3-9 前6个主成分贡献率（%）

主成分1	主成分2	主成分3	主成分4	主成分5	主成分6
42.4584	21.8983	10.7046	6.3157	4.5135	3.5404

前6个主成分累计贡献率已接近90%，所以保留前6个主成分对于整个特征具有很好的代表性。采用主成分分析法降维后的结果见表3-10。

表3-10 采用主成分分析法降维后的结果

交通ID	主成分1	主成分2	主成分3	主成分4	主成分5	主成分6
2817	-0.0097	3.0712	-1.0600	-1.8658	1.1423	-0.9327
2749	-1.1716	-0.6033	1.1881	-0.8652	-1.0395	-0.3005
2401	5.5102	-0.2711	-5.6510	-5.2218	-1.5923	-3.1656
2691	-1.6218	-0.1023	0.2848	-1.2525	-0.9046	-0.7115
2335	-1.9343	-0.5186	0.8613	-0.8001	0.4320	-0.1611
2346	-2.1301	-0.4106	-0.4204	-0.7265	0.3896	0.2130
2222	-1.6662	-0.3960	1.6312	-0.0036	0.5629	0.4142

由表3-10的主成分分析结果可以具体研讨每一个小区的实际情况。比如ID为2817的交通小区，出行需求一般，出行效率较低（时间、出行链环节数

大反而说明效率低），出行复杂程度高、机动车占比大、刚性出行占比低、公共交通占比高、非机动车占比低，在交通供给方面可以做一些适当的调整，比如增加和优化公共交通的线路规划、增加停车位等。

计算完综合得分之后，可以对各个小区根据各个主成分进行排名，以第五主成分为例，可以得其排名结果见表 3 – 11。

表 3 – 11 taz 第五主成分得分和排名（部分）

交通 ID	得分	排名
1978	4.26925152	1
1804	3.26134676	2
2420	1.582020622	3
2421	1.499391858	4
2614	1.399685787	5
2315	1.238110116	6
2817	1.142281221	7
2493	1.125795456	8
2410	1.092944021	9
2190	1.061369852	10

表 3 – 11 展示了部分交通小区第五主成分的得分和排名情况，可以定位出出行复杂程度较高的小区；其余主成分分析情况相同，这里不再赘述，读者可根据第五主成分的分析思路和流程进行处理。

指标权重可以反映该指标在整体数据的相对重要程度，权重越高说明该指标的重要性越高，对整体的影响越大，反之则重要程度越低，对整体的影响越小。

根据表 3 – 9 ~ 表 3 – 11，可以计算出各指标权重，其结果见表 3 – 12。

表 3 – 12 各指标权重

指标	权重	指标	权重	指标	权重	指标	权重
X1	0.6008	X9	0.0044	X17	0.0137	X25	0.0079
X2	0.0088	X10	0.0161	X18	0.0159	X26	0.0151
X3	0.0010	X11	0.0046	X19	0.0010	X27	0.0188
X4	0.0144	X12	0.0092	X20	0.0032	X28	0.0191
X5	0.0100	X13	0.0059	X21	0.0032	X29	0.0038
X6	0.0097	X14	0.0146	X22	0.0172	X30	0.0635
X7	0.0007	X15	0.0064	X23	0.0059	X31	0.0064
X8	0.0033	X16	0.0087	X24	0.0191	X32	0.0676

根据表 3 – 12 可知，X1 对整体数据影响最大，X7 影响最小。假设指标在整体数据中权重可近似等价于指标在主成分中的权重，可以得到各个指标对各个主成分的贡献程度，而所有的指标又可以分为三个尺度，此处使用冲击图对三个尺度中各个主成分的贡献程度进行可视化，如图 3 – 5 所示。

图3-5 尺度对主成分的贡献的冲击图

由图3-5可知,时间尺度对整体数据的影响程度最大,对6个主成分的贡献程度也最大,结构尺度次之,空间尺度最小。

3.1.3 出行特征概率图模型框架和提取方法

出行特征的核心任务是分析出行特征参数形成过程中上下游参量的贡献率。出行状态形成的动力学过程如图3-6所示。供需参数族包括:

图3-6 出行状态形成的动力学过程

1)小型汽车路网的供给参数:不同道路等级路网密度、人均路网密度介数指标(Betweenness Centrality)、网络直径、二元普查系数(Dyad Census Index)、度以及度分布。这里,交通网络中一个节点的度(有时会被误认为连通性)是该节点与其他节点的连接或边的数量。如果网络是有向的,里面的边也会具有方向,从一个节点指向另一个节点,那么这些节点就会有两个度,一个度表示入射边的数量,另一个度表示出射边的数量,分别记为入度和出度。度分布$P(k)$的定义为网络中度值为k的所有节点与总节点数量的分数,如果一个网络中有n个节点,且其中n_k个节点的度值为k,那么$P(k)=n_k/n$。类似地,对于有向网络也可以定义出度分布和入度分布。

2)公交车路网的供给参数:包括小区内公交站点数量、经过小区的公交线路数量、经过小区的线路最远距离分布、换乘一次的出行距离分布、换乘两次的出行距离分布、小区公交路网拓扑结构属性。

3)宏观社会经济参数:包括人口数量、不同属性的工作岗位数量、不同用地属性建筑面积。

出行特征参数族包括小区集计的出行特征指标,分为时间尺度、空间尺度和结构尺度三个类别。

交通状态的度量分为两个层次：拥堵持续时长和拥堵恶化时长。

出行特征模型构建过程如图3-7所示，分为如下几个步骤：

1）出行特征指标族定义和计算。出行特征构建过程涉及三大类的指标体系：宏观供需指标体系、出行特征指标体系、交通状态指标体系。

2）出行特征和交通状态形成过程解析，确定参数之间的上下游关系，也即界定原因参数和结果参数。

3）将提取和定义的宏观供需参数、出行特征参数、交通状态参数按照参数之间的影响关系，建立出行特征概率图模型。

4）对概率图模型的结构进行标定和学习。

5）对概率图模型的参数进行标定和学习。

6）利用概率图模型对出行特征的关键参量进行推理，得到关键影响因素指标集。

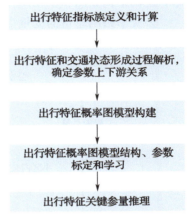

图3-7 出行特征模型构建过程

1. 交通供需参数

（1）供给参数

路网交通供给指标分为两个类别：小型汽车路网和公交车路网，其中小型汽车路网的度量指标体系如图3-8所示。

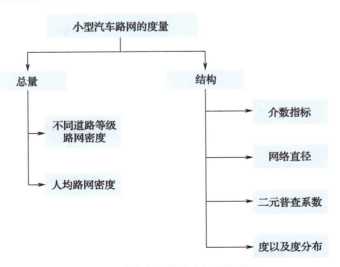

图3-8 小型汽车路网的度量指标体系

路网的度量分为两个类别：总量和结构。总量指的是道路网路提供的道路面积，结构指的是提供的道路网络面积的结构属性。

（2）公交车路网的度量

公交车路网的度量分成两个类别：资源总量和资源结构。资源总量指的是公交车路网提供的道路面积，资源结构指的是公交车路网的结构属性。整个指标的逻辑架构如图 3-9 所示。

公交车路网总量的度量指标包括小区内公交站点数量 $IB_{n_{stops}}$ 和经过小区的公交线路数量 $IB_{n_{lines}}$。$IB_{n_{stops}}$ 与 $IB_{n_{lines}}$ 计算流程如图 3-10 所示。

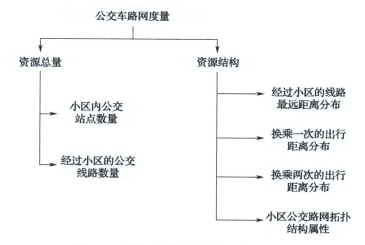

图 3-9 公交车路网度量指标逻辑架构

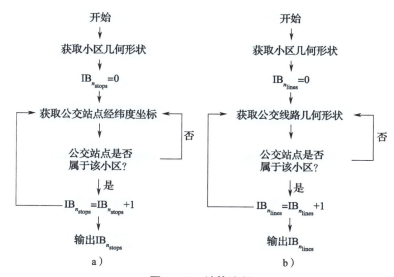

图 3-10 计算流程

结构性指标包括经过小区的线路最远距离分布、换乘一次的出行距离分布、换成两次的出行距离分布、小区公交路网拓扑结构属性。四个指标的具体描述方法及计算流程分述如下。

经过小区的线路最远距离分布为 $IB_{distance0}$。对于一个小区而言，经过该小区的公交路线有 $IB_{n_{lines}}$ 条，每条公交线路均存在一个最远的距离，即 $IB_{distance0}$，$IB_{n_{lines}}$ 条线路就组成了经过该小区的线路最远距离的分布。具体的计算流程如图 3-11 所示。

换乘一次的出行距离分布 $IB_{distaance1}$。换乘一次的出行距离分布定义为以小区内的公交站点为中心，经过一次的公交线路换乘所能到达的出行距离的分布。计算流程如图 3-12 所示。

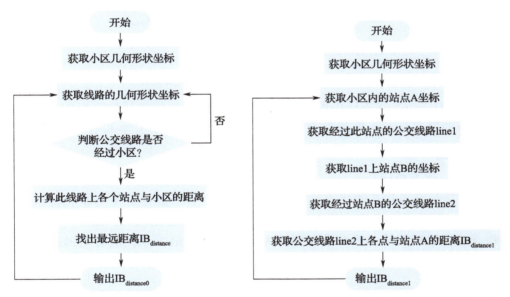

图 3-11　经过小区的线路最远距离分布计算流程

图 3-12　换乘一次的出行距离分布计算流程

换乘两次的出行距离分布为 $IB_{distaance2}$。换乘两次的出行距离分布定义为以小区内的公交站点为中心，经过两次换乘路线，所能达到的出行距离的分布。计算流程如图 3-13 所示。

(3) 需求面

对于任意一个小区 j，其需求面的参量表达的是和生成的出行直接相关的量，一般而言包含如下 3 类：

1) ID_{pj}：j 小区的人口数量。小区人口数量越多，潜在的出行量也就越多。

2) $ID_{w_{jk}}$。j 小区 k 类型工作岗位数量。不同工作属性类型的工作岗位数量决定了小区吸引的出行量数量。$ID_{w_j} = \sum_k ID_{w_{jk}}$。

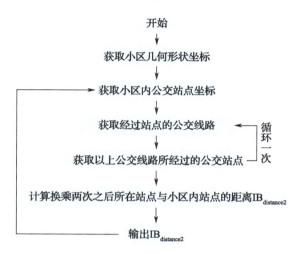

图3-13 换乘两次的出行距离分布计算流程

3）$ID_{A_{jk}}$：j小区不同用地属性的建筑面积。不同用地属性会影响进出小区出行的时空分布。例如教育用地的出行一般发生在上学和放学时间段。$ID_{A_j} = \sum_k ID_{A_{jk}}$。

（4）状态指标

速度是交通状态的代表性表征指标之一，其一般情况下的变化曲线如图3-14所示。在高峰来临之前，小区的交通运行速度较高；随着高峰的来临，速度逐渐减低，并在最拥堵的时段速度达到最低点；随着交通需求的降低，交通状态逐渐恢复。

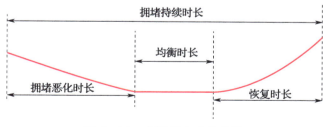

图3-14 交通状态变化曲线

对上述交通状态的演化过程进行建模，可以从3个角度对其进行度量：

1）拥堵持续时间$IS_{duration}$：定义为运行速度低于某个阈值的持续的时长。该时长进一步可分为3个子部分：①拥堵恶化时长$IS_{duration1}$，即交通状态变化的第一个阶段的时长，也就是交通状态恶化至最严重程度的时长；

②均衡时长$IS_{duration2}$，即最恶劣的交通状态的持续时间；③恢复时长$IS_{duration3}$；也就是交通状态变化的第三个阶段的持续时长。

2) 最恶化的状态IS_{vmin}：研究时间段内最低的交通运行速度。

3) 平均速度$IS_{\bar{v}}$：考察时间段内的平均出行速度。

2. 模型结构

出行特征指标体系概率图模型的主要任务是对各类指标的各个具体指标之间的概率关系进行建模、识别和推理。本节利用贝叶斯网络来对出行特征涉及的各类指标或参量之间的关系进行描述。

出行特征指标体系概率图模型如图3-15所示。出行特征涉及的指标共有三类：宏观供需指标、出行特征指标、交通状态指标。宏观供需指标也分为3类：需求参数（ID）、小型汽车路网供给参数（IC）、公交车路网供给参数（IB）。每一族指标集中包含多个具体指标。

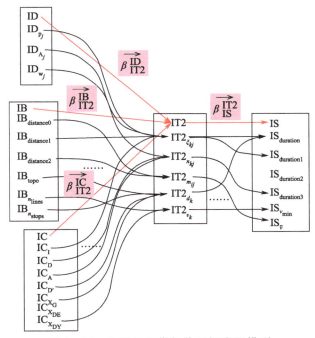

图3-15 出行特征指标体系概率图模型

图3-15中，每一个指标都和下一个层次的某一个或者多个指标相联系，连线表示影响关系。例如，宏观需求中的ID_{P_j}指向小区出行方式量$IT2_{\xi_{kj}}$，表明指标ID_{P_j}和$IT2_{\xi_{kj}}$相关。人口数量越多，对应的出行需求也就越多。

3. 边缘概率计算

边缘概率的计算是模型多个应用的基础；同时，在标定模型参数过程中，某些数据集合中存在缺失数据的情况，如某小区人口数量或者工作岗位数据缺失等，在计算分布时，涉及边缘分布的计算。

4. 模型参数的学习

模型学习包括两个部分：结构学习和参数学习。结构学习的目标是确定节点和节点之间的连线，参数学习的目的是得到概率图模型中连线所代表的参数。

5. 出行特征的提取和推理

推理问题的核心是给定出行特征、计算（后验）条件概率分布，并得到出行特征指标形成过程的主导供给参量、主导需求参量。在推理框架中，已知变量又称证据变量、未知变量（供需变量）又称查询变量。若设所有变量的集合为 X，证据（Evidence）变量集合为 E，查询（Query）变量集合为 Q，则贝叶斯网络推理的任务就是在给定证据变量集合 $E = e$ 的前提下计算 $q \in Q$ 的条件概率分布，即

$$p(q \mid E=e) = \frac{p(q, E=e)}{p(E=e)} \quad (3-3)$$

对所有查询变量的概率进行排序，就得到了主导供需变量。

常见的推理算法有：信念传播推理算法、联结树推理算法、变量消除推理算法等。因为联结树推理算法具有计算速度快、精度高等优点，目前也是应用最广的贝叶斯网络精确推理算法，所以本节的推理使用了联结树推理算法。

6. 出行特征提取示例

由于出行特征指标含有连续变量和离散变量，因此，将该连续变量进行离散化处理。

常见的离散型算法有等宽法和等频法。等宽法和等频法两种方法都相对简单，易于操作，但也有各自的缺点。等宽法的缺点在于它对离群点比较敏感，倾向于不均匀地把属性值分步到各个区间，这样就会导致有些区间包含许多数据，而另外一些区间数据极少，会严重损坏建立的决策模型。等频法虽然避免了上述问题的产生，但是会将相同的数据值分到不同的区间以满足每个区间中固定的数据个数。

所以，这里采用第三种离散化的 k-means 算法。k-means 算法对于给定的样本集，按照样本之间的距离大小，将样本集划分为 k 簇，让簇内的点尽量紧密地连在一起，而让簇间的距离尽量大。

为满足建模要求,将属性变量编码为虚拟变量,将连续变量编码为离散变量,出行特征关系分析变量设置见表 3-13。

表 3-13 出行特征关系分析变量设置

分类	特征	符号	取值
出行需求	出行者性别	SE	1. 男;2. 女
	出行者年龄结构	AG	1. 6~19 岁;2. 20~39 岁;3. 40~60 岁;4. 60 岁以上
	出行者职业	CA	1. 学生;2. 在职人员;3. 退休人员;4. 其他
	出行者月收入	IN	1. 5000 以下;2. 5000 及以上
	是否有私人小型汽车	PR	1. 有;2. 无
	是否有其他助力车	EL	1. 有;2. 无
	是否有驾照	DL	1. 有;2. 无
	出行目的	TP	1. 刚性出行;2. 弹性出行
出行供给	道路网络密度	RN	1. $6km/km^2$ 以下;2. $6km/km^2$ 及以上
	网络直径	ND	1. 0.5km 以下;2. 0.5km 及以上
	平均路径长度	PL	1. 0.15km 及以下;2. 0.15km 以上
	站点数量	NS	1. 5 个及以下;2. 6~10 个;3. 10 个以上
	线路数量	NL	1. 50 条及以下;50 条以上
出行特征时间尺度	平均通勤时间	ACT	1. 65min 及以下;2. 65min 以上
	最小通勤时间	MICT	1. 15min 以下;2. 15min 以上
	最大通勤时间	MACT	1. 150min 及以下;2. 150min 以上
	通勤时间 50%	FCT	1. 55min 以下;2. 55min 以上
	平均单次出行时长	AST	1. 30min 以下;2. 30min 以上
	最小单次出行时长	MIST	1. 5min 及以下;2. 5min 以上
	最大单次出行时长	MAST	1. 90min 以下;2. 90min 以上
	单次出行时长 50%	FST	1. 25min 以下;2. 25min 以上
	平均总出行时长	ATT	1. 65min 以下;2. 65min 以上
	最小总出行时长	MITT	1. 15min 以下;2. 15min 以上
	最大总出行时长	MATT	1. 150min 及以下;2. 150min 以上
	总出行时长 50%	FTT	1. 55min 以下;2. 55min 以上
出行特征空间尺度	平均单次出行距离	ASD	1. 3.5km 及以下;2. 3.5km 以上
	最小单次出行距离	MISD	1. 0.1km 以下;2. 0.1km 以上
	最大单次出行距离	MASD	1. 20km 及以下;2. 20km 以上
	单次出行距离	FSD	1. 2km 及以下;2. 2km 以上
	平均总出行距离	AAD	1. 8km 及以下;2. 8km 以上
	最小总出行距离	MIAD	1. 0.15km 以下;2. 0.15~0.30km 以下;3. 0.30km 以上
	最大总出行距离	MAAD	1. 25km 及以下;2. 25km 以上
	总出行距离 50%	FAD	1. 5km 及以下;2. 5km 以上

（续）

分类	特征	符号	取值
出行特征结构尺度	平均出行链环节数	ANC	1.2个以下；2.2~3个；3.3个以上
	最小出行链环节数	MINC	1.1个；2.2个；3.3个
	最大出行链环节数	MANC	1.1~4个；2.5~7个；3.8~10个
	出行链环节数50%	FNC	1.1个；2.2个；3.3个；4.4个
	机动车占比	PV	1.0.2及以下；2.0.2以上
	公交车占比	PB	1.0.1及以下；2.0.1以上
	轨道交通占比	PT	1.0.03及以下；2.0.03以上
	非机动车占比	PN	1.0.45及以下；2.0.45以上

筛选出出行需求各指标（出行者性别、出行者年龄结构、出行者职业、出行者月收入、是否有私人小型汽车、是否有其他助力车、是否有驾照、出行目的）、出行供给各指标（道路网络密度、网络直径、平均路径长度、站点数量、线路数量）、出行特征时间尺度中的平均通勤时间、最小通勤时间、最大通勤时间、通勤时间50%这17个指标进行结构学习。

应用K2算法，基于苏州市的实际数据经过多次筛选和排序调整，最终获得各节点和若干联系的贝叶斯网络结构，具体结构如图3-16所示。图3-16中的17个节点代表17个变量，其中包括平均通勤时间、最小通勤时间、最大通勤时间、通勤时间50%这4个需要分析的变量。节点之间的连线表示变量之间的相互影响关系。

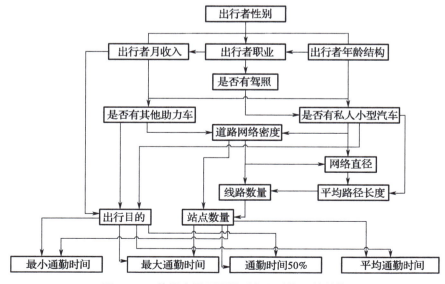

图3-16　苏州市居民通勤时间贝叶斯网络结构

由图 3-16 所示的贝叶斯网络结构可知，通勤时间（包含平均、最小、最大、50%）的父节点有出行目的，说明出行目的决定通勤时间，即出行目的是通勤时间的直接影响因素。通勤时间参数概率见表 3-14。

表 3-14 通勤时间参数概率

出行目的	平均通勤时间		最小平均通勤时间		最大平均通勤时间		通勤时间 50%	
	65min 及以下	65min 以上	15min 及以下	15min 以上	150min 及以下	150min 以上	55min 及以下	55min 以上
工作出行	0.8654	0.8656	0.8665	0.8642	0.8618	0.8672	0.8569	0.8681
非工作出行	0.1346	0.1344	0.1335	0.1358	0.1382	0.1328	0.1431	0.1319

由表 3-14 可知，从总体来看，苏州市居民刚性出行的人数比例大于弹性出行的人数比例，而出行目的对于通勤时间的长短的影响并不是很大。

从贝叶斯网络结构可知，出行目的的父节点有出行者职业、是否有私人小型汽车、是否有其他助力车、出行者月收入，四个参数概率见表 3-15。分析表 3-15 数据可得如下结论：苏州市居民的月收入、是否有私人小型汽车和是否有其他助力车对出行目的（即是弹性出行还是刚性出行）的影响较大，总体来说刚性出行的人数比例大于弹性出行的人数比例。此外，月收入超过 5000 元（表示为 1）的人刚性出行的概率大于月收入低于 5000 元（表示为 2）的人；月收入在同一层次，有私人小型汽车（表示为 1，没有表示为 2）或有其他助力车（表示为 1，没有表示为 2）的人刚性出行的概率大于既没有私人小型汽车也没有助力车的人。

表 3-15 出行目的参数概率

出行者月收入	是否有私人小型汽车	是否有其他助力车	出行目的	
			刚性出行	弹性出行
1	1	1	0.8459	0.1541
1	1	2	0.8225	0.1775
1	2	1	0.8450	0.1550
1	2	2	0.7716	0.2284
2	1	1	0.9462	0.0538
2	1	2	0.9145	0.0855
2	2	1	0.9370	0.0630
2	2	2	0.8794	0.1206

利用所建立的贝叶斯网络结构模型，采用联合树推理引擎，计算出行者年龄结构、是否有私人小型汽车、站点数量对通勤时间（包括平均、最小、最大和 50%）的影响情况，具体计算结果见表 3-16 ~ 表 3-18。

表 3-16 出行者年龄结构对通勤时间的影响

通勤时间		年龄结构			
		6~19 岁	20~39 岁	40~60 岁	60 岁以上
平均通勤时间	65min 及以下	0.0960	0.4510	0.3179	0.1350
	65min 以上	0.0960	0.4511	0.3179	0.1350
最小通勤时间	15min 及以下	0.0960	0.4511	0.3179	0.1350
	15min 以上	0.0961	0.4510	0.3180	0.1350
最大通勤时间	150min 及以下	0.0961	0.4509	0.3178	0.1353
	150min 以上	0.0960	0.4511	0.3180	0.1349
通勤时间 50%	55min 及以下	0.0963	0.4503	0.3184	0.1351
	55min 以上	0.0959	0.4513	0.3178	0.1350

由表 3-16 的计算结果可以得到如下结论：①同一年龄段通勤时间长短的比例相当，原因可能在于通勤属于刚性出行，通勤时间与出行目的地有关，所以对于同一个年龄段的人来说，通勤时间长或短都有可能，且可能性相似；另外一种可能是在使用 k-means 聚类法对各个通勤时间进行离散化时，k 值选择不佳导致两个部分的数据数量太过于均衡而导致比例如此相当；②不同年龄段对通勤时间的比例不同，其中年龄段在 6~19 岁和 60 岁以上的人群在各个通勤时间占比都较小，原因可能是 6~19 岁多为学生，60 岁以上的多为退休人员，出行较少或出行距离较近，所以对通勤时间的影响较小，而 20~39 岁和 40~60 岁的人多为上班族，这类人群对通勤时间的贡献率较大；③不同年龄段对平均通勤时间、最小通勤时间、最大通勤时间、通勤时间 50% 的影响比例相当，这从侧面可以反映出数据的准确性。总之，在研究年龄对通勤时间的影响时，可以考虑年龄层次对通勤时间的影响程度，比如某交通小区年轻人的比例较大，就要考虑通勤时间会相对较长。

表 3-17 是否有私人小型汽车对通勤时间的影响

通勤时间		是否有私人小型汽车	
		是	否
平均通勤时间	65min 及以下	0.5364	0.4636
	65min 以上	0.5365	0.4635
最小通勤时间	15min 及以下	0.5363	0.4637
	15min 以上	0.5367	0.4633
最大通勤时间	150min 及以下	0.5363	0.4637
	150min 以上	0.5365	0.4635
通勤时间 50%	55min 及以下	0.5351	0.4649
	55min 以上	0.5369	0.4631

由表 3-17 中的计算结果可以得到如下结论：①有私人小型汽车和无私人小型汽车对通勤时间的影响不大；②有私人小型汽车对通勤时间的影响程度略大于没有私人小型汽车，原因可能是有私人小型汽车的人群存在一定的可能性驾车上下班（或上学），没有私人小型汽车的会选择公共交通（公交车或轨道交通）或者助力车（自行车或电动车）上下班，反映出上下班途中城市道路交通拥堵增加了通勤时间。所以，对于一个交通小区来说，若拥有私人小型汽车的比例较高，也要考虑到通勤时间增加的问题。

表 3-18 站点数量对通勤时间的影响

通勤时间		站点数量		
		5 个及以下	6~10 个	10 个以上
平均通勤时间	65min 及以下	0.1214	0.5305	0.3481
	65min 以上	0.1257	0.5223	0.3520
最小通勤时间	15min 及以下	0.0787	0.6304	0.2909
	15min 以上	0.1840	0.3861	0.4299
最大通勤时间	150min 及以下	0.1247	0.6679	0.2075
	150min 以上	0.1230	0.4655	0.4115
通勤时间 50%	55min 及以下	0.1026	0.2635	0.6339
	55min 以上	0.1298	0.6059	0.2643

由表 3-18 中的计算结果可以得到如下结论：①站点数量在 5 个及以下的交通小区对通勤时间的影响最小，10 个以上的次之，6~10 个的影响最大；②交通小区的站点数量对最小通勤时间、最大通勤时间、通勤时间 50% 影响较大，比如交通小区的站点数量在 6~10 个，最小通勤时间 15min 及以下的比例较大，所以应该合理选择配置交通小区的站点数量。

3.1.4 出行特征可视化

出行特征的指标不仅仅包含通勤时间，从三个尺度出发还包括其他很多的指标。因此，在贝叶斯网络学习的基础上，对于交通小区，需要基于贝叶斯网络对交通小区的出行需求和供给变量对各个出行特征进行可视化分析。为了指标和出行特征关系可视化的简洁性以及能够宏观地体现各个交通小区的特征，此处仅仅考虑指标和特征的相互关系，而忽略指标与指标的相互关系。

比如，选择 ID 为 2871 的交通小区为例（分别从三个尺度中选取三个指标：通勤时间、单次出行时长和出行链环节数），进行特征关系可视化；其中交通小区个体特征和宏观参数对出行特征贡献率可视化结果分别如图 3-17 和图 3-18 所示。

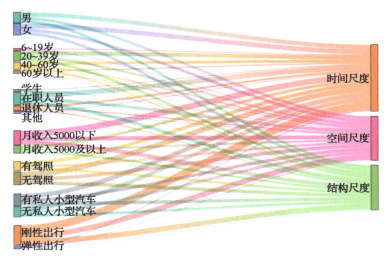

图 3-17　ID 为 2871 的交通小区个体特征对出行特征贡献率可视化结果

由图 3-17 可以得到以下几条结论：①总体而言，该交通小区男女比例相当，年龄处于 20~60 岁的人居多，所以多为在职人员，月收入在 5000 元以下的人居多，无驾照的人居多，有助力车的人居多，但有私人小型汽车和无私人小型汽车的人比例相当，刚性需求大；②各个指标对出行特征的贡献率大小各不相同，比如出行目的指标里的刚性出行对时间尺度的贡献率最大，说明对时间尺度的各个出行特征的影响最大。

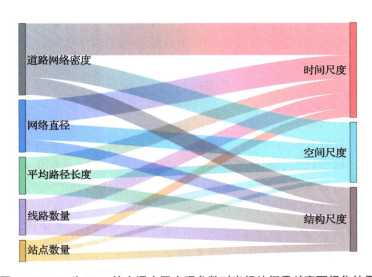

图 3-18　ID 为 2871 的交通小区宏观参数对出行特征贡献率可视化结果

由图 3-18 可以得到如下结论：各个指标对出行特征的贡献率大小各不相同，比如线路数量指标对时间尺度的贡献率最大，结构尺度次之，空间尺度最低，即线路数量的调整对时间尺度的各个指标影响最大，对结构尺度的各个指标影响最小；说明线路数量的改变对通勤时间、单次出行时长、总出行时长影响较大，而对于出行链环节数、各出行方式的占比影响较小。

3.2 多尺度交通态势演变推演技术

目前，城市交通出行需求预测模型大多存在精度不够、涵盖出行方式不全等问题。本节主要是针对公交、地铁、网约车及共享单车各种出行方式，进行短时交通需求的预测与推演，能够为前期的资源准备和过程中的车辆调度提供数据参考。

多尺度交通态势演变推演的总体思路为：从影响特征、出行特征和状态特征三个维度构建出行特征指标集，并利用主成分分析法和概率图模型标定上述指标集。此外，可利用梯度提升树对影响特定出行特征指标的因素进行量化，按照影响程度的不同对影响因素进行排序，提炼主要影响因素作为模型的输入，解决主流短时预测模型输入参数不全、不准等的问题。

同时，为充分考虑城市交通动态变化和时空数据之间的复杂特性，可将交通时空预测问题抽象为交通图模型，输入不同层次粒度、采样时间的历史数据和外部环境数据，并结合城市道路的动态特性提出动态拉普拉斯矩阵估计，学习道路状况演变规律并预测未来状况。具体来讲，可构建时空多图动态扩散卷积网络模型，通过时间卷积抽取交通数据的时间相关性，通过时空多图动态扩散卷积捕捉数据的动态空间相关性，实现基于栅格、关键点、关键地区等多尺度空间的网约车、公交车等多方式短时需求量预测。

3.2.1 交通态势演变推演思路整体设计

交通态势演变推演任务，即对要推演的交通地点预测它的未来确切的需求值，而评价推演结果的指标则是评估预测结果与实际真实值之间的差距，如果差距越大，说明预测结果越差；反之，差距越小，则说明预测结果越好。对于特定的预测任务，一般会设置一个人为阈值，当误差大于可接受阈值时，则认为该预测不可接受；当小于阈值时，则认为预测精度可以满足预期目标，具有一定的实用性。

为了评价推演结果与真实值之间的误差，通常可以采用三个衡量指标进行误差的量化，分别是平均绝对误差（Mean Absolute Errors，MAE）、平均绝对百分比误差（Mean Absolute Percentage Errors，MAPE）和均方根误差（Root Mean

Squared Errors, RMSE), 其定义分别如下:

$$\text{MAE} = \frac{1}{n}\sum_{i=1}^{n}|\hat{y}_i - y_i| \quad (3-4)$$

$$\text{MAPE} = \frac{100\%}{n}\sum_{i=1}^{n}\left|\frac{\hat{y}_i - \hat{y}}{y_i}\right| \quad (3-5)$$

$$\text{RMSE} = \sqrt{\frac{1}{n}\sum_{i=1}^{n}(\hat{y}_i - y_i)^2} \quad (3-6)$$

式中,$\hat{y}_i(i=1,2,\cdots,n)$为预测值;$y_i(i=1,2,\cdots,n)$为真实值;$n$为预测样本的个数。

上述三个指标中,MAE 的范围是$[0,+\infty]$,误差越大,MAE 值越大,当预测值与真实值完全吻合时,MAE 等于 0。MAPE 的范围是$[0,+\infty]$,MAPE 值为 0 表示预测值和真实值完全吻合,MAPE 值越大,则表示预测精度越差。RMSE 的范围是$[0,+\infty]$,RMSE 值越大,则说明预测误差越大,值越接近 0 说明预测误差越小。

MAE 指标是相对基础的回归指标,求取预测值和真实值误差的绝对值作为衡量指标,值的大小表征着预测误差的大小。相比而言,RMSE 指标因为使用的是平方误差,所以误差对异常点相对比较敏感;如果回归器对某个点的回归值很不合理,那么它的误差则比较大,从而会对 RMSE 的值产生较大影响,更加凸显非平稳的回归预测误差。而 MAPE 指标不仅仅考虑预测值与真实值的误差,还考虑了误差与真实值之间的相对比率,在某些场景下这样的指标更有意义。

为了判断预测数据的准确性,不仅需要预测的误差指标,还需要预测的准确性指标,因此需要对数据进行准确性判断。

$$g(x) = \begin{cases} 1, & x \leq \varepsilon \\ 0, & x > \varepsilon \end{cases} \quad (3-7)$$

$$\text{Accuracy} = \frac{100\%}{n}\sum_{i=1}^{n}g\left(\left|\frac{\hat{y}_i - y_i}{y_i}\right|\right) \quad (3-8)$$

式(3-8)中的 Accuracy 代表预测的准确率,通过设定的准确阈值 ε 来对预测的结果进行可接受度判断。

此外,交通流数据是模型训练与验证的关键所在。本章涉及的模型、算法与技术主要基于以下交通流数据集完成,简要概述如下:

互联网平台多方式出行数据:以国家重点研发计划项目的合作平台为基础,滴滴出行平台为项目组的理论研究提供了脱敏数据支持,主要包括网约车、公交车和出租车三种交通方式在不同时间间隔下(5min、15min、30min、1h、4h、1 天)的交通量。

DRIVE Net(Digital Roadway Interactive Visualization and Evaluation Network)

数据：主要包括美国华盛顿州西雅图快速路上的交通流量、速度和占有率数据，数据统计间隔包含 5min、15min、30min、1h 等。

3.2.2 多尺度交通态势演变推演体系

交通数据具有时空关联性与一致性，其中蕴含大量有价值的交通系统规律，通过结合复杂网络系统和网络分析方法，能为交通预测领域知识本体的构造、交通规律预测模型建立、规律演化及其解释研究提供有效途径。

很多研究已经表明，交通流的变化模式具有不同时间尺度上的规律性，且这些变化受两类因素的影响：一是交通出行需求在不同时段、不同天、不同季节等尺度上的变化；二是居民出行选择受天气、节假日等外部因素的影响。因此，交通流态势变化是一个多系统耦合的开环系统，对其进行预测是一项非常具有挑战性的工作。本章融合多系统数据开展多个角度的态势推演，整体流程如图 3-19 所示。

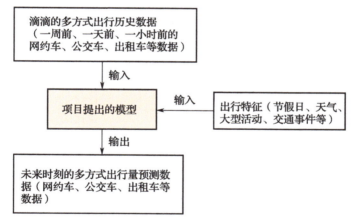

图 3-19 多方式出行的交通态势推演流程

1. 多尺度特征融合的短时交通流预测方法

多方式的出行需求预测从本质上讲各方式是类似的，模型算法的输入都是各种方式出行的特征数据，如公交车、轨道交通、出租车/网约车、共享单车的出行量等；而后为每种出行方式单独设置训练，分别推演多种出行方式的下一时间段的出行量，下面以网约车为例构建短时需求预测算法。

本小节提出了一种基于时空多图动态扩散卷积网络（Spatiotemporal Multi-Graph Dynamic Diffusion Graph Convolution Network，DDGCN）架构的交通流预测算法，其模型框架如图 3-20 所示。体系架构主要包括捕获时空动态数据特性的动态时空块（Dynamic Spatial-Temporal Block，DST-Block）以及常规的包括输入层和输出层的模块。

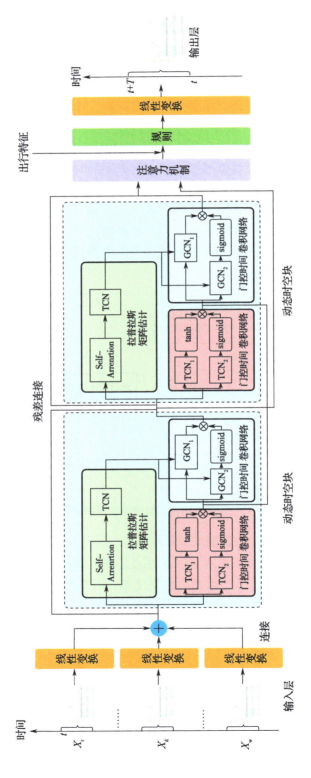

图3-20 时空多图动态扩散卷积网络的模型框架

(1) 短时预测的层次化输入

在预测未来数据时，可以认为未来数据主要受到三种层次的规律数据影响，分别是周期性质规律、近期性质规律和临近性质规律，分别对应该预测数据在周期上呈现的规律、近期变化因素呈现的规律以及临近时期突变状况下呈现的规律，这些交通数据规律的捕捉依赖于对数据不同时间粒度的采样情况。为了对交通数据的时间变化模式进行更好的建模，本模型融合采用城市生活周期时间段，以周、天、小时为不同层次的采样时间粒度，得到不同时间层次上的数据规律，进而可以对数据不同粒度的时间周期特性进行深度捕获。例如要预测2021年10月1日7:00—8:00的交通需求量，那么这个需求量必然受到三个已知的交通数据规律影响，第一个是一周前的2021年9月24日的7:00—8:00的交通需求量，它受到每周的周期特性影响，具有长期的稳定性和规律性。第二个是一天前，即2021年9月30日7:00—8:00的交通需求量，这是中期的数据特性，具有中期的规律性，例如前几天某道路的修缮就会导致这条路段未来的交通流量需求减少，这样的中期性规律需要捕捉。第三个是2021年10月1日6:00—7:00的交通需求量，这是临近时期的短期周期性的体现，往往是不稳定的规律需要捕捉，例如几个小时前某路段发生重大车祸，则会导致对应的交通需求骤减，而这种突发事故的规律是中期和长期数据无法捕获的。

(2) 短时预测的动态时空特征抽取

在基于真实世界的交通路网构建交通图时，图的有向边权重是由路网距离决定的，且权重随着路网状态的变化而发生复杂变化。例如当某条道路突然发生重大交通事故时，该道路附近区域的路段均会发生交通拥堵，导致交通流运行不畅；从动态的角度来讲，可以认为道路不通畅导致对应道路的权重逐渐减小，两个节点间的边权重逐渐减小，直到为0，即道路完全堵塞。因此，城市交通路网实际上存在非常复杂的路网动态性，道路时刻在发生着复杂变化且难以捉摸。此外，道路的堵塞也会随着时间的推移在道路上进行动态扩散，进而产生拥堵扩散甚至转移现象，预测框架也需要捕捉这种动态扩散的交通特性。

(3) 模型性能分析

本小节以网约车客流预测为例验证DDGCN算法的性能，具体使用的数据包括如下两部分：一是滴滴出行平台苏州市2138名用户从2019年1月至2019年6月的拼车订单数据集，二是济南市3108名用户从2019年1月至2019年6月的拼车订单数据集。两个数据集中每条数据均包括用户ID、订单ID、发单时间、上车点经纬度、上车点POI、目的地经纬度以及目的地POI等。需要说明的是，数据集中的个性化数据均已被加密处理。

首先选取苏州城市城区中心的一处观测节点某个节假日的一天需求量数据，预测值和真实值的对比如图3-21所示。图中，黑色线是实际观测到的需求量值,红色线是模型在一个小时前预测的值,即红色线是预测当前时刻在一个小时后的交通需求值。交通需求在时刻发生变化且可能出现显著波动,选取节假日数据的原因是在节假日时交通状况比平时更加复杂多变,交通数据经常有剧烈波动。如果模型能在复杂的节假日交通状况下有着较好的预测效果,说明该模型具有更好的预测性能。

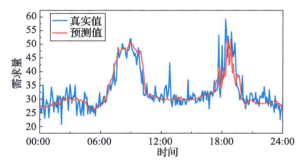

图 3-21 苏州中心城区某节假日的一天需求量预测值和真实值的对比

图 3-22 展示了苏州中心城区工作日一天内交通需求预测效果。由图可知,正常的工作日与图 3-21 所示的节假日相比,同样存在明显的早晚高峰时期,并且在 9:00 和 18:00 左右达到一天的早晚高峰顶端。为分析算法的鲁棒性,对该地区进行不同时间尺度的预测,分别进行提前 10min 预测、提前 30min 预测、提前 60min 预测、提前 90min 预测和提前 120min 预测。其预测曲线如图 3-22 所示。

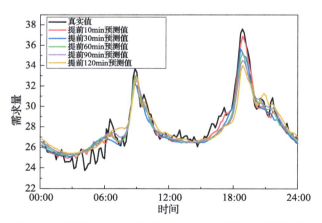

图 3-22 苏州中心城区工作日一天内交通需求预测效果

整体上来看,本节所构造的模型对追踪需求变化有着良好的性能,能很好地预测交通需求量。从时间尺度上看,预测的尺度越大,未来时段存在的随机性也越大，因此预测效果提前 10min > 提前 30min > 提前 60min > 提前 90min > 提前 120min；上述结论符合公众的认知，预测时间区间越远的需求时，预测难度越大，发生突发事件影响需求值的情况越复杂，越难以预测，预测的误差也越大。但是如图 3-23 所示，提前两小时预测，即提前 120min 预测时，模型仍然能对这种较长期的复杂的预测场景进行很好的预测，虽然相比前面的预测结果较差，但仍然在交通预测能接受的范围内，说明此模型性能上的优越性。

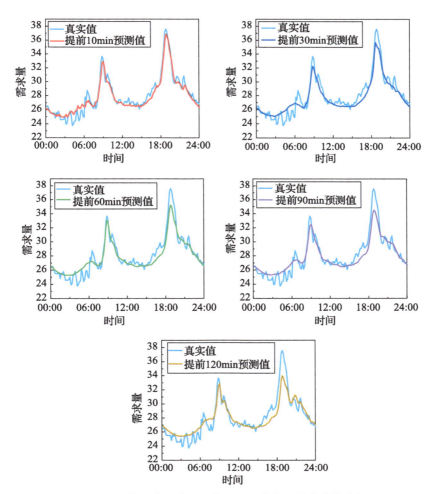

图 3-23　苏州中心城区工作日一天内交通需求曲线分解

为了具体量化不同预测时期预测的需求量的误差，求取数据集上所有节点在不同时刻的预测误差，结果见表 3-19。

表3-19 在苏州数据集上比较不同预测时刻的预测误差

数据集	预测未来时刻/min	预测误差指标		
		MAE	RMSE	MAPE（%）
苏州	10	2.91	4.55	9.53
	20	3.15	4.88	10.53
	30	3.20	4.95	10.74
	40	3.23	4.98	10.85
	50	3.25	5.00	10.92
	60	3.26	5.02	10.97
	70	3.28	5.03	11.02
	80	3.30	5.05	11.07
	90	3.32	5.07	11.12
	100	3.33	5.09	11.18
	110	3.35	5.11	11.24
	120	3.37	5.13	11.32

由表3-19可知，随着预测时间区间的增加，预测误差也在不断增加，这也符合正常的预测逻辑，即预测区间越长，预测效果下降。整体而言，此模型无论是在提前10min或者30min、60min、120min的预测中，预测误差都是非常小的，表示模型性能非常优越。

表3-20展示了不同方法在苏州和济南两个数据集上预测30min、60min、120min的交通需求的精度结果，以及120min内12次采样的平均预测精度结果。结果表明本节所提出的DDGCN算法在所有指标上都具有最佳的性能。基于时间的神经网络的方法［包括门控循环单元（GRU）和长短期记忆网络（LSTM）方法］效果最差，其原因在于这些的模型只考虑了时间建模，忽略了空间上的相关性，并不能很好挖掘时空数据的特性。基于图卷积网络（Graph Convolutional Networks，GCN）的方法在结果预测方面明显优于其他方法，说明图卷积更适合对具有图结构的交通数据进行建模并深度挖掘数据特性。本节提出的方法在基于GCN的方法里面取得了最好的结果，说明所提出的模型在建模复杂交通时空数据上的优势。DDGCN_r是在只有短期临近交通数据输入情况下的模型，它的实验结果相比其他只有短期临近数据输入的方法（如ASTGCN_r）仍然是结果最好的，说明所提出的模型在理论结构上相比其他方法就具有优势性，更加说明该模型的有效性和高性能。

表 3–20 DDGCN 与对比方法的性能比较

数据集	模型	30min			60min			120min			Average		
		MAE	RMSE	MAPE (%)	MAE	RMSE	MAPE (%)	MAE	RMSE	MAPE (%)	MAE	RMSE	MAPE (%)
苏州	GRU	3.66	5.50	12.75	3.98	5.88	13.44	4.42	6.36	14.94	3.95	5.83	13.32
	LSTM	3.66	5.50	12.32	3.98	5.88	13.45	4.42	6.36	14.90	3.95	5.83	13.31
	OTSGGCN	3.49	5.25	11.74	3.67	5.45	12.41	3.91	5.68	13.11	3.64	5.40	12.26
	OGCRNN	3.49	5.26	11.75	3.63	5.42	12.22	3.78	5.58	12.68	3.59	5.37	12.07
	STGCN	3.49	5.29	11.87	3.71	5.56	12.69	3.99	5.87	13.63	3.68	5.51	12.53
	GCRN	3.50	5.27	11.86	3.69	5.50	12.54	3.95	5.77	13.34	3.67	5.46	12.42
	ASTGCN_r	3.57	5.32	11.81	3.73	5.50	12.36	3.96	5.74	13.14	3.70	5.46	12.27
	Graph WaveNet	3.42	5.19	11.46	3.56	5.36	12.00	3.73	5.55	12.56	3.53	5.32	11.86
	ASTGCN	3.52	5.28	11.60	3.64	5.41	11.99	3.85	5.61	12.57	3.63	5.38	11.91
	DGCN	3.25	5.01	10.95	3.30	5.06	11.15	3.41	5.18	11.53	3.30	5.07	11.16
	DDGCN_r	3.39	5.15	11.30	3.55	5.34	11.97	3.74	5.53	12.43	3.52	5.28	11.70
	DDGCN_d	3.22	4.98	10.82	3.29	5.08	11.15	3.41	5.18	11.43	3.27	5.03	10.99
	DDGCN	3.20	4.95	10.74	3.26	5.02	10.97	3.37	5.13	11.32	3.25	4.99	10.87
济南	GRU	3.33	4.91	14.46	3.68	5.33	15.08	4.17	5.88	18.28	3.66	5.30	15.99
	LSTM	3.33	4.91	14.57	3.68	5.33	16.23	4.16	5.68	18.27	3.66	5.30	16.06
	OTSGGCN	3.19	4.66	13.51	3.42	4.90	14.48	3.73	5.23	15.63	3.40	4.88	14.36
	OGCRNN	3.27	4.73	13.75	3.49	4.99	14.39	3.77	5.30	15.61	3.46	4.95	14.48
	STGCN	3.19	4.70	13.86	3.45	5.00	15.11	3.81	5.40	16.59	3.43	4.97	14.97
	GCRN	3.19	4.69	13.79	3.43	4.96	14.90	3.75	5.31	16.16	3.41	4.93	14.74
	ASTGCN_r	3.40	4.85	14.01	3.68	5.15	15.00	3.98	5.47	15.98	3.64	5.10	14.81
	Graph WaveNet	3.13	4.62	13.44	3.31	4.84	14.20	3.56	5.10	15.08	3.29	4.81	14.07
	ASTGCN	3.17	4.65	13.42	3.30	4.80	13.91	3.55	5.05	14.72	3.30	5.05	14.72
	DGCN	2.97	4.47	12.86	3.04	4.55	13.17	3.16	4.66	13.58	3.04	4.51	13.12
	DDGCN_r	3.10	4.49	12.83	3.31	4.84	14.15	3.57	5.13	15.05	3.29	4.81	13.97
	DDGCN_d	2.92	4.41	12.83	2.99	4.51	13.19	3.11	4.63	13.65	2.97	4.47	13.03
	DDGCN	2.92	4.40	12.64	2.97	4.49	13.06	3.08	4.62	13.63	2.96	4.46	12.95

2. 基于贝叶斯深度多线性关系网络的交通流多参数同步预测方法

目前大多数的交通流预测方法仅关注单个任务，如针对单种方式的预测或针对单一参数的预测。这种预测策略忽略了多方式出行之间的相关性以及多参数之间的相关性。例如，针对某特定城市，单个时段的出行需求总量是相对稳定的，某种方式出行量的增大必然会导致其他方式出行量的减少；针对某一特定检测断面，其可以同时检测的交通流量和交通速度等参数也存在很强的相关性。因此，采用多任务学习理念同时推演多方式交通流量或同步预测交通流量和交通速度等多个参数。将单一方式和单一参数均设置为一个独立任务，通过相互利用任务之间有用的信息可以提升各任务的预测精度；同时，相比于单任务而言也可以降低模型过拟合的风险。

针对多任务学习，任务之间的共享策略主要包括硬共享和软共享两类。硬参数共享方法仅共享可转移特征，而不学习任务之间关系，容易造成负迁移。例如，不相关任务之间的信息共享容易导致某任务的学习受到其他任务的有害干扰，从而导致多任务学习的效果可能还不如单任务学习。因此，学习任务之间的关系对于多任务学习是至关重要的。此外，靠近输出层的特定任务层的参数与自身任务密切相关，可利用该层的参数通过张量正态先验动态地学习任务之间的多线性关系。上述软共享的方式可以充分挖掘多任务学习的优势，其模型架构如图 3-24 所示。

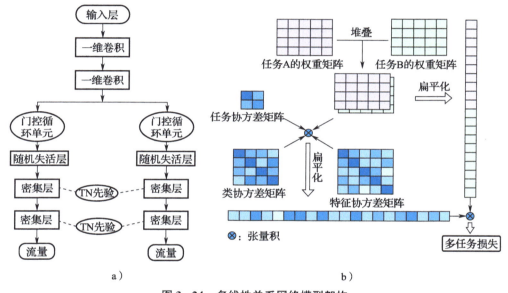

图 3-24　多线性关系网络模型架构

这里以同步预测交通流量和速度为例对算法进行说明，针对不同方式交通需求的同步预测的原理和过程与之类似。

首先将包含交通流量、交通速度和外部环境要素的数据输入到一维卷积中做特征提取。该卷积层为共享层，共享任务之间的可转移特征。反向传播做梯度下降时，共享层的参数与每个任务的代价函数均有关，表达式为

$$W_{\text{sh}} = W_{\text{sh}} - \gamma \sum_{i} \lambda_i \frac{\partial L_i}{\partial W_{\text{sh}}} \quad (3-9)$$

式中，W_{sh} 为共享层参数；L_i 为任务 i 的代价函数；λ_i 为任务 i 的损失权重；γ 为学习率。

之后，共享层提取到的共享特征同时作为各个任务的特定任务层输入。每个任务的特定任务层由 GRU 和全连接层组成。靠近输出层的全连接层已提取到与自身任务量身定制的特征，可通过张量正态先验从任务之间的全连接层中学

习任务之间的多线性关系，表达式为

$$p(W^l) = TN_{D_1^l \times D_2^l \times T}(O, \sum_1^l, \sum_2^l, \sum_3^l) \quad (3-10)$$

式中，$p(W^l)$ 为第 l 层参数的概率密度函数，W^l 服从均值为 O、方差为 $\sum_{1:3}^l = \sum_1^l \otimes \sum_2^l \otimes \sum_3^l$ 的张量正态分布，$\otimes$ 表示克罗内克积（Kronecker Product）；$\sum_1^l$ 为特征协方差，维度是 D_1^l；$\sum_2^l$ 为类协方差，维度是 D_2^l；$\sum_3^l$ 为任务协方差，维度是 T。通过张量正态先验可建模任务之间的多线性关系，表达式为

$$\begin{aligned}p(W|X,Y) &\propto p(W)p(Y|X,W) \\ &= \prod_{l \in \mathcal{L}} p(W^l) \prod_{t=1}^{T} \prod_{n=1}^{N_t} p(y_n^t | x_n^t, W^l)\#\end{aligned} \quad (3-11)$$

网络参数的最大后验估计 $p(W|X,Y)$ 正比于先验 $p(W)$ 乘以最大似然估计 $p(Y|X,W)$。先验学习任务之间的多线性关系，最大似然估计则通过网络底部的共享层学习可转移特征建模。最终任务相关时鼓励信息共享，反之尽量保持任务彼此独立。

特征协方差 $\sum_1^l$、类协方差 $\sum_2^l$ 和任务协方差 $\sum_3^l$ 的更新形式如下：

$$\begin{aligned}\sum_1^l &= \frac{1}{D_2^l T}(W^l)_{(1)}\left(\sum_3^l \otimes \sum_2^l\right)^{-1}(W^l)_{(1)}^{\top} + \epsilon I_{D_1^l} \\ \sum_2^l &= \frac{1}{D_1^l T}(W^l)_{(2)}\left(\sum_3^l \otimes \sum_1^l\right)^{-1}(W^l)_{(2)}^{\top} + \epsilon I_{D_2^l} \quad (3-12) \\ \sum_3^l &= \frac{1}{D_1^l D_2^l}(W^l)_{(3)}\left(\sum_2^l \otimes \sum_1^l\right)^{-1}(W^l)_{(3)}^{\top} + \epsilon I_T\#\end{aligned}$$

式中，ϵ 为一个小的正值，目的是保持数值稳定性，防止协方差矩阵出现为零矩阵的情况。

为说明本小节所提出方法的优势，选择 DRIVE Net 数据集中的 3 个月交通流量和速度数据对其进行验证，所对比的方法包含传统的统计方法、单任务深度学习方法、硬共享多任务学习算法等。几个代表性对比方法的简要说明如下：

ARIMA：模型全称为自回归差分移动平均模型（Autoregressive Integrated Moving Average Model），是一种常用的统计分析方法，其基本思想是利用数据本身的历史信息来预测未来。该模型主要由三部分构成，分别为自回归模型（AR）、差分过程（I）和移动平均模型（MA）。

SVM：支持向量机（Support Vector Machine）预测模型，采用径向基函数核函数进行数据的高维空间映射。

GRU：是长短期记忆网络的一种变体。

STL：是与本小节所提出的多任务学习相对应的单任务学习算法，包含一个深度卷积层、GRU 层和全连接层，是本小节提出方法的一种降级版本。

MTL：一种基于 GRU 的多任务学习算法，采用硬共享的方式共享转移特征。

MRN-Hard：本小节提出方法的一种另降级版本，是一种不使用张量正规先验的硬参数共享多任务学习模型。

将选择的 3 个月数据按照时间顺序划分为两部分：两个月为训练数据、后一个月为测试数据。新模型及对照模型在 5min、15min、30min 和 60min 四个时间间隔上的预测结果对比见表 3-21。

表 3-21 预测结果对比

模型	5min		15min		30min		60min	
	交通流量精度（%）	速度精度（%）	交通流量精度（%）	速度精度（%）	交通流量精度（%）	速度精度（%）	交通流量精度（%）	速度精度（%）
MRN-Hard	7.108	4.082	7.577	3.918	6.292	3.664	6.596	3.428
MTL	7.928	4.129	7.665	4.597	6.831	4.011	6.733	4.067
STL	8.212	4.189	7.673	5.537	7.103	4.734	7.925	3.764
GRU	8.705	4.716	8.485	5.588	9.640	5.770	9.872	5.085
SVM	9.438	5.625	9.566	4.582	9.494	4.754	11.645	5.020
ARIMA	10.186	4.883	9.454	4.981	11.206	5.209	13.534	5.622

由表 3-21 可知，多任务学习可以显著提升交通流预测的精度，尤其是本小节提出的软共享多任务学习模型。相对于复杂的单任务学习网络，本节新模型在交通流量和速度两个指标上的提升幅度均可达 10%，具有显著的优势。

3. 基于模式匹配以筛选输入数据的逐日交通流量预测

对于交通流量预测问题，大多数的研究者将主要精力集中于预测算法层面，然而如何选取合适的数据作为输入对于该问题也是至关重要的。下面将提出一种输入数据选择方法以期提高每日交通流量预测的精度。具体地，希望选取那些具有与目标日相似模式的历史日的交通流量数据作为预测算法的输入数据。

每天的交通流量都拥有独一无二、不可复制的变化模式，但在特殊的日子里变化模式会趋于相似。如果能够选择与目标日变化规律相似的历史数据输入到预测模型中，可以提高预测精度，这种理念可称为先分类后预测策略。由于交通流的变化模式一般是隐含的、无标签的，故可采用无监督学习方法中的聚类方法划分每日交通变化模式。为了度量两序列之间的相似度，欧氏距离通常作为度量标准。然而交通流参数的序列中可能存在缺失值，导致两序列的长度不相等，所以欧氏距离不适用。为此，本节首先采用动态时间规整（Dynamic Time Warping，DTW）算法进行序列之间的距离度量。关于聚类算法的选取，考虑到传统的 k-means 算法只适用于球状分布而难以处理非凸分布，且对离群点和噪声敏感，引入密度峰值聚类（Density Peak Clustering Algorithm，DPCA）进行逐日流量之间的变化模式聚类。

对于目标日的模式归类问题，由于目标日的交通流量变化序列是未知的，因此不能通过计算序列间的距离来确定该日属于哪类。居民出行时间、出行距离、出行方式等行为受多种环境因素的影响，形成了不同的交通流模式。例如，可以观察到工作日和非工作日之间的显著差异。此外，季节、天气以及重大事件的发生也会影响个体的出行行为，最终影响日常交通流模式。因此，可以根据天气、季节、是否为工作日、节假日这些环境因素将目标日与之前聚类出的模式进行匹配。由于各个环境因素对于交通流模式的影响是不同的，因此需对环境因素进行重要性排序。本节采用遗传算法（NSGA-II）确定各个环境因素的重要性。之后建立交通流模式的匹配模型，实现目标日的类属性预测。目标日属于哪个模式就将属于该模式的训练数据作为输入数据，以此预测目标日的交通流量。

（1）基于动态时间规整算子的时间序列相似度测算

给定一组每日交通流量数据，即 $X^1, X^2, \cdots, X^M$，其中 M 是交通流数据的维度。聚类算法的目标是将这组数据划分为 K 个聚类，即 $C_1, C_2, \cdots, C_K$。聚类算法是通过数据与数据之间的相似性，更具体地说，是通过 DTW 算法计算出的距离来将所有数据进行聚类。DTW 利用动态规划的方法，可以从所有的扭曲路径中找出两个交通流序列 X_1^M 和 X_2^N 的最大相似度或最小距离，其中 M 和 N 分别表示序列 1 和序列 2 的维度。DTW 的扭曲路径需满足起点为 $(1,1)$，终点为 (N,M)，且需满足连续性和单调性。该动态规划过程表示如下：

$$\gamma(a,b) = d(X_1^a, X_2^b) + \min\{\gamma(a-1,b-1), \gamma(a-1,b), \gamma(a,b-1)\}$$

（3 – 13）

式中，$\gamma(a,b)$ 为累计距离；$d(X_1^a, X_2^b)$ 为序列 1 在 a 维度和序列 2 在 b 维度的距离，该距离一般为平方误差。

通过式（3 – 13）可以找到最优路径，从而得到两个时间序列之间的 DTW。

（2）基于密度峰值聚类的逐日序列聚合方法

密度峰值聚类算法的核心思想是在聚类中心的选取上，认为聚类中心有以下两个特点：①聚类中心局部密度 ρ 较大；②聚类中心之间的距离 δ 较大。对于训练集中的某数据 i，其局部密度 ρ_i 定义为如下的高斯核函数形式：

$$\rho_i^2 = \sum_{j \neq i} e^{\left(\frac{d_{i,j}}{d_c}\right)^2}$$

（3 – 14）

式中，$d_{i,j}$ 为每两日的 DTW 距离；d_c 为事先定义的截断距离。

距离 δ_i 定义为比第 i 天具有更高密度的那些天中与第 i 天最近的 DTW 距离。如果 ρ_i 为最大值，则 δ_i 为与离第 i 天最远样本之间的距离。为了确定聚类中心，可以用每天的密度和距离绘制决策图，密度大、距离远的那些天可选为中心。最后根据聚类中心确定每个类的核心部分和边缘部分（噪声）。决策图和聚类结果如图 3-25 所示。

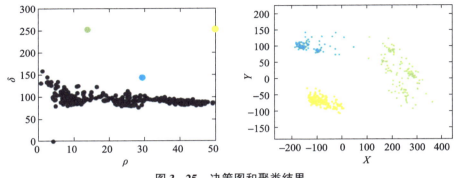

图 3-25　决策图和聚类结果

在将目标日与所聚好的类进行模式匹配之前，需确定各环境因素的重要性程度。这里，将模式预测问题抽象为一个多目标优化问题，进而采用遗传算法（NSGA-Ⅱ）进行求解。在这个问题中，模型的优化目标是最小化预测误差和在最少化模式预测中的环境因素。预测误差是指样本中预测与聚类结果不同的天数所占的比例。NSGA-Ⅱ是一种获得非支配解的泛型多目标启发式算法，该方法基于拥挤距离（CD）实现解的优劣评估。每个个体的拥挤距离定义为基于每个目标函数的两个相邻个体之间的距离之和，且在迭代过程中，优先保留不占主导地位且 CD 较大的个体，这样既保证了解的质量，又保证了解不过于集中（提高了种群分布的均匀性和多样性）。该算法实施流程如图 3-26 所示。

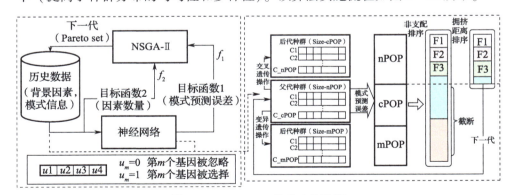

图 3-26　NSGA-Ⅱ算法实施流程

将环境因素的重要性排序之后，就可将目标日与各个类进行模式匹配。目标日的类归属可表示为

$$k^* = \mathop{\mathrm{argmax}}_{\{k=1,\cdots,K\}} \sum_{P=1}^{Q} \left(\frac{o_{p,k}}{O_k} L_p \Omega_p \right) \qquad (3-15)$$

式中，Q 为环境因素的个数；O_k 为第 k 个聚类 C_k 的样本数；$o_{p,k}$ 为目标日与第 k 个聚类在环境因素 p 上相等的样本数；L_p 为环境因素 p 可取值的个数；Ω_p 为环境因素 p 的重要性权重。最终将目标日相同模式的训练数据作为输入数据预测目标日的交通流量。

（3）基于 GMDH 的长序列预测方法

数据分组处理（Group Method of Data Handling，GMDH）方法是一种多项式神经网络。输入数据首先经过标准化，其后构造每对输入变量 $[x_u(t), x_v(t); u、v = 1, 2, \cdots, N]$ 之间的二次回归多项式完成初始估计。算法的输出 $z(t)$ 可用一个二元二次多项式来描述，表达式为

$$z(t) = A + B x_u(t) + C x_v(t) + D x_u^2(t) + E x_v^2(t) + F x_u(t) x_v(t) \quad (3-16)$$

式中，$z(t)$ 为由此计算得到的下一个迭代变量，其输入变量为 $[x_u(t), x_v(t)]$，$u、v = 1, 2, \cdots, N$，N 为匹配组的天数；$A、B、C、D、E、F$ 为全二元二次多项式中部分描述的系数，可利用最小二乘法在训练数据上估计出各系数的值。

计算上，得到的 GMDH 模型可以看作一个由部分二次描述多项式组成的分层网络，每一层代表一次迭代的结果。在输出层，每个神经元将一个输出变量表示为输入信号的求和，可以描述为最优的 Ivankhnenko-多项式，表达式为

$$y(t) = a_0 + \sum_{u=0}^{N} a_1 x_u(t) + \sum_{u=1}^{N} \sum_{v=1}^{N} a_2 x_u(t) x_v(t) + \cdots \quad (3-17)$$

（4）算法验证分析

本小节选择 DRIVE Net 一年的交通流数据进行实验，对比方法选取随机游走（Random Walk，RW）、指数平滑（ETS）、ARIMA、多层感知机（MLP）、LSTM、GMDH。预测结果的评价指标选取 MAPE 和 MAE。

一年的数据以天为基本单位，按照 DTW 测算距离，密度峰值聚类后共聚合成 3 个不同的簇，各算法在经匹配和未经匹配两种情况下的预测误差相对变化率见表 3-22。

表 3-22 经匹配和未经匹配的预测误差相对变化率

算法	评价指标	经匹配	未经匹配	相对变化率
RW	MAPE	13.85	16.59	0.17
	MAE	1.69	2.04	0.17
ETS	MAPE	10.21	15.26	0.33
	MAE	1.25	1.85	0.33
ARIMA	MAPE	10.08	14.59	0.31
	MAE	1.24	1.76	0.30
MLP	MAPE	10.25	13.99	0.27
	MAE	1.23	1.73	0.29

(续)

算法	评价指标	经匹配	未经匹配	相对变化率
LSTM	MAPE	10.40	13.14	0.21
	MAE	1.27	1.60	0.21
GMDH	MAPE	10.00	13.81	0.28
	MAE	1.22	1.69	0.28

由表 3-22 可知，经匹配后的预测效果相比未经匹配的预测效果有大幅提升，两个指标的最低提升比例均为 17%，各算法的平均相对变化率约为 26%。

4. 基于日间和日内模式挖掘的日交通流量预测

通过前面的分析可知，交通流参数的变化有不同时间尺度上的规律性，如以天为周期的规律性称为日间规律、一天内的规律性称为日内规律。同时，交通流的变化也会受到外界要素（如天气、节假日等）的影响。为此，本小节提出一种融合日间和日内模型挖掘的日交通流预测方法。所谓的日交通流预测指的是根据历史数据预测明天一整天的流量序列，如假定流量采集间隔为 5min，则预测的输出为一个 288 长度的流量序列。

本节所提出的融合日间和日内模式特征的逐日交通流预测算法结构如图 3-27 所示，由三个主要部分组成，分别是：①通过卷积神经网络（CNN）进行日间和日内交通模式提取；②使用 LSTM 对提取的模式进行时间序列预测；③融合日间上下文信息进行交通流量预测。

（1）基于 CNN 的交通模式提取

以给定的时间间隔 Δt 收集交通流数据，例如 5min、15min、60min 等。对于任意一天，总共有 $T(T = 60 \times 24/\Delta t)$ 个时间间隔。例如使用 5min 作为时间间隔时，T 等于 288。假设在训练数据中有 N 个历史日，即共有 N 条历史流量序列。假设 X 表示训练数据，则它是一个 $T \times N$ 的矩阵。矩阵中的单元格 (t, n) 表示第 n 天第 t 个时间间隔内的总交通流量。这里显然有 $n = 1, 2, \cdots, N$ 和 $t = 1, 2, \cdots, T$。令 d_m 表示第 m 天，其中 m 表示特定日期序列的索引。令 Z 表示上下文因素的集合，$Z = \{z_1, z_2, \cdots, z_P\}$，其中 P 是上下文因素的数量。

由于交通流具有很强的日间和日内模式，需要一种特定的方法来提取模式信息。如果像传统时间序列模型一样将交通流量视为一个简单的单一时间序列，那么可能会丢失较强的日间模式，并且也可能无法很好地捕捉日内模式。在图像处理领域，输入数据（即图像）也具有类似的结构，其中输入元素（像素）在各个维度上依赖于其相邻元素。逐日交通流的预测问题与之类似，其中交通数据与其日内（之前和之后的一天或多天）和日内（之前和之后的一个或多个时间间隔）临近数据高度相关。因此，本节采用 CNN 作为提取模式的工具。在逐日交通流预测问题中，需要输出长度为 T 的最终时间序列，其输出结构需要重新构造输入数据格式。如图 3-27 的第一列所示，将输入数据重构为长度为 M、宽为 T 个时间分布的方阵。M 是为卷积层选择的时间窗口，跨越日间和日内维度。在日间维度中，M 表示训练数据中连续的 M 天，由 d_1 到 d_M 表示；在日内维度中，如果选择 5min 作为时间间隔，则日内维度为 $M \times 5$min。M 是一个调优参数，需要根据数据确定一个最佳值以便于精准捕获日间和日内模式。

图 3-27 显示了逐日交通流预测的整体结构，以预测第 $(m+M)$ 天的交通流为例，输入数据为第 m 天（由 d_1 表示）到第 $(m+M-1)$ 天（由 d_M 表示）的数据，其中 m 的范围从 1 到 $(N-M)$。

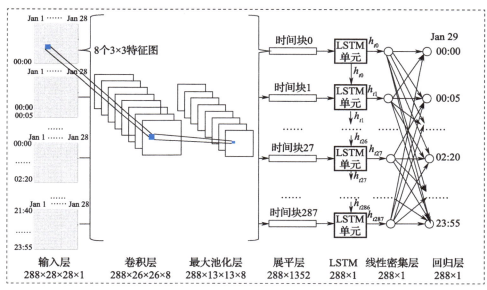

图 3-27　融合日间和日内模式特征的逐日交通流预测算法结构

设 X_t 表示第 t 个方形矩阵，即第 t 个时间分布输入元素。其行表示日内时间间隔，其列表示跨日维度，其单位为天。因此 $x_{i,j,t}$ 表示第 t 个输入元素的单元格 (i,j) 元素值。

为进一步说明输入元素特点，假设时间间隔 t 为 5min，M 取值为 28，d_1 是 Jan 1（1月1日），则输入数据的历史天范围是 Jan 1 到 Jan 28（1月28日）、当天的时间范围为 140min。第一输入元素（方阵）开始于 -140min，结束于一天的开始时间 t_0（即 0:00）。请注意，图 3-27 中的 0:00 至 $(24:00-t)$ 表示单位时间间隔内的交通流量，例如 0:00 对应 0:00—$(0:00+t)$ 的交通量，最后一个输入元素开始于 $[24:00-(M+1)t]$ 并在 24:00 结束。对于 t_0 之前的那些单元格，零值填充这些元素。通过上述结构化，这些输入元素边构成了一系列方形图像，可将其作为 CNN 网络的输入。由于最终输出的时间序列长度为 T，因此应保持每个输入图像均包含 T 个时间分布的元素。

CNN 部分提取日间和日内的交通流量模式，其关键模型是一个卷积层。在该层中，滤波器在每个输入元素（即 $M \times M$ 矩阵）上进行卷积操作。假设用 ω_f 表示滤波器，其中 f 表示滤波器的索引，$f \in \{1, 2, \cdots, F\}$。滤波器的大小为 $L \times L$（例如，$L = 3$）。滤波器将在 $M \times M$ 的输入元素上滑动或进行卷积。因此，卷积层的输出大小将变为 $(M - L + 1)^2$。

下面阐述每个单元格内的卷积过程，其中 i 和 j 索引跨越 $M \times M$，t 索引输入元素，而 f 表示第 f 个滤波器。其中，l_1、l_2 是日内和日间维度的索引。请注意，x 在这里表示单个单元格的流量值，并且有 F 个大小为 $(M - L + 1)$ 的 T 方阵序列，因为也有 F 个不同的滤波器。滤波的过程如下：

$$x_{i,j,t}^{\text{CNN},f} = \sum_{l_1=1}^{L} \sum_{l_2=1}^{L} \omega_{l_1 l_2}^{f} x_{i+l_1, j+l_2, t} \qquad (3-18)$$

由于卷积层基本上是线性操作，包括逐元素矩阵乘法和求和，因此需要在卷积层的输出上添加一个非线性激活层，以将非线性引入神经网络。本模型使用的非线性激活函数是 ReLU（整流线性单元）函数，见式（3-19）。

$$x_{i,j,t}^{af,\text{CNN}} = \text{ReLU}(x_{i,j,t}^{f,\text{CNN}}) = \max\{0, x_{i,j,t}^{f,\text{CNN}'}\} \qquad (3-19)$$

式中，$x_{i,j,t}^{f,\text{CNN}'}$ 为卷积层的输出；$x_{i,j,t}^{af,\text{CNN}}$ 为激活层之后的 CNN 输出。同样，这里有 F 个序列的 T 个方阵 $\boldsymbol{x}_{i,j,t}^{af,\text{CNN}}$，其大小为 $(M - L + 1)$。

为进一步避免过拟合并减少运算需求，在卷积层之后应进行池化操作。常用的池化操作包括最大池化、最小池化和平均值池化。本算法采用最大池化，其目的是从卷积输出中选择主导信息，并减小数量大小。池化操作的过程类似于卷积层，其中滤波器也在输入方形矩阵上移动，但操作是在输入矩阵的每个滤波部分中找到最大值，而不是卷积操作。此外，滤波器每次移动 K 个单元格，而不是一个单元格，因此它不会在输入矩阵的重叠部分进行滤波。例如，如果池化滤波器大小为 $K = 2$，最大池化层的输入矩阵为 26×26 方形，那么输出将是一个 13×13 方形，因为每个 2×2 矩阵通过最大函数被缩减为一个单一的值。池化层的函数表达式为

$$X_t^{mp,f,\text{CNN}} = \max\{\text{pooling}_K(X_t^{af,\text{CNN}})\} \qquad (3-20)$$

经过池化操作之后，矩阵尺寸从 $M \times M$ 变成了 $M/K \times M/K$，每个 $X_t^{mp,f,\text{CNN}}$ 的尺寸为 $(M - L + 1)/K \times (M - L + 1)/K$。

交通流预测问题的输出格式是一维序列，因此需要经过前面的卷积输出进行展平操作。具体来讲，针对逐日交通流预测问题，应将 F 个序列的 T 个方形矩阵转换为 T 个向量，具体方法如下：

$$X_t^{\text{flatten},\text{CNN}} = \text{flatten}(X_t^{mp,\text{CNN}}) \qquad (3-21)$$

式中，$X_t^{mp,\text{CNN}}$ 为时间 t 的最大池化层的输出矩阵；$X_t^{\text{flatten},\text{CNN}}$ 是展平之后的输出矩阵。展平层的每个输出将被重塑为一个大小为 D 的向量，其中 $D = (M - L + 1)/K \times$

$(M-L+1)/K \times F$。

综合以上步骤，整个预测流程是对每个时间步 t 应用时间分布层包装器到卷积层、最大池化层和展平层。每个时间步 t 都有一个长度为 T 的一维输出向量，同时也是后面 LSTM 层的输入。

(2) 通过 LSTM 进行时间序列预测

LSTM 已被证明适用于交通流量预测，选择 LSTM 作为所提出方法的预测步骤工具。在时间分布的隐藏层中，T 个时间步的输出按序列输入到 LSTM 层之后，隐藏状态 h_t 为

$$i_t = \sigma(X_t^{\text{flatten}} U^i + h_{t-1} W^i) \tag{3-22}$$

$$f_t = \sigma(X_t^{\text{flatten}} U^f + h_{t-1} W^f) \tag{3-23}$$

$$o_t = \sigma(X_t^{\text{flatten}} U^o + h_{t-1} W^o) \tag{3-24}$$

$$\widetilde{C}_t = \tanh(X_t^{\text{flatten}} U^g + h_{t-1} W^g) \tag{3-25}$$

$$C_t = \sigma(f_t C_{t-1} + i_t \widetilde{C}_t) \tag{3-26}$$

$$h_t = \text{ReLU}(C_t) o_t \tag{3-27}$$

式(3-22)~式(3-27)描述了一个标准的 LSTM 模型，i、f 和 o 分别表示 LSTM 中的输入门、遗忘门和输出门，需要注意的是，这里的 i 和 f 与前面小节中的索引含义不同。W 是前一个隐藏层 h_{t-1} 的权重，U 是当前隐藏层 h_t 的输入 $X_t^{\text{flatten,CNN}}$ 的权重。

输入门控制当前输入的新计算的状态（候选隐藏状态）可以向后传递的信息量。遗忘门控制前一个状态 C_{t-1} 可以向下一状态传递多少信息。输出门控制内部状态 C_t 有多少可以传递给外部网络 h_t。隐藏层输出 h_t 被输入到激活层后得到的结果为

$$X_t^{a,\text{LSTM}} = \text{ReLU}(h_t W^d + b) \tag{3-28}$$

式中，$X_t^{a,\text{LSTM}}$ 为激活层之后的 LSTM 输出矩阵，其尺寸为 $T \times 1$。

LSTM 的输入依然是矩阵形式，需要应用展平层将其从 $T \times 1$ 的矩阵转换为大小为 T 的向量，具体操作如下：

$$X^{\text{flatten,LSTM}} = \text{flatten}(X^{a,\text{LSTM}}) \tag{3-29}$$

式中，$X^{\text{flatten,LSTM}}$ 为经过展平层后的 LSTM 输出。对于 LSTM，从 h_1 到 h_{T-1} 每个时间步都会输出隐藏状态。

(3) 使用全天的上下文信息进行预测

下面主要专注于影响交通流预测的上下文因素及其有用信息提取方法，并利用提取的有用信息改进交通流预测效果。

由于本节提出的交通流预测架构其模型输入是 M 天的流量序列，因此若影响交通流模式的上下文因素共有 P 个，则相应的上下文要素数据也设置为 M 天

的序列。此外，目标日的上下文也是输入的一部分，使得上下文输入具有 $(M+1)$ 维。由于不同维度的上下文数据长度不一致（例如天气与季节的取值空间大小存在一定差异），因此需要进行独热编码并其将上下文的每个维度转换为二进制序列（0 或 1）。上下文因素矩阵 Z 的表达式为

$$Z^{\text{onehot}} = \text{onehot}(Z) \quad (3-30)$$

设 J 为独热编码后的上下文数据的长度，其取决于 P 个上下文因素的取值空间大小。在独热编码之后，上下文被展平为长度为 $E=(M+1)J$ 的向量，以适应最终预测步骤的结构，即

$$Z^{\text{flatten}} = \text{flatten}(Z^{\text{onehot}}) \quad (3-31)$$

本模型的最后一步是线性密集层，将展平的 LSTM 和展平的上下文输出进行连接并全连接预测，表示为 X^{concat}：

$$X^{\text{concat}} = \text{concat}(Z^{\text{flatten}}, X^{\text{flatten,LSTM}}) \quad (3-32)$$

式中，X^{concat} 为长度为 $(T+E)$ 的向量。

通过添加具有线性激活函数的密集层，得到该模型的输出结果 y 为

$$y = X^{\text{concat}} W^y + b^y \quad (3-33)$$

式中，W^y、b^y 为线性密集层系数，线性密集层是一个完全连接的线性神经网络，如图 3-27 的最右侧所示；y 为第 $(M+1)$ 天的 T 时间分布数据。整个模型将通过历史天数进行移动，直到目标日（输入历史天数后的第一天）。

以 DRIVE Net 数据集为例对算法进行验证，所对比的方法包括滑动平均方法（Moving Average，MA）、支持向量机方法（Support Vector Machine，SVM）、长短期记忆网络方法（Wavelet Neural Network，WNN）和先匹配后预测算法（Match-Then-Predict，MTP）。

在本小节的模型中，主要超参数的设置如下。批处理大小 = 128，过滤器 = 8；由于 Adam 结合了 AdaGrad 和 RMSProp 算法的最佳特性选择，因此被用于训练所提出的深度学习模型；Adam 优化器的超参数被调整为：学习率 = 0.001，衰减 = 0.0。此外，卷积时间窗 M 是一个非常重要的参数，直接决定着日内和日间交通流特征挖掘的效果。然而，交通流的变化模型虽然每天都有独特特征，但是会呈现出以周为周期的规律性，为此，以 7 天为基本单位优化 M 进行了系列实验，不同 M 下的 29 天的预测效果如图 3-28 所示。由图 3-28 可知，最佳的卷积时间窗 M 为 28 天（即 days_28）。

为系统性验证新方法的技术优势，从时间尺度、空间尺度和时间间隔三个维度对比分析新方法与传统方法的预测结果，如图 3-29 所示。图 3-29a 表示在 29 天的预测结果，图 3-29b 表示 6 个不同数据采集点在 29 天中的预测误差分布情况，图 3-29c 表示 6 个不同采集点 29 天在不同时间间隔下的平均预测误差分布。

由图 3-29 可以看出，新方法在三个维度上相较于传统方法均有显著的、鲁棒性的优势，表明新方法具有很好的应用前景。

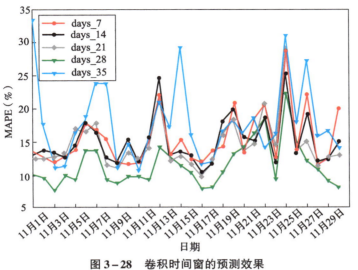

图 3-28　卷积时间窗的预测效果

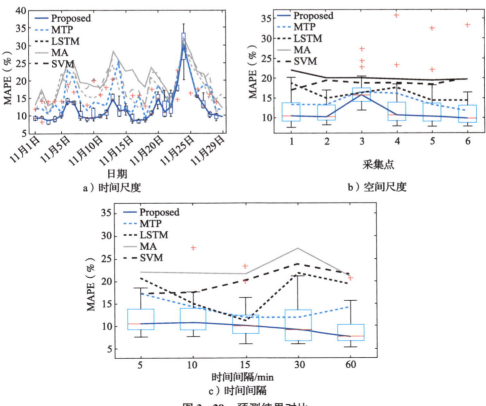

a）时间尺度　　　　　　　　　　b）空间尺度

c）时间间隔

图 3-29　预测结果对比

3.3 交通出行需求优化与引导技术

用户产生出行行为转变的影响因素可以被分为基于激励和非激励的影响因素两大类。其中，基于激励的因素又可进一步分为实时信息、出行反馈和奖励。非激励因素是指社会经济学属性特征、出行特征和环境特征。

大量研究表明，当出行者接收各种来源的咨询信息时会存在行为转变。提前提供的出行信息会激发出行者产生出行路径和出行时间的转变，若提供提前规划好的路线，则出行者更愿意做出这种转变。通过提供多模态信息，智能手机能在很大程度上影响出行者的出行决策，如出行模式、出发时间等。出行反馈则为出行者提供出行结果，以触发自愿的行为转变。典型的出行反馈有行驶里程、燃烧的卡路里、碳足迹和花费成本等。此外，个性化的反馈往往能更有效地诱导出行行为的改变。日本的出行反馈计划显示，这种转变减少了18%的汽车使用量。最近，关注出行反馈的研究也越来越依赖于智能手机的使用。与其他形式的激励相比，金钱奖励是诱导行为转变更直接的动力。印度班加罗尔市启动的激励计划，通过发布金字塔式的奖励结构，鼓励通勤者选择错峰出行，从而显著减小了通勤时间。然而，由于激励可能会随时间推移而变化，个人对激励的敏感性也会随时间推移而波动，因此，需要探究更为先进的统计模型来报告数据的时间相关性和个体异质性。

除了上述基于激励的影响因素外，人们的出行行为转变同时受众多非激励因素的影响，这些因素解释了个体的异质性。在社会经济学属性特征中，性别、收入、教育等受到了更多关注，但结论并不统一，可能受到数据采集区域的影响。一些研究表明，低收入更愿意在激励下改变出行行为，如出发时间。性别方面，男性比女性更倾向于改变出行行为，可能的原因是女性的行程更容易受家务和育儿的限制。除了社会经济学属性特征的影响，出行特征，如出行模式、出行目的、出发时间等都是相互影响的，例如，出行目的更自由的群体的出发时间更容易改变。此外，环境特征也会影响出行行为的转变，例如在恶劣天气下的出行行为可能更为多变。

行为诱导技术（Behavior Change Support Systems，BCSS）如信息反馈、承诺机制等，旨在鼓励用户做出行为改变，诱导其实际行为向理想行为转变。当前，行为诱导技术已被广泛地应用于各个领域，如环境监管、节能减排、医疗保健等，并取得了显著的成效。随着信息通信技术的发展，智能手机APP已发展成为一种理想的行为诱导技术承载体，其灵活性和实时性使得个体行为的实时追踪和定制化诱导成为可能，因此已成为一种高效的信息发布途径。

为了缓解交通拥堵、污染及其他问题，城市规划者需要诱导出行者采取更为可持续的出行行为，基于智能手机 APP 的基于激励的交通需求管理（Incentive-Based Traffic Demand Management，IBTDM）就此应运而生，成为一种影响出行者出行行为和实现交通需求再分配的可靠方式。出行者的行为改变主要包括出行路径改变、出行方式改变、出发时间改变和取消出行四种方式。为了鼓励出行者做出出行路径的改变，Jariyasunant 等人开发了一个出行信息反馈平台（Quantified Traveler，QT）。QT 作为最早的出行行为诱导平台，设计自动日志系统，记录出行者的出行行为并为其提供出行信息反馈，证实了历史出行反馈和同伴信息会显著影响出行者对环境影响的意识。

在众多的出行行为中，出发时间选择行为直接作用于交通需求和拥堵的产生，因此早期的很多 IBTDM 项目致力于通过多种形式的激励诱导出行者做出出发时间的改变。Metropia 将 AI 算法、数据分析、行为经济学集成于手机平台，通过个性化、定制化的激励形式鼓励出行者改变出发时间、出行方式以及出行路径，提供了一个基于智能手机 APP 的需求管理框架。针对地铁系统，旧金山在 2016 年开展了为期 6 个月的"BART Perks"项目，目的在于减少高峰时期地铁系统的拥堵，"BART Perks"以现金奖励的方式，对选择错峰出行用户发放额外积分，积分用于兑换现金，该项目成功地使约 10% 的地铁用户选择错峰出行。由 Tripod 开展的实验致力于通过提供出行者出行信息和奖励来优化系统范围的能源性能，结果显示，奖励最终减少了实验区域 3%~8% 的能源消耗。

第4章
基于大数据挖掘的出行激励服务技术

4.1 激励出行措施概述

利用激励策略主动引导需求，是实现主动需求管理和个体出行服务结合的关键技术设计。引入正向出行引导激励机制，可以为政府提供合理有效的正向激励策略库，优化出行结构，调整出行时间，鼓励用户/乘客使用绿色交通出行，在供给资源紧约束下，提高出行效率。

在信息和通信技术的帮助下，现有移动 APP 收集的出行行为数据可以作为有价值的参考，用以探究用户在不同的激励设置下的行为表现差异，以及揭示个性化激励如何触发不同社会经济学属性用户之间的出行行为变化。在主动激励模型构建时，从出行者属性、出行属性及政策与环境态度的维度来进行模型构建，从而更为全面、有效地进行出行用户的行为选择特性挖掘，为制定激励策略的建立和推广确定目标用户群。基于不同激励影响因素，针对不同用户群可设定更为完善有效的激励策略。

4.2 出行方式决策机制及关键影响要素挖掘

为确定出行方式决策机制及挖掘影响要素，开展以下两项研究。

4.2.1 北京交通绿色出行一体化服务平台数据挖掘

面向北京市出行人群进行激励用户行为变化研究，共 112792 人次参与研究。共 52511 条数据不包含个人信息，约占总人数的 47%，视为无效数据；共 60281 条数据包含个人信息，约占总人数的 53%，其中共 33804 条数据个人信息完整可用于后续激励作用效果研究，为有效数据。

分析结果显示，男性用户与大部分激励内容的选择（除负相关：早餐面包，无显著相关性：全棉时代、盒马）成正相关关系。可知男性用户更容易被激励策略的形式所吸引，并通过平台，对各类激励内容进行选择。但相反，即使在对激励内容选择过后，男性用户并无明显因激励策略而增加用户活跃程度的趋势。因此，在后续的激励策略制定中，针对男性用户的激励模式，可选择更加具有约束效力的形式，以增加该类群体的活跃程度。相反，女性用户更易被激励策略引导,从而增加在平台中的活跃性。但此次研究推出的激励策略并没能充分吸引女性用户。

因此,在之后的激励策略制定中,可以适当拓宽激励内容的种类,增设吸引全性别用户以及女性用户群体的激励内容,以增加更多活跃用户的使用与参与。

4.2.2 其他 APP 数据挖掘

基于手机 APP 采集到的用户出行行为数据对用户的 APP 使用情况进行分析,流程如图 4-1 所示。首先,基于智能手机采集的用户出行数据及社会经济学特征数据,采用集合经验模式分解(Ensemble Empirical Mode Decomposition, EEMD)进行使用趋势的提取,以确定稳定用户;其次,采用二项 logit 回归分析稳定用户的社会经济学特征;最后,利用稳定用户的错峰行为数据来识别和分析受 IBTDM 公司"青睐"的用户。

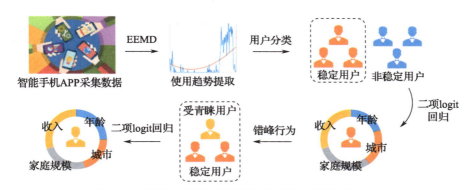

图 4-1 用户智能手机使用情况与出发时间分析流程

本节使用了 Metropia 公司开发的基于激励的智能手机 APP 所采集到的用户出行行为数据。Metropia 是最早的基于智能手机的 IBTDM 应用平台之一,于 2014 年首次推出,通过为注册用户提供实时、可靠的出行信息,鼓励出行者选择最佳的出行行为。Metropia 所采用的是个性化的激励形式,用户可通过奖励积分来兑换各种商品。Metropia 会详细记录用户的每次出行,包括 ID、出行时间、奖励积分、出行方式等,并设计了用户社会经济学特征的微调查问卷,涵盖年龄、性别、通勤类型等多个问题。

分析结果表明,家庭规模和改变出发时间的自由度显著影响错峰行为。首先,家庭规模较大的用户不太可能错峰出行,可能由于他们通常有更多的孩子,导致日程安排更紧而难以改变。以往研究也指出,生活在没有孩子的家庭中的人总是避免在高峰时间出行。其次,很直观地,无法自由改变出发时间的用户不太可能采取错峰出行。

综上，可以得出出行需求不受约束、低收入以及时间安排灵活的用户更容易受到激励的影响。

面向系统最优的激励措施优化方法

4.3.1 激励效果评价模型

参考现有激励项目及相关效果评价模型，本节提出一种以项目成本与项目收益为理论基础的评价模型。总体的评价指标为项目的投资回报率（Return of Investment，ROI），又细分为短时 ROI、长时 ROI、边界 ROI 三个子指标。其中短时 ROI 表征项目开启后短时间内（一周内）的效果，可用于评价项目用户接受度以及前期推广难度；长时 ROI 表征项目开启 6 个月之后效果，可用于评价项目推广可持续性；边界 ROI 表征在当前项目成本下，单位项目成本投入提升带来的项目收益增量，用以衡量当前成本下单位成本边际效用。ROI 由计算项目总成本与项目总收益的相对比值得到，因此，为了得到项目的 ROI，更重要的是需要定量计算项目总成本及项目总收益。

通过基于用户个体收益和系统整体收益建模分析，得出以下结论：

1）用户在系统实时信息的反馈下会选择积极的出行行为，因此有必要探究何种信息反馈下能激励用户产生更积极的行为，同时在数据采集的过程中对用户的实时动态进行记录。

2）实验表明，历史的出行经验会影响用户之后的出行行为，因此在分析的过程中有必要从时间维度上展开分析。

3）不同类型用户在基于手机 APP 的激励下的行为模式存在很大差异，因此需要对用户黏性进行分析，挖掘对激励表现积极的用户类型。

4）研究证明，年龄、收入、驾龄等因素对用户的错峰行为具有显著的影响，因此在实际的激励发放过程中应当采用更异质化的发放方式，以更大程度地发挥激励效力。

5）很多激励项目也在激励发放时结合了行为心理学的相关理念，来更有效地诱导出行行为改变。在一些激励项目中，引入了更符合当前手机 APP 设计理念的抽奖等游戏化机制，以增加激励策略的趣味性，同时提高用户的活跃度。如斯坦福大学 CAPRI 计划，用户在获得积分后可以在确定奖励（固定额度的现金奖励）和随机奖励（参与抽奖游戏获得随机的现金奖励）中选择，结果表明，87.3% 的用户更倾向于选择随机奖励，且 13.2% 的用户从确定奖励转向随机奖励。

因此，在接下来的策略库设计中，应重点关注不同激励内容的换算，从而更为准确地预估激励结果，并制定最为合理的激励方案。

4.3.2 出行激励策略库设计

（1）现有激励项目情况汇总

对国内现有的主要积分奖励形式及策略进行归纳及总结，包括积分奖励、价格调节、荣誉奖励和公益营销四个方面，见表4-1。

积分奖励策略主要是积分兑换，居民可在小程序、官方网站等平台申报绿色出行积分，根据相应规则兑换实物、出行优惠券、电影票等，比如武汉推出的"低碳军运"小程序，居民可以在"低碳军运"小程序的积分商城兑换礼品，比如1万积分可以换10元天猫购物券，推动居民绿色通勤。

价格调节策略主要有公交优惠、老年卡定时优惠、拥堵收费以及地铁线路定期调价，通过正向和反向价格调节，从而引导居民出行选择。

荣誉奖励策略主要有个人绿色出行报告和精神荣誉奖励，通过对居民个人绿色出行实施奖励政策，从而吸引居民参与绿色出行，共同节能减排。

公益营销策略主要是通过蚂蚁森林推出的步行获得能量进行公益林种树以及通过步数捐公益金等形式鼓励居民绿色出行，共享低碳生活。

表4-1 现有激励策略汇总

形式	激励策略	激励内容	参考
积分奖励	积分兑换	根据出行方式计算出行积分，兑换实物、出行优惠券、电影票	武汉"低碳军运"
价格调节	公交优惠	早高峰前乘车折扣优惠、公交换乘优惠、阶梯化车票奖励	重庆公交改革
价格调节	老年卡定时优惠	工作日非高峰时段持卡免费乘车；高峰时段乘车时需另行购票	重庆公交改革
价格调节	拥堵收费	对城市中心区部分通道收取高峰期道路拥堵费	北京研究试点征收拥堵费
价格调节	地铁线路定期调价	地铁线路峰值和低谷之间的价格调整	昌平线
荣誉奖励	个人绿色出行报告	根据个人出行行为形成绿色出行报告	支付宝年度报告
荣誉奖励	精神荣誉奖励	年度开展对绿色出行活动中表现突出的个人，授予荣誉证书及荣誉车主称号	深圳
公益营销	公益林种树/通过步数捐公益金	根据每日出行方式转换点数，公益林种树	蚂蚁森林

（2）激励方案设计

为了保证激励方案的有效性，在方案制定时应考虑市场渗透率、预算、获客成本等特殊市场约束以及用户异质性、诱发需求等用户特性。具体激励方案制定如下。

1）最优时变激励方案设计，即在固定需求、预算充足、完全市场渗透率、同质化用户情况下能够完全消除排队的激励方案，示意图如图4-2所示。

首先，选取激励方案实施路径，根据已有数据量化道路通行能力、固定需求、拥堵开始形成时刻 t_1、拥堵最终消散时刻 t_N、期望到达时间 t^*、用户单位时间成本等参数。

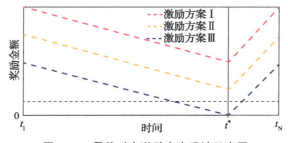

图4-2 最优时变激励方案设计示意图

由图4-2可知，最优时变激励方案呈"V"形，激励方案分布在整个高峰拥堵时段，奖励金额在期望到达时间处最小，呈线性向高峰时段两端递增，且增加斜率等同于出行者的单位计划延误时间成本。该激励方案在高峰拥堵阶段的两端设置较高的奖励金额，在最拥堵的阶段设置较低的奖励金额，从而将在高峰拥堵时段中间出发的通勤者推向两端，达到"削峰填谷"的效果。

2）考虑预算成本的优化激励方案设计。最优时变激励方案虽然能够在最大程度上缓解拥堵、减少系统总成本，但是激励方案实施需要满足最小预算 $M^* = \delta N^2/(2c)$ 的要求。当预算不足 M^* 时，该激励方案实际成本将高于预期预算，极易导致公司破产。然而对于小型出行服务公司而言难以提供较高预算，因此需要在给定有限预算下设计优化激励方案。

如图4-3所示，考虑预算约束情况下的优化激励方案呈"U"形，激励区间在无法作用于整个高峰拥堵时段的情况下，应优先作用于高峰拥堵时段的两端，且奖励金额向高峰拥堵时段两端呈线性增长，随着预算增加，激励区间逐渐向中间靠拢。此外，激励方案作用下，拥堵得到了明显的缓解。具体而言，高峰拥堵区间、排队长度显著缩短，且最大拥堵时刻右移。

3）考虑时间成本异质的优化激励方案设计。上述未优化激励方案设计均是基于同质出行者的分析，即所有出行者均具有相同的单位行驶时间成本、单位计划延误时间成本等。然而在实际生活中，这显然是不现实的，不同社会群体的时间成本不完全相同。有关研究显示，用户对于收费策略及激励策略的喜好度存在异质性。例如，具有较高时间价值的用户通过交费可以享受交通拥堵缓解后所带来的出行便利，而具有较低时间价值的用户通常缴费意愿较低，所以只能选择其他路径。在此背景下，基于同质性的分析易造成用户行为预测失准。因此，在固定需求、完全市场渗透率情况下应考虑时间成本异质的优化激励方案，如图4-4所示。

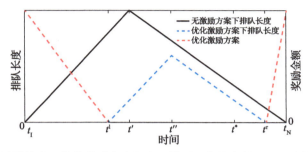

图4-3 预算约束下优化激励方案与瓶颈模型均衡状态的排队形成与消散过程

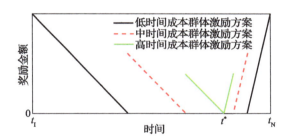

图4-4 考虑时间成本异质优化激励方案示意图（以三类用户群体为例）

现有研究表明在预算充足的情况下，最优时变激励方案能够完全消除排队。另外，当预算不充足的情况下，激励区间应优先设置于高峰时段两端。根据拥堵收费的相关研究显示，低收入人群更容易改变其出行行为。根据上述特性，分析可以得出以下结论：

首先，激励应优先作用于高峰时段两端，随着预算的增加，激励区间逐渐向高峰时段中间扩展，且奖励金额向高峰拥堵时段两端呈线性增长；其次，单位行驶时间成本较低的群体对激励方案反应更为敏感，故预算优先作用于单位时间成本较低的群体将产生预期更好的效果。

（3）激励策略库设计

下面从激励措施、激励人群、激励形式等多个维度研究激励策略库的组合设计，初步构建适合我国大中城市的组合出行激励策略库。通过设置组合激励形式以及激励措施，影响不同的出行行为参数，可达到不同幅度的激励效果。其基本流程如下：基于短时需求预测结果动态调整选择合适的激励策略组合，包括正向激励与反向激励、固定激励与可变激励、单次激励与累次激励策略等，并对激励效果进行监测评估，实现闭环流程反馈优化。目前共有9种激励措施，包括通勤错峰、公交换乘优惠、共享单车票价优惠、就医预约停车、路段奖励和区域奖励、取消出行、游戏化机制、"试探"策略等，采用积分、费用减免、停车权、发放形式、监督机制、奖励6种激励形式，同时可通过设计合理的奖励发放、奖励监督机制等"试探"策略以及抽奖、用户等级排名制度等游戏化机制来提高用户的参与度。

表4-2展示了具体的激励策略库设计。围绕"削峰填谷"的管理目的，重点针对低收入人群、无子女人群、受教育水平高的人群发放积分性质的激励，可在有限激励成本的约束下，最大幅度提高通勤者参与度，促成通勤行程出发时间转移，缓解高峰时段交通拥堵；围绕增加公交吸引力的管理目的，在有限激励成本约束下，重点针对出行OD分布于公交站点附近的通勤人士提供公交换乘优惠，实现通勤出行模式向公交转移的效果；围绕增加绿色出行吸引力的管理目的，在有限激励成本约束下，重点针对邻近公共交通站点或近距离通勤的通勤人士提供共享单车票价优惠，提高绿色出行的吸引力；围绕缓解就医停车难的管理目的，提供就医预约停车服务，以停车权为激励形式，调整就医出行的出行结构和行程出发时间；围绕减少出行需求的管理目的，重点针对具有远程办公条件的人群，促使其取消出行，缓解拥堵；围绕调整空间需求的管理目的，在有限激励成本约束下，向选择拥挤路段的通勤者发放积分或现金奖励，促使其改变出行路径，转移交通需求至非拥堵路段，缓解高峰时段路网拥堵。

此外，除激励措施与激励形式外，对激励项目的机制设计也提出了相关方案。围绕减少资金浪费、进一步完善系统的管理目的，在设计激励项目时，可以采取"试探"策略，设计合理的激励发放机制和激励监督保护机制，使激励项目用户行为不再"欺骗"系统而忠于其自身真实情况，防止用户为获取更多激励谎报自身目标到达时间、原始出行方式等，减少资金浪费；围绕更有效地诱导出行行为改变的管理目的，可在激励发放时结合行为心理学的相关理念，在激励项目中引入更符合当前手机APP设计理念的抽奖、用户等级排名制度、偏好跟踪等游戏化机制，以增加激励策略的趣味性，同时提高用户的活跃度。

表4-2 激励策略库设计

序号	激励措施	激励目的	激励人群	出行目的	激励形式	激励效果	影响参数
1	通勤错峰	削峰填谷	低收入人群	通勤	积分	高	出发时间
2	通勤错峰	削峰填谷	受教育水平高	通勤	积分	高	出发时间
3	通勤错峰	削峰填谷	无子女	通勤	积分	高	出发时间
4	通勤错峰	削峰填谷	有子女	通勤	积分	低	出发时间

（续）

序号	激励措施	激励目的	激励人群	出行目的	激励形式	激励效果	影响参数
5	通勤错峰	削峰填谷	非活跃用户	通勤	费用减免	低	出发时间
6	通勤错峰	削峰填谷/减少出行需求	所有人群	通勤	积分	高	出发时间/交通结构
7	公交换乘优惠	增加公交吸引力	所有人群	通勤	费用减免	高	交通结构
8	公交换乘优惠	增加公交吸引力	所有人群	非通勤	费用减免	低	交通结构
9	共享单车票价优惠	增加绿色出行吸引力	所有人群	通勤	费用减免	高	交通结构
10	共享单车票价优惠	增加绿色出行吸引力	所有人群	非通勤	费用减免	低	交通结构
11	就医预约停车	缓解就医停车难	就医人群	就医	停车权	高	交通结构出发时间
12	取消出行	减少出行需求	远程办公人群	通勤	积分	高	交通结构
13	路段奖励	调整空间需求	所有人群	通勤	积分	高	交通结构
14	路段奖励	调整空间需求	非活跃用户	通勤	奖励	低	交通结构
15	区域奖励	调整空间需求	所有人群	通勤	积分	高	交通结构
16	区域奖励	调整空间需求	非活跃用户	通勤	奖励	低	交通结构
17	游戏化机制	提高用户活跃度	所有人群	通勤	发放形式	高	用户行为
18	"试探"策略	避免用户系统漏洞而通过谎报获取更多利益	所有人群	通勤	监督机制	高	用户行为

（4）启示及策略建议

现有激励项目证实了主动激励是一种有效的、新兴的实践，也启示了交通运营公司和交通管理部门在未来激励策略的优化中可以采取以下措施。

1）设计多样化、定向化的激励内容。正所谓千人千面，考虑到不同用户对激励策略具有不同的偏好，可根据用户偏好设计丰富的激励策略，如弹性工作人员更偏好于改变出发时间，逐日通勤者更偏好于改变出行方式或出发路径。在针对不同出行行为的激励中可以采取不同的激励内容，如现金奖励、积分奖励，使其更具有针对性。

2）采取动态激励并引入用户等级排名、抽奖等游戏化机制。动态激励以及游戏化机制考虑了出行者的出行心理，能提高用户在激励下的活跃度和积极性，且有可能进一步提高激励的诱导力，因此在实际激励形式的设计中可以引入相关机制，如抽奖、用户等级排名等。

3）设计激励保护机制。例如设计更为合理的激励方法机制、面向用户的监督机制等，考虑了用户的利己性，能进一步约束用户行为，减少系统的漏洞，使激励方案更加完善合理，防止激励预算的浪费。

第 5 章
面向出行服务的交通资源动态调度技术

出行服务不仅涉及静态方案的优化,还应保证具体出行过程的移动速度、换乘时间等要素与规划方案的一致性,进而保障服务方案的可靠性与稳定性,以便提升出行效率及出行体验。为此,本章首先介绍出行资源供需失衡识别及多方式出行资源协同调配方法;然后重点针对重要节点和异常事件介绍面向出行服务的管控技术;最后针对绿色出行模型,介绍一种多层公交网络设计与优化方法。

5.1 基于供需失衡致因挖掘的多方式出行资源协同调配技术

现有交通资源调度研究多基于单一方式的调度模式,即当系统检测到某方式出现供给不足时,从周边区域向目标区域增加该方式的交通供给,以满足需求。这种模式可能存在以下弊端:一是局限于单一资源,可能恶化既有区域的整体服务水平;二是单一方式调度思想的本质是需求引导供给,与公交优先的调度思想相悖;三是在实际操作过程中,单一调度模式可能会受到方式本身特征的限制,进一步弱化调度带来的收益。

因此,本节考虑在方式层面协同多种交通出行方式资源进行宏观统一调配,以提升系统层面的供需匹配程度、多方式交通资源利用效率并尝试解决传统单一方式调度模式可能存在的上述问题,具体流程如图 5-1 所示。

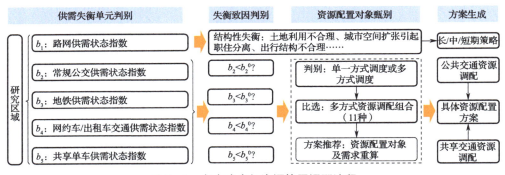

图 5-1 多方式出行资源协同调配流程

多方式出行资源协同调配的前提是掌握交通资源的分布情况及供需状态,本章运用栅格化的手段,将研究区域划分为不同的研究单元,对这些研究单元内多方式交通供需失衡水平进行评价，识别交通供需失衡单元，进而针对失衡单元挖掘失衡致因，识别失衡方式，为多方式交通资源调配奠定基础。本章中的多方式协同调度涉及常规公交、地铁、网约车/出租车、共享单车共4种交通方式，重点研究公共交通和共享交通的调度方法，进一步将这4种出行方式按其共性划分为两大类别：公共交通出行资源优化配置（常规公交、地铁）和共享交通出行资源优化配置（网约车/出租车、共享单车）。其中，考虑到地铁设施相对独立、固定的特征，多方式资源配置方案若涉及地铁，指的是通过专用接驳公交将目的地的人群接驳到某一地铁站。因此，本章中地铁的资源调配实际上是公交车调配。

5.1.1 交通供需失衡单元识别及致因挖掘

1. 交通供需状态综合判别方法

本节采用基于层次分析的模糊综合评价方法实现交通供需失衡单元的识别过程，选取5个方式维度及3个指标层共计13个指标建立综合评价体系，建立每个单元的"交通供需状态综合指数"，对研究单元的供需失衡程度进行评价；建立相应单元各个出行系统的"交通供需状态指数"，对相应单元各个出行系统的供需失衡状态进行评价。本节建立指标体系考虑的层级关系如图5-2所示。本节选取的指标体系见表5-1。

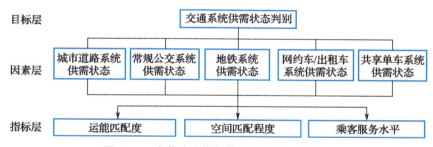

图5-2 本节建立指标体系考虑的层级关系

表5-1 本节选取的指标体系

方式	运能匹配度	空间匹配程度	乘客服务水平
城市道路	行程时间比	路网饱和度	路段平均车速
常规公交	公共交通运能匹配度	空间耦合度	公交候车人数
地铁	地铁运能匹配度	空间耦合度	地铁候车人数
网约车/出租车	网约车/出租车运能匹配度	系统等候时间	网约车/出租车相对空车数量
共享单车	共享单车运能匹配度	空间耦合度	共享单车相对空车数量

城市道路中，行程时间比是统计周期内车辆通过某一路段的平均行程时间与理想行程时间的比值，路段平均车速是统计周期内路段长度与路段平均通行时间之比；常规公交和地铁（公共交通）中，运能匹配度是统计周期内公共交通出行需求量与运输能力的比值，空间耦合度是统计周期内不同研究单元的公共交通满载率相对于平均满载率的偏离程度；网约车/出租车中，运能匹配度是统计周期内网约车/出租车出行需求量与运输能力的比值，相对空车数量是统计周期内，研究单元中网约车/出租车的空车数量与总需求量的比值；共享单车中，运能匹配度是统计周期内共享单车出行需求量与单车供应量的比值，空间耦合度是统计周期内不同研究单元的共享单车服务点空桩率相对于平均空桩率的偏离程度。

本节首先采用层次分析法确定各层次不同层级因素的权重，进而利用模糊综合评价的方法进行单元供需状态的综合判断，步骤如下：

1) 建立因素集 $U = \{U_1$（城市道路供需水平），U_2（常规公交供需水平），U_3（地铁供需水平），U_4（网约车及出租车供需水平），U_5（共享单车供需水平）$\}$，对应的因素层权重向量 ω 由各系统出行分担率相对比例确定。

2) 利用层次分析法可以对指标进行权重分配。首先，基于 1~9 标度法对各指标进行两两比较，给出各指标之间的相对重要性，然后建立判断矩阵，求解其最大特征值和特征向量并进行一致性检验，最后得到权重向量 $U = (U_1, U_2, U_3, U_4, U_5)$。

3) 确定各指标的评价集及隶属度函数，各指标的评价集对应于同一个评价向量 $V = (1, 2, 3, \cdots, k)$，其中 k 是评价向量中元素个数，即评价等级数量。评价等级越高，对应的供需状况越均衡。构建隶属度函数的关键是对划分评价等级所需阈值的定量化研究，以确定不同指标值对应的评价等级。可以根据已有资料或标准，例如美国《道路通行能力手册》，直接确定指标相应的评价等级阈值。本节涉及的相关定量评价指标中，运能匹配度、空间耦合度等指标尚无具有普适性的分级评价标准，因此在具体应用过程中拟基于对象区域的实际数据采用聚类分析等数理统计方法确定对应指标的隶属度函数及分级标准。将某单元采集到的指标数据输入隶属度函数，计算该单元各指标值对于某一评价等级的隶属度。

4) 构建该单元各出行系统的模糊综合判断矩阵 $R = (r_1, r_2, \cdots, r_n)^T$，其中，$r_i = (r_{i1}, r_{i2}, \cdots, r_{ik})$，$\sum_{j=1}^{k} r_{ij} = 1$，$r_{ij}$ 是指标 i 对评价等级 j 的隶属度，n 是出行系统中包含的指标数量。利用模糊综合判断矩阵、权重向量和评价向量可以计算综合评价矩阵 $B = (b_1, b_2, b_3, b_4, b_5)$，其中，$b_i (i = 1, 2, 3, 4, 5) = U_i^T \times R_i \times V^T$。基于综合评价矩阵 B，依据因素及各因素的权重向量即可计算每个单元的交通供需状态综合指数 $x = \omega \times B^T$。若对于多个方案进行比选，则可比较各方案下研究单元的交通供需状态综合指数，综合指数最高的为最优方案。

2. 交通供需失衡致因挖掘

（1）供需失衡单元判别

因为交通供需状态综合指数的数值越大表示对应研究单元的供需状态越均衡，反之则表示失衡程度剧烈，所以根据交通供需状态综合指数判断研究单元交通供需是否失衡，其关键是确定综合指数判别阈值，即若研究单元的交通供需状态综合指数大于判别阈值，则认为其交通供需处于失衡状态。判别阈值的确定应根据对象城市或区域的情况并结合一定量的历史数据进行具体的数据分析和讨论。阈值的取值，可能与对象城市或区域可供调度的资源丰富程度、社会公众对于失衡现象的容忍极限等因素相关，这些都需要基于对一定量的抽样数据调查或一段时间的历史运行数据进行分析才可能得到。

（2）失衡致因判别及策略

对于某个交通供需失衡的研究区域，本节旨在基于供需综合评价的结果定位其失衡致因，即针对该城市道路、常规公交、地铁、网约车/出租车、共享单车5种出行系统进行供需状态评价，明确区域整体失衡的致因，进而有针对性地提出缓解策略。

本节将供需失衡单元划分为结构性失衡及耦合性失衡两类。

结构性失衡是指某个城市或者区域的交通供给总量不能满足交通需求总量，这里的交通供给总量包括交通基础设施和运输工具。

耦合性失衡是指有限的交通资源没有得到合理利用，交通需求分布缺乏合理性，即交通供给的刚性与交通需求的柔性造成的供给与需求在出行方式（交通模式）、时间和空间上的不耦合，是交通方式资源在空间、时间的分布与需求的错位，无法满足出行者对于交通方式的自由选择需求。

由于上述两类交通系统供需失衡现象的具体表现和致因不同，本节认为应首先根据单元表现的现象区分供需失衡的类别，进而采取相应的策略进行疏解或提供有针对性的缓解建议。

无论哪一种具体的致因，结构性失衡对城市交通系统的恶性影响最终会体现在城市道路的大规模拥堵上，且路网的大规模拥堵并非耦合性失衡的表现。因此可以认为，"研究单元路网整体拥堵"是"该单元存在结构性失衡"的充分条件。

基于以上分析，本节依据以下方法识别结构性失衡单元：

$$\overline{V}_i \geqslant \overline{V}_0 \quad (5-1)$$

式中，$\overline{V}_i$ 为单元 i 的路网行程时间比；$\overline{V}_0$ 为路网行程时间与拥堵判断阈值的比值，该值的取值与城市或区域的路网一般运行情况有关，结合 GB/T 33171—2016《城市交通运行状况评价规范》，本节建议一般情况下 $\overline{V}_0$ 取值为 2.2。

结构性失衡难以通过资源调度实现疏解。因此，针对存在结构性失衡的研究单元，本节提供了短期、中期和长期的疏解策略：短期阶段，引导出行决策优化，挖掘交通系统潜能。通过激励等方式进行干预，引导出行者进行合理的方式选择，将一部分私人机动化出行转移到集聚性公共交通方式中；中期阶段，管理出行需求，合理选择出行方式，出台系列政策进行交通需求管理，减少不必要出行，优化城市整体出行结构，使有限的交通出行资源满足更多的出行需求；长期阶段，进行城市空间分析和土地利用优化。对研究单元所在区域或城市进行整体空间分析，明确大规模拥堵的症结所在，从规划建设层面优化城市空间及交通供给系统，从供给层面缓解城市交通常发性拥堵。

结构性失衡单元和耦合性失衡单元构成了所有失衡单元的全集，因此经过上述筛选、识别出结构性失衡单元的同时，已经完成了对耦合性失衡单元的识别。针对耦合性失衡单元，为了实现后续研究的精准而合理的资源调配，应首先在本阶段分析其失衡的致因，即明确后续资源调配的出行方式。在之前进行研究单元供需失衡状态评价时，已经计算得到了 5 类出行方式的交通供需状态指数。其中，对于存在耦合性失衡现象的单元来说，除了路网供需状态指数之外的 4 项对应着 4 类交通系统的供需失衡状态。

5.1.2　多方式出行资源协同调配方法

1. 资源配置对象甄别

本节提出的资源配置对象甄别方法包括以下步骤：

1）定位供需失衡交通方式：对于供需失衡单元，进一步研究其常规公交、地铁、网约车/出租车、共享单车 4 种出行方式，基于历史数据聚类划定每一种出行方式供需失衡的指数阈值，对比后输出超出阈值最多的方式作为失衡调配的对象。

2）调度模式判别：既有方法多使用单一模式调度的思路来解决供需失衡问题，即假如某次判别表明对象单元的网约车/出租车需求远超过供给、需要调配资源满足过剩的需求，传统调配思路会向目标区域调度网约车/出租车来填补需求缺口，本节将这种调度模式称为单一方式调度模式，这种调度模式可能会导致路网拥堵加剧、调度成本难以限制等问题；在上述案例中，该模式调取的大量出租车可能会加剧该区域的小型汽车拥堵并提高出租车公司的整体调度成本。为此，本节提出一种多方式调度模式，即将某一方式待满足的需求缺口作为需求总量，调配多种交通方式资源加以满足，实现多方式在宏观管理层面的资源统一调配。因此，在此步骤中，本节拟对失衡调配对象的路网运行状况及可调用资源进行评估，在单一方式调度无法满足的条件下启用多方式调度。

3）多方式资源调配组合及推荐：本节定义的多方式调度指的是调用常规公

交、地铁、网约车/出租车、共享单车4种出行方式中至少2种的资源调配方案（即共有11种组合方式），根据方案调度广义成本、调度准时率、出行者满意度等多个维度对全部11种方案进行试算，推荐综合评价结果排名前3的调配方案作为推荐调度方案供决策者参考。其中，每种方式服务的需求比例按现状供需失衡水平测算，即方式供需状态指数越大的表示供需越均衡、空余的运能相对越高、承担的运量越高，反之越低。

2. 多方式出行资源动态配置方案生成

下面将上述4种出行方式按其共性划分为两大类别：公共交通出行资源优化配置（常规公交、地铁）和共享交通出行资源优化配置（网约车/出租车、共享单车）。本节中的资源调度算法不涉及路径规划。

（1）常规公交资源动态配置和调度

本节以栅格单元为调度基本单位研究公交资源优化调度技术，通过搭建双重目标的最优化模型，最终求解得到各栅格单元的公交资源调度方案。本节所构建常规公交资源动态配置和调度模型的假设如下：

1) 仅考虑满足单元内的公交需求，不涉及不同方式间的交通诱导。

2) 由于需求预测结果无法得知出行者OD，在进行各线路需求预测时，按实际线路拥堵程度估算不同线路的需求。

3) 保障有效调度时间<15min。

4) 假设模型中的公交车统一车型，额定载员、车况等属性完全一致。

5) 假设整个调度过程不考虑由调度产生的盈亏状况，也不考虑调度结果是否使各栅格单元需求得到均衡改善。

6) 假设在调度过程中，调度车辆的调运成本和乘客候车成本以调运里程为指标计算，乘客上下车时间不计入乘客候车成本。

7) 从栅格内公交发车点发出的车辆由栅格内公交场站间自主调配提供。

8) 调度公交车辆过程中不考虑路网交通状态的变化。

9) 全路网使用统一坐标系。

常规公交资源动态配置和调度模型相关符号说明见表5-2。

表5-2 常规公交资源动态配置和调度模型相关符号说明

参数符号	定义及描述
m	栅格单元的总数
$D=\{\}$	栅格单元集合
$B=\{\}$	公交发车点集合
b_i	公交发车点B_i可调用的车辆数
$L_i=\{\}$	栅格单元D_i内公交线路集合

（续）

参数符号	定义及描述
$L_{i,1} = \{\}$	栅格单元 D_i 内上行公交线路集合
$L_{i,2} = \{\}$	栅格单元 D_i 内下行公交线路集合
$l_{i,\beta}^{\gamma}$	栅格单元 D_i 内编号为 γ 的 β 方向公交线路
β	线路方向：$\beta=1$，表示上行；$\beta=2$，表示下行
$S_i = \{\}$	栅格单元 D_i 内公交线路首站集合
$S_{i,1} = \{\}$	栅格单元 D_i 内公交上行线路首站集合
$S_{i,2} = \{\}$	栅格单元 D_i 内公交下行线路首站集合
$s_{i,\beta}^{\gamma}$	栅格单元 D_i 内编号为 γ 的 β 方向公交线路的首站
τ_i	栅格单元 D_i 内单行公交线路总数
$\mathbf{LOC} = \{\}$	公交发车点位置列向量
$\mathrm{LOC}_i(x_i, y_i)$	公交发车点 B_i 的位置坐标
$H_{\beta}^{\gamma}(i,j)$	公交发车点 B_i 与公交线路段 $l_{j,\beta}^{\gamma}$ 的调送距离
δ_i	栅格单元 D_i 内路网的非直线系数
$p_{j,\beta}^{\gamma}$	栅格单元 D_j 内首站 $s_{j,\beta}^{\gamma}$ 横坐标
$q_{j,\beta}^{\gamma}$	栅格单元 D_j 内首站 $s_{j,\beta}^{\gamma}$ 纵坐标
T	调度时间（单元为 min）
T_i	第 i 次需求预测发布提前时间（单位为 min）
T_d	机动公交车调送至目标公交路线的运行时间（单位为 min）
T_e	有效调度时间（单位为 min）
e_i	失衡栅格单元 D_i 内提供的公交出行需求量
SU_j	栅格单元 D_j 的共享出行满足度
$R_{i,\beta}^{\gamma}$	表示在失衡栅格单元 D_i 内第 γ 条公交线路 β 方向的满载率
$gR_{i,\beta}^{\gamma}$	归一化处理后失衡栅格单元 D_i 内第 γ 条公交线路 β 方向的满载率
$e_{i,\beta}^{\gamma}$	表示各线路按满载率分配的需求量
$u_{\beta}^{\gamma}(i,j)$	从栅格单元 D_i 调往栅格单元 D_j 内第 γ 条线路 β 方向的公交车数量
ρ	公交车规定载员数
$v_i(t_i)$	表示在调度时刻 t_i 栅格单元 i 内路网的平均行程速度
$T_{e\beta}^{\gamma}(i,j)$	从栅格单元 D_i 调往栅格单元 D_j 内第 γ 条线路 β 方向的有效时间
ξ	乘客候车成本相对系数

常规公交资源动态配置和调度模型的搭建步骤如下：

1）公交发车点聚类。定义各栅格单元内只存在唯一固定的公交发车点，所有机动公交车辆在调往正在运营的公交线路时，均从该栅格内公交发车点发车。

关于公交发车点，各栅格单元存在以下情况：一是若栅格单元内无公交场站,则公交发车点为虚拟点,公交发车点位置为栅格单元质心;二是若栅格单元内存在唯一公交场站,则公交发车点为该公交场站,公交发车点位置为栅格单元唯一公交场站位置;三是若栅格单元内存在多个公交场站,则公交发车点为栅格内公交场站的聚类点,公交发车点位置为栅格内公交场站的聚类点位置。

通过 k-means 聚类算法获取各公交发车点位置坐标 $\mathrm{LOC}_i(x_i,y_i)$ ($i=1,2,\cdots,m$),并将公交发车点位置坐标存储为列向量 $\mathbf{LOC}=\{\mathrm{LOC}_1,\mathrm{LOC}_2,\cdots,\mathrm{LOC}_m\}^\mathrm{T}$。

2) 公交线路及上下行首站确认。如图 5-3 所示,栅格单元 D_i 内共有 4 条公交线路段,在栅格单元 D_i 内公交上行线路段为 $l_{i,1}^1$、$l_{i,1}^2$、$l_{i,1}^3$ 及 $l_{i,1}^4$,公交下行线路段为 $l_{i,2}^1$、$l_{i,2}^2$、$l_{i,2}^3$ 及 $l_{i,2}^4$,栅格单元 D_i 范围内上行段首站为 $s_{i,1}^1$、$s_{i,1}^2$、$s_{i,1}^3$ 及 $s_{i,1}^4$,下行段首站为 $s_{i,2}^1$、$s_{i,2}^2$、$s_{i,2}^3$ 及 $s_{i,2}^4$。

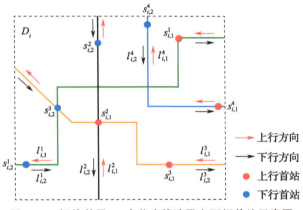

图 5-3 栅格单元 D_i 内公交线路及上下行首站示意图

3) 公交发车点与公交线路段调送距离计算。考虑如下场景:经过一轮调度决策,需要从栅格单元 D_i 内的公交发车点 B_i 调送 $u_\beta^\gamma(i,j)$ 辆机动车辆补充至栅格单元 D_j 内的上行线路段 $l_{j,\beta}^\gamma$ 上运营,此过程认为补充的调度车辆从目标线路段 $l_{j,\beta}^\gamma$ 在栅格单元 D_j 内的首站 $s_{j,\beta}^\gamma$ 开始沿线继续运行,并最终抵达目标线路全线的终点站。

公交发车点 B_i 与公交线路段 $l_{j,\beta}^\gamma$ 的调送距离 $H_\beta^\gamma(i,j)$ 计算公式如下:

$$H_\beta^\gamma(i,j)=\frac{\delta_i+\delta_j}{2}\sqrt{(p_{j,\beta}^\gamma-x_i)^2+(q_{j,\beta}^\gamma-y_i)^2} \tag{5-2}$$

4) 公交有效调度时间计算。机动公交从需求预测发布至车辆成功加入目标线路这一过程所用的时间称为调度时间。而有效调度时间指的是通过公共交通需求预测方式,在发布栅格单元内出现超过正常公交资源供给水平情况后,从各公交发车点调度机动车辆补充到相应公交线路,而不致使候车乘客因等候时间过长转向其他交通方式或过多客流自动消散的最大时间值。

调度时间包括两部分：公交第 i 次需求预测发布提前时间 T_i，以及机动公交车调送至目标公交路线的运行时间 T_d。相应的计算公式为

$$T = T_i + T_d \tag{5-3}$$

有效调度时间计算公式为

$$T_e = T_i + T_{dmax} \tag{5-4}$$

5）失衡栅格单元内各公交线路需求量计算。根据失衡栅格单元 D_i 内提供的公交出行需求量 e_i，以及失衡栅格单元 D_i 内的公交运行状态（车辆及线路基本信息、车辆位置、车辆载客情况），对失衡栅格单元 D_i 内的各公交线路需求量进行确定。

对各公交线路满载率归一化处理：

$$R_{i,\max} = \max(R_{i,1}^1, R_{i,1}^2, \cdots, R_{i,1}^{\tau_i}; R_{i,2}^1, R_{i,2}^2, \cdots, R_{i,2}^{\tau_i})$$

$$R_{i,\min} = \min(R_{i,1}^1, R_{i,1}^2, \cdots, R_{i,1}^{\tau_i}; R_{i,2}^1, R_{i,2}^2, \cdots, R_{i,2}^{\tau_i})$$

$$gR_{i,1}^{\gamma} = \frac{R_{i,1}^1 - R_{i,\min}}{R_{i,\max} - R_{i,\min}}, \quad gR_{i,2}^{\gamma} = \frac{R_{i,2}^1 - R_{i,\min}}{R_{i,\max} - R_{i,\min}} \tag{5-5}$$

归一化处理后各线路满载率集合为 $\{gR_{i,\beta}^{\gamma} | \gamma \in [1, \tau_i], \beta \in [1, 2]; \gamma, \beta, \tau_i \in N\}$，其中，

$$e_{i,\beta}^{\gamma} = \frac{e_i \, gR_{i,\beta}^{\gamma}}{\sum_{\beta=1}^{2} \sum_{\gamma=1}^{\tau_i} gR_{i,\beta}^{\gamma}} \tag{5-6}$$

6）调度车回调规则确定。在执行一轮调度之后，根据下一轮的公交出行需求预测结果，前一轮调度的机动公交车辆存在两种去向：一是并入所调入的公交线路排班，二是回到原栅格单元内的公交场站。

第一种去向的执行条件：在下一轮 T_{i+1} 时刻发布公交需求预测结果中，若所调入的栅格单元依旧处于失衡状态，则考虑将 T_i 时刻及之前调入的车辆编入公交线路，重新计划公交线路排班。

第二种去向的执行条件：在下一轮 T_{i+1} 时刻发布公交需求预测结果中，若所调入的栅格单元不再处于失衡状态，则考虑将 T_i 时刻及之前调入的车辆调回原公交场站，继续作为储备运力资源。

7）栅格单元公交出行需求满足度指标计算。构造栅格单元公交出行满足度指标对栅格单元供需水平进行量化，构造过程如下：

$$\mathrm{SU}_j = \begin{cases} \dfrac{\rho}{e_j} \sum_{i=1}^{m} \sum_{\beta=1}^{2} \sum_{\gamma=1}^{\tau_j} u_{\beta}^{\gamma}(i,j), & \rho \sum_{i=1}^{m} \sum_{\beta=1}^{2} \sum_{\gamma=1}^{\tau_j} u_{\beta}^{\gamma}(i,j) < e_j \\ 1, & \text{其他} \end{cases} \tag{5-7}$$

8）公交运力资源调度优化模型构建。在公交调度中主要有如下两个优化问

题：①最大化所有栅格内公交出行需求的满足度总和；②最小化所有调度车辆的行驶距离之和，最小化乘客的候车成本。两个目标的表达式如下：

$$\max f_0 = \max \sum_{j=1}^{m} SU_j$$

$$\min f_1 = \min \sum_{i=1}^{m} \sum_{j=1}^{m} \sum_{\beta=1}^{2} \sum_{\gamma=1}^{\tau_j} u_{\beta}^{\gamma}(i,j)(1+\xi) H_{\beta}^{\gamma}(i,j)$$

$$\text{s.t.} \begin{cases} 0 \leqslant \sum_{j=1}^{m} \sum_{\beta=1}^{2} \sum_{\gamma=1}^{\tau_j} u_{\beta}^{\gamma}(i,j) \leqslant b_i \\ 0 \leqslant \sum_{i=1}^{m} u_{\beta}^{\gamma}(i,j)\rho \leqslant e_{j,\beta}^{\gamma} \\ H_{\beta}^{\gamma}(i,j) \leqslant T_{e\beta}^{\gamma}(i,j) \dfrac{v_i(t_i)+v_j(t_i)}{2} \\ u_{\beta}^{\gamma}(i,j) \in N \end{cases} \quad (5-8)$$

9）模型求解。式（5-8）是一个典型的多目标优化问题，无法找到满足两个目标均达到最佳状态的结果，需要对两个目标进行合理"折中"。在常用的多目标最优化模型求解算法中，应用最广泛的是 NSGA-Ⅱ多目标遗传算法。本部分以 NSGA-Ⅱ为基础对式（5-8）的包含多约束条件的多目标优化问题进行求解，具体流程如图 5-4 所示。在此过程中，通过平均分配的方式将公交调

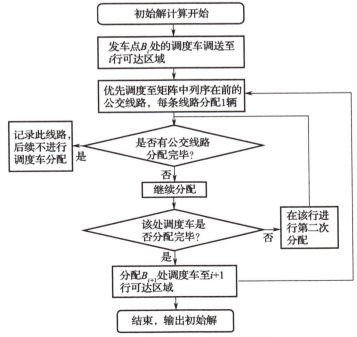

图 5-4 公交调度初始解求解流程

度车调度至可达到距离下的公交需求路线，生成公交调度二维调度表作为初始解。为获得一定规模的初始种群，需重复生成不同的公交调度方案。对此，本节通过对公交线路列序重新排布，使得在优先调度较前列序规则下能生成不同调度方案的初始解集，用作初始种群，保持初始种群的多样性，避免求解过程中过早地落入局部最优解。公交调度初始种群生成示意图如图5-5所示。

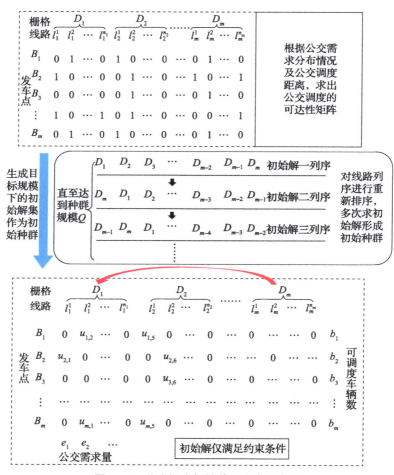

图 5-5　公交调度初始种群生成示意图

（2）地铁资源动态配置和调度

本节考虑到地铁设施相对独立、固定的特征，优化得到的多方式资源配置方案若涉及地铁，指的是通过专用接驳公交将目的地的人群接驳到某一地铁站位置。这一过程涉及三个细节需要特殊说明：一是承担调用任务的接驳公交来自附近公交场站或首末站可以调用的机动车辆，调用过程为点对点服务，具体从何处调取几辆车可通过前面常规公交资源动态配置和调度模型进行计算；二是接驳车辆的目的地铁站由调度人员人工指定，这是考虑到地铁站的选取应结合站点在轨道网络中的功能地位以及当地轨道的实际特征，最近的地铁站不一定是最高效的；三是调度系统仅会给出类似"从何处调取多少辆接驳车辆到某区域"的建议，由调度人员确定上述目的地节点之后，具体行进路线依赖系统内嵌的电子地图导航。

因此，本节将地铁资源配置定义为接驳地铁的公交调度系统，地铁系统与公交系统数据共通，承担调用任务的接驳公交来自于附近公交场站或首末站。调度地点及车辆数调用公交出行资源动态配置算法进行计算，其中接驳地铁站的选取应考虑地区实际、站点在轨道网络中的功能地位，接驳车辆的目的地铁站由调度人员人工指定。模型求解假设、符号定义和模型求解方法与常规公交一致，模型求解步骤分为接驳地铁站公交发车点聚类、接驳地铁站公交发车点与公交线路段调送距离计算、接驳地铁站公交有效调度时间计算、失衡栅格单元内各接驳地铁站公交线路需求量计算、栅格单元接驳地铁站公交出行需求满足度指标计算、接驳地铁公交运力资源调度最优化，具体计算方法与常规公交一致，不再赘述。

（3）网约车/出租车资源动态配置和调度

在城市出租车、网约车等共享资源运营过程中，不同系统间由于运营主体及运营机制的差异不可同时讨论，但是在不考虑运营管理的数学模型中，二者的抽象原理几乎没有差别，因此本节将出租车、网约车等共享资源统称为共享车。为了保证共享车的营收利润，空闲状态的共享车不应该为了寻找乘客，空载过长距离造成大量的油耗。同时，为了满足热点区域的共享车需求，需要从其他区域调度共享车辆。对于共享车而言，完成调度需要空载到达需求区域。因此，区域需求度与共享车调度距离是所提出调度模型中最主要的优化调度目标。本节使用多目标优化算法对共享车调度建立优化模型，以解决上述优化调度问题。

网约车/出租车资源动态配置和调度模型假设如下：

1）不考虑调度共享车对于路网拥堵情况的影响。

2）出租车在两个单元之间的行驶时间，结合两单元质心距离，按即时路况估算的行驶时间计算。

3）为了保障有效调度时间 <15min，可调度空车仅限于检索调度范围内的车辆，即 15min 车程以内的有空车的研究单元。

4）单元内空载状态的共享车优先满足本单元内的共享车出行需求。

5）模型中的共享车统一车型，额定载员、车况等属性完全一致。

6）不考虑共享车接送乘客过程中的合乘问题。

7）在调度过程中，对于已经供给平衡的栅格单元不予扰动，只对供给失衡状态下的栅格单元实施调度策略。

8) 在同一栅格单元同一群落内的共享车调往同一栅格单元的行程相同。共享车资源动态配置和调度模型相关符号说明见表 5 – 3。

表 5 – 3　共享车资源动态配置和调度模型相关符号说明

参数符号	定义及描述
m	栅格单元的总数
$D = \{\}$	栅格单元集合
$A_i(x_i, y_i)$	栅格单元 D_i 质心 A_i 的位置坐标
$A = \{\}$	栅格单元质心位置坐标集合
W_i	栅格单元 D_i 内的可调度共享车数
K_i	栅格单元 D_i 内的空载共享车数
O_i	栅格单元 D_i 内的共享出行需求，即出行人次
φ_i	可调车辆均衡系数
$H^\varepsilon(i, j)$	共享车从栅格单元 D_i 第 ε 个发车点 G_i^ε 调入栅格单元 D_j 的调送距离
G_i^ε	栅格单元 D_i 内第 ε 个共享车虚拟出发点
$g_{i,\varepsilon}^1$	栅格单元 D_i 第 ε 个发车点处的集群共享车
$c_i^{\eta_i}$	栅格单元 D_i 内第 η_i 个离散共享车
δ_i	栅格单元 D_i 内路网的非直线系数
p_i^ε	栅格单元 D_i 内第 ε 个发车点横坐标
q_i^ε	栅格单元 D_i 内第 ε 个发车点纵坐标
n_ε^i	栅格单元 D_i 第 ε 个共享车集群内的共享车数量
$r_k^{i,\varepsilon}$	栅格单元 D_i 第 ε 个共享车集群内第 k 个共享车与 G_i^ε 的距离
T	调度时间(单位为 min)
T_i	第 i 次需求预测发布提前时间(单位为 min)
T_d	机动共享车调送至目标栅格的运行时间(单位为 min)
T_e	有效调度时间(单位为 min)
SV_i	栅格单元 D_i 的共享出行满足度
$\mu^\varepsilon(i, j)$	栅格单元 D_i 内第 ε 个共享发车点调往栅格单元 D_j 的共享车数量
θ_i	栅格单元 D_i 内共享发车点总数
$DC = \{\}$	超供单元集合
$DQ = \{\}$	欠供单元集合
$DP = \{\}$	平衡单元集合
C_m	超供栅格单元的数量
Q_m	欠供栅格单元的数量

网约车/出租车资源动态配置和调度模型的搭建步骤如下：

1）栅格单元状态识别。栅格单元可划分为三种状态：一是超供状态，是失衡状态的一种类型，即栅格单元内的供大于需，栅格单元内存在剩余的共享资源，属于可提供共享资源用于调度的供给源头；二是欠供状态，是失衡状态的另一种类型，即栅格单元内的需大于供，栅格单元内的共享资源不足，属于引入共享调度资源的需求尽端；三是平衡状态，即栅格单元内的供等于需，栅格单元内的共享资源刚好能够满足需求，在调度过程中不起作用。

$$W_i = \begin{cases} \text{Integer}(K_i - \varphi_i O_i), & K_i \neq \text{Integer}[\varphi_i O_i] \\ 0, & K_i = \text{Integer}[\varphi_i O_i] \end{cases} \quad (5-9)$$

2）共享车发车点聚类。在栅格单元 D_i 内，乘客需求不定时、不定点地随机出现在道路网络上，空载的共享车为寻找并接收客源，必须在路网中巡弋直至搭载上乘客。因此，共享车辆在路网上分布范围较广，且为动态的随机分布。

由于网约车随时可以接收来自平台的派单指令，因此网约车的行驶目的性得到提高，其空载巡弋的时间占整个工时的比重相较于出租车大概率会有所下降，但网约车和出租车的运行机制具有一致性，即车辆不会在整个工作时间内搭载乘客，均存在一定的空载时间，并且都会在路网上游弋以一定的概率匹配到乘客。

根据所提供的栅格单元共享出行需求预测数据（主要为栅格单元共享出行需求人次），提出以下调度理念：本栅格单元内的共享资源优先满足本栅格单元的共享出行需求，为简化调度过程和对栅格单元内的共享车集中管理，采用聚类算法的思想对剩余共享资源栅格内的空载共享车进行划分。

针对超供单元：第一步，将聚集在一定范围内的空载共享车作为集群共享车，优先作为调度车辆，未计入集群共享的离散共享车作为散布在栅格单元内部的共享资源；第二步，计算栅格单元内的可调度共享车数，若离散共享车数量不能满足本单元的需求，则需要削减集群共享车的数量，补充到离散共享车集合中；第三步，从范围最大、集群共享车数量最大的群落开始，通过缩小聚类范围的手段摘除聚落外部的共享车，将其转化为离散共享车；第四步，重新计算栅格单元内的可调度共享车数，若离散共享车数量不能满足本单元的需求，则重复执行第四步，否则停止并输出集群共享车集合和离散共享车集合；第五步，根据集群共享车群落及集群共享车的坐标计算出群落质心坐标，作为栅格单元内的共享车发车点。栅格单元 D_i 内共享车聚类示意图如图 5-6 所示。

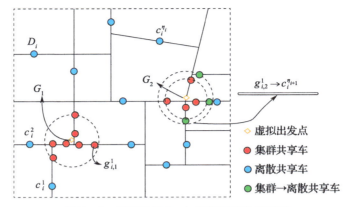

图 5-6 栅格单元 D_i 内共享车聚类示意图

3) 共享车调度距离计算。将栅格单元质心 A_j 作为共享车调入点,共享车从栅格单元 D_i 第 τ 个发车点 G_i^τ 调入栅格单元 D_j 的调送距离 $H^\tau(i,j)$ 为

$$H^\varepsilon(i,j) = \frac{\delta_i + \delta_j}{2}\sqrt{(p_i^\varepsilon - x_j)^2 + (q_i^\varepsilon - y_j)^2} + \frac{\delta_i}{n_\varepsilon^i}\sum_{k=1}^{n_\varepsilon^i} r_k^{i,\varepsilon} \quad (5-10)$$

4) 共享车有效调度时间。共享车从需求预测发布至车辆成功到达目标栅格这一过程所用的时间称为调度时间。而有效调度时间是指在发布目标栅格单元内共享资源供给缺口后,从各共享车发车点调度车辆补充到相应栅格单元,而不致使候车乘客因等候时间过长转向其他交通方式或过多客流自动消散的最大时间值。

与常规公交资源调度时间的定义类似,共享车资源调度时间也包括两个部分:共享交通第 i 次需求预测发布提前时间 T_i,以及机动共享车调送至目标栅格的运行时间 T_d。相应的计算公式为

$$T = T_i + T_d \quad (5-11)$$

有效调度时间计算公式则为

$$T_e = T_i + T_{d\max} \quad (5-12)$$

上式符号定义与公共交通部分相同,不再赘述。

5) 栅格单元共享出行需求满足度指标。构造栅格单元共享出行满足指标对栅格单元供需水平进行量化,构造过程如下:

$$\mathrm{SV}_i = \begin{cases} \dfrac{1}{O_i}\left[K_i + \sum_{i=1}^{m}\sum_{\varepsilon=1}^{\theta_i}\mu^\varepsilon(i,j)\right], & K_i < \mathrm{Integer}[\varphi_i O_i] \\ \varphi_i, & K_i \geq \mathrm{Integer}[\varphi_i O_i] \end{cases} \quad (5-13)$$

6) 栅格单元筛选。将 m 个栅格单元按照栅格状态进行筛选储存,得到超供单元集合 $\mathrm{DC} = \{\mathrm{DC}_1, \mathrm{DC}_2, \cdots, \mathrm{DC}_{m1}\}$,欠供单元集合 $\mathrm{DQ} = \{\mathrm{DQ}_1, \mathrm{DQ}_2, \cdots,$

$DQ_{m2}\}$,平衡单元集合 $DP = \{DP_1, DP_2, \cdots, DP_{m3}\}$。

7）共享运力资源调度最优化模型。共享车调度问题中的优化目标主要包含如下两个：①最大化所有栅格区域共享出行需求的满足度总和；②最小化所有调度车辆的行驶距离之和。目标表达式如下：

$$\max f_2 = \max \sum_{i=1}^{m} SV_i$$

$$\min f_3 = \min \sum_{j=1}^{Q_m} \sum_{i=1}^{C_m} \sum_{\varepsilon=1}^{\theta_i} \mu^\varepsilon(i,j) H^\varepsilon(i,j) \quad (5-14)$$

$$s.t. \begin{cases} 0 \leq \sum_{j=1}^{Q_m} \sum_{\varepsilon=1}^{\theta_i} \mu^\varepsilon(i,j) \leq \text{Integer}[K_i - \varphi_i O_i] \\ 0 \leq \sum_{i=1}^{C_m} \sum_{\varepsilon=1}^{\theta_i} \mu^\varepsilon(i,j) \leq \text{Integer}[K_j - \varphi_j O_j] \\ H^\varepsilon(i,j) \leq T_e \dfrac{v_i(t_i) + v_j(t_i)}{2} \\ \mu^\varepsilon(i,j) \in N \end{cases}$$

8）模型求解算法。式（5-14）的多目标优化问题与式（5-8）类似，因此依然可以采用 NSGA-Ⅱ多目标遗传算法进行求解。图 5-7 展示了共享车调度最优化模型 NSGA-Ⅱ算法的初始种群生成示意图。初始种群自动生成的关键与前面相同，将超供栅格内的可调用共享车优先调度至矩阵列序在前的可达欠供栅格，通过改变欠供栅格列序改变初始解，将多样化的初始解集合形成初始种群后，执行 NSGA-Ⅱ多目标遗传算法程序。

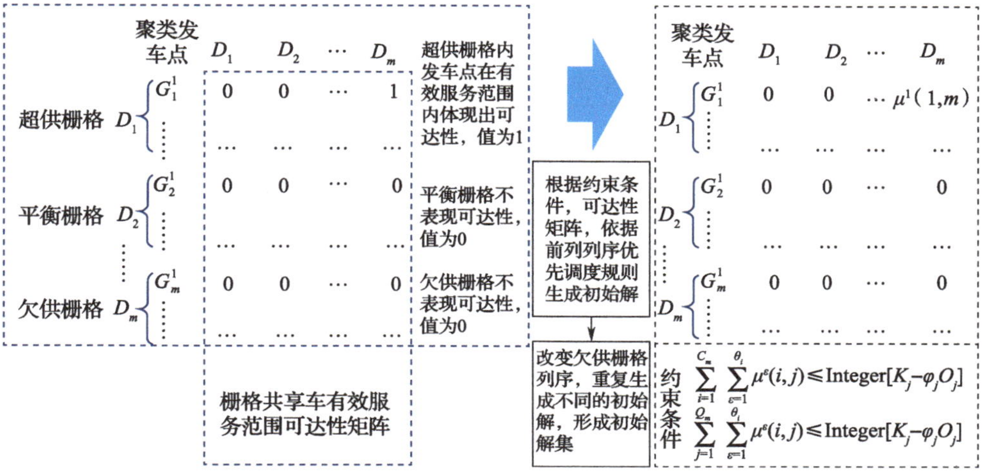

图 5-7 共享车调度初始种群生成示意图

(4) 共享单车资源动态配置和调度

为解决共享单车供需不平衡的问题，本节提出一种基于栅格单元的共享单车调度模型。共享单车调度中有两个实际目标，可以作为最优化目标函数：一是共享出行需求满足度总和最大；二是调度成本与供需惩罚成本之和最小。因此，区域需求度与共享单车调度成本及惩罚成本是所提出调度模型中最主要的优化调度目标。本节使用多目标优化算法对共享车调度建立优化模型，以解决上述优化调度问题。

共享单车资源动态配置和调度模型的假设如下：

1) 只考虑栅格与栅格之间的车辆调度问题。

2) 将栅格质心之间的直线距离作为栅格之间的距离，同时忽略天气、特殊交通状况等因素对调度过程的影响。

3) 保障有效调度时间 <15min。

4) 整个调度区域会有若干个调度中心，每个调度中心只有一辆调度车辆，且调度车具有相同的类型、容量、最大行驶里程。

5) 每辆单车的装车成本和卸车成本相同，且行驶成本与调度车辆所装载单车数量无关。

6) 每个栅格只能由单一的调度中心服务，每个调度中心可以覆盖多个栅格。

7) 调度中心可以得到未来 60min 的单车出发量分布。

8) 单车数量恒定，所有区域均不在短时间内再重新投放单车。

9) 调度车辆在每个区域的调度服务时间与取放车辆数量成正比，不考虑其他时间消耗。

共享单车资源动态配置和调度模型相关符号说明见表 5-4。

表 5-4 共享单车资源动态配置和调度模型相关符号说明

参数符号	定义及描述
$DC^{t,t+\Delta t}$	在 $(t, t+\Delta t)$ 时间段所有车辆的调度成本总和
c_1、c_2	调度车的搬运成本和行驶成本
c_3、c_4	研究单元"供不应求"数量的单位惩罚成本和"供过于求"数量的单位惩罚成本
$EN_{i,j}^{t,t+\Delta t}$	在 $(t, t+\Delta t)$ 时间段从研究单元 i 调入研究单元 j 的共享单车数量
$DL_{i,j}$	研究单元 i 和 j 之间的最短路径长度
$x_{ijk}^{t,t+\Delta t}$	调度车辆 k 是否参与路径 (i,j) 之间的运输
$PC^{t,t+\Delta t}$	在 $(t, t+\Delta t)$ 时间段所有研究单元的惩罚函数之和
M_i	功能区 i 的共享单车保有量
D_i、Q_i	功能区 i 的到达需求量和骑行需求量

(续)

参数符号	定义及描述
N、NN	表示功能区数量和调度车辆数量
tt_1、tt_2	表示调度车辆在每个的调度服务时间和单位行驶时间
G_i^ε	栅格单元 i 内第 ε 个共享单车虚拟出发点
$g_{i,\varepsilon}^1$	栅格单元 i 第 ε 个发车点处的集群共享单车
$c_i^{\eta_i}$	栅格单元 i 内第 η_i 个离散共享单车
δ_i	栅格单元 i 内路网的非直线系数
p_i^ε	栅格单元 i 内第 ε 个服务点横坐标
q_i^ε	栅格单元 i 内第 ε 个服务点纵坐标
n_ε^i	栅格单元 i 第 ε 个共享单车集群内的共享单车数量
$r_k^{i,\varepsilon}$	栅格单元 i 第 ε 个共享单车集群内第 k 个共享单车与 G_i^ε 的距离
SV_j	栅格单元 j 的共享出行满足度
$\mu^\varepsilon(i,j)$	栅格单元 i 内第 ε 个共享发车点调往栅格单元 j 的共享单车数量
θ_i	栅格单元 i 内共享发车点总数

共享单车资源动态配置和调度模型的搭建步骤如下：

1）共享单车调度成本函数。共享单车调度成本函数主要由参与调度的车辆数、调度过程中产生的服务成本及行驶过程中的行驶成本共同构成，计算公式如下：

$$DC^{t,t+\Delta t} = \sum_k \sum_i \sum_j (c_1 EN_{i,j}^{t,t+\Delta t} + c_2 DL_{i,j}) x_{ijk}^{t,t+\Delta t} \quad (5-15)$$

将栅格单元 i 与质心 A_j 作为共享单车调入点，共享车从栅格单元 i 第 ε 个服务点 G_i^ε 调入栅格单元 j 的调送距离 $DL_{i,j}^\varepsilon$ 为

$$DL_{i,j}^\varepsilon = \frac{\delta_i + \delta_j}{2} \sqrt{(p_i^\varepsilon - x_j)^2 + (q_i^\varepsilon - y_j)^2} + \frac{\delta_i}{n_\varepsilon^i} \sum_{k=1}^{n_\varepsilon^i} r_k^{i,\varepsilon} \quad (5-16)$$

2）共享单车供需惩罚成本函数。对于惩罚成本函数，首先判断研究单元 i 在前一时间段的单车保有量能否满足下一个时间段的单车出行需求，其次判断是否有大量单车在某个区域被闲置。单车的供需关系判定是调度服务时间窗和确定调度需求量的基础和前提，只有满足区域单车供需关系才能保证区域的共享单车数量处于科学合理的水平。一旦研究单元 i 在调度后的 t 时间段的单车保有量低于下一个时间段的单车出行数量，则需要判定运营商承担相应的惩罚成本。同时，如果有大量共享单车在区域内被闲置，该区域也要承担一部分惩罚成本。但"供大于求"造成的损失仅仅是导致该区域的单车数量过剩，产生一定的管理费用。而"供不应求"极大可能导致用户的流失，对公司造成深远影响，因此"供大于求"惩罚成本要低于"供不应求"的惩罚成本。基于上述理

念,本节构造如下惩罚成本函数:

$$\mathrm{PC}_i^{t,t+\Delta t} = \begin{cases} c_3(Q_i^{t,t+\Delta t} - M_i^t), & M_i^t < Q_i^{t,t+\Delta t} \\ 0, & Q_i^{t,t+\Delta t} = M_i^t \\ c_4(M_i^t - Q_i^{t,t+\Delta t}), & Q_i^{t,t+\Delta t} < M_i^t \end{cases} \quad (5-17)$$

3) 栅格单元共享出行需求满足度指标。构造栅格单元共享出行满足指标对栅格单元供需水平进行量化,构造过程如下:

$$\mathrm{SV}_j = \begin{cases} \dfrac{1}{O_j}\left[K_j + \sum_{i=1}^{m}\sum_{\varepsilon=1}^{\theta_i}\mu^\varepsilon(i,j)\right], & K_j < \mathrm{Integer}[\varphi_j\,O_j] \\ \varphi_j, & K_j \geq \mathrm{Integer}[\varphi_j\,O_j] \end{cases} \quad (5-18)$$

4) 共享单车有效调度时间。共享单车从需求预测发布至调度车辆成功,将调度车辆运送至目标栅格这一过程所用的时间称为共享单车调度时间。而有效调度时间是指在发布目标栅格单元内共享资源供给缺口后,从各共享单车发车点调度车辆补充到相应栅格单元,而不致使候车乘客因等候时间过长转向其他交通方式或过多客流自动消散的最大时间值。

与常规公交资源调度时间的定义类似,共享单车资源调度时间包括如下两部分:共享交通第 i 次需求预测发布提前时间 T_i、机动共享单车调送至目标栅格的运行时间 T_d。相应的计算公式与共享车一致,不再赘述。

5) 约束条件。

①调度阈值。设研究区域 i 在 $(t,t+\Delta t)$ 时段的共享单车需求量为 $Q_i^{t,t+\Delta t}$,在未来 k 个时间段,最大出行需求为 $\max(Q_i^{t,t+\Delta t},\cdots,Q_i^{t+(k-1)\Delta t,t+k\Delta t})$。对于某个研究区域而言,必须要保证该区域的单车保有量在现阶段或者未来短时间内能满足一定的出行需求,当单车保有量过低或严重无法满足未来需求时,会导致大量乘客集中等待,最终严重降低乘客对共享单车服务的满意度。因此将需求匹配下限设为 0.3,避免出现区域内车辆严重不足的情况。考虑到调度的调节作用,本节设定预满足的时间段 $k=3$,则 t 时段共享单车的调度阈值为 $0.3\max(Q_i^{t,t+\Delta t},\cdots,Q_i^{t+2\Delta t,t+3\Delta t})$,功能区 i 在 t 时段的共享单车保有量与调度阈值的关系为

$$M_i^t > 0.3\max(Q_i^{t,t+\Delta t},\cdots,Q_i^{t+2\Delta t,t+3\Delta t}) \quad (5-19)$$

②调度车辆容量约束。每辆调度车辆的调度容量是有限的,且每个区域的调度车辆数量是固定的,因此,调度范围也是固定的,即

$$\mathrm{EN}_{i,j}^{t,t+\Delta t} \leq U \quad (5-20)$$

③调度车辆的服务时间约束。对于调度车辆而言,其服务时间由两部分组成:第一部分是车辆的装卸服务时间;第二部分是车辆的行驶服务时间。在一定的时间段内,这两部分时间之和必然小于时间窗,即

$$\sum_k x_{ijk}^{t,t+\Delta t} \leqslant NN$$

$$\sum_i \sum_j x_{ijk}^{t,t+\Delta t} (tt_1 + \mathrm{DL}_{i,j} tt_2) \leqslant \Delta t, k = 1,\cdots,NN \quad (5-21)$$

④区域单车数量约束。由于考虑不再新投放车辆，所以对于整个区域而言，单车总量是守恒的，而且每个研究单元的单车保有量是由上一个时段出行到达数量和调度数量共同决定的，即

$$M_i^t = M_i^{t-1} + D_i^{t-\Delta t,t} - Q_i^{t-\Delta t,t} - \sum_{j\neq i} \mathrm{EN}_{i,j}^{t-\Delta t,t} + \sum_{j\neq i} \mathrm{EN}_{j,i}^{t-\Delta t,t}, i=1,\cdots,N \quad (5-22)$$

6）共享单车资源调度最优化模型。在共享单车调度中主要有两个优化问题：一是所有栅格区域共享出行需求的满足度总和最大；二是调度成本与供需惩罚成本之和最小。结合前面梳理的约束条件，建立如下模型：

$$\max f = \max \sum_{i=1}^m \mathrm{SV}_i$$

$$\min C = \sum_i (t, t+\Delta t)\mathrm{PC}_i^{t,t+\Delta t} + \sum_i \sum_j \mathrm{DC}_{ij}^{t,t+\Delta t} \quad (5-23)$$

$$\text{s.t.} \begin{cases} \mathrm{DC}^{t,t+\Delta t} = \sum_k \sum_i \sum_j (c_1 \mathrm{EN}_{i,j}^{t,t+\Delta t} + c_2 \mathrm{DL}_{i,j}) x_{ijk}^{t,t+\Delta t} \\ \mathrm{PC}_i^{t,t+\Delta t} = \begin{cases} c_3(Q_i^{t,t+\Delta t} - M_i^t), M_i^t < Q_i^{t,t+\Delta t} \\ 0, Q_i^{t,t+\Delta t} = M_i^t \\ c_4(M_i^t - Q_i^{t,t+\Delta t}), Q_i^{t,t+\Delta t} < M_i^t \end{cases} \\ M_i^t > 0.3\max(Q_i^{t,t+\Delta t},\cdots,Q_i^{t+2\Delta t,t+3\Delta t}) \\ \mathrm{EN}_{i,j}^{t,t+\Delta t} \leqslant U \\ \sum_i \sum_j x_{ijk}^{t,t+\Delta t}(tt_1 + L_{i,j} tt_2) \leqslant \Delta t, (k=1,\cdots,NN) \\ M_i^t = M_i^{t-1} + D_i^{t-\Delta t,t} - Q_i^{t-\Delta t,t} - \sum_{j\neq i}\mathrm{EN}_{i,j}^{t-\Delta t,t} + \sum_{j\neq i}\mathrm{EN}_{j,i}^{t-\Delta t,t}, (i=1,\cdots,N) \\ \sum_k x_{ijk}^{t,t+\Delta t} \leqslant NN \end{cases}$$

7）模型求解算法。本节采用蚁群算法对上述多目标最优化模型进行求解，具体求解步骤如下：

步骤1：初始化共享单车在每个功能区的保有量$(M_1^{t_0},\cdots,M_w^{t_0})$，同时设置研究单元$i$在未来$T$个时间段$[(t_0,t_1),\cdots,(t_{T-1},t_T)]$的需求量为$(Q_i^{t_0,t_1},\cdots,Q_i^{t_{T-1},t_T}\mid i=1,\cdots,w)$。

步骤2：将未来T个时间段的区域共享单车需求量$(Q^{t_0},\cdots,Q^{t_T})$代入构建的深度学习框架中进行预测，输出未来$T-1$个时间段$[(t_1,t_2),\cdots,(t_{T-1},t_T)]$的共

享单车达到量分布 $D_i^{t_0,t_1}, \cdots, D_i^{t_{T-1},t_T} \mid i=1,\cdots,w$）。

步骤3：设置算法所需要的最短路径距离矩阵DL_{rs}和惩罚成本$PC_s^{t_z}$。

步骤4：初始化τ_{rs}、$\Delta\tau_{rs}$和禁忌表$tabu_a$，将$A_1,A_2,\cdots,A_w$辆调度车分别放置在$1,\cdots,w$个研究单元的不同初始调度点中。

步骤5：每辆调度车均以概率$p_{rs}^k(t_z)$尝试选择下目标点s，并将目标s添入至$tabu_a$中，直至禁忌表满。

步骤6：根据禁忌表$tabu_a$，更新τ_{rs}、$\Delta\tau_{rs}$。

步骤7：对各路径(r,s)置$\Delta\tau_{rs}=0$。

步骤8：记录最佳的路径，若不满足终止条件，清空禁忌表，转步骤4。

步骤9：输出最佳调度方案。

5.2 重要节点交通时空一体化智慧管控技术

重要节点交通时空一体化智慧管控技术以交叉口为出行资源优化节点进行研究，一方面基于单位时间内通过人数、人均延误、人均排放、人均成本等以人为单位的指标，构建交叉口多方式综合效率测算模型，对交通协同管控策略组合进行挑选，并从舒适度、环保等多个角度出发对协同管控效果进行评价和调整；另一方面针对公交优先策略，建立公交信号优先控制分级体系，根据公交车准点率、载客情况、发车间隔等动静态公交优先申请要素，对交叉口多方向多线路公交优先请求进行分级，基于公交到达延误、停车次数等多目标均衡优化策略，研究多公交优先请求并发下的主动公交协同优先技术。

5.2.1 交叉口多方式综合效率测算模型构建

在处理具体交叉口场景的交通问题时，往往存在多个符合条件的交叉口交通时空协同管控策略可以选择，需要从中挑选效果最好的管控策略。畅通是贯穿城市交通建设和管理的首要目标，交叉口作为城市交通系统的一个重要组成部分，其畅通与否对于整个城市交通系统来说尤为重要，而交叉口本身包含多种交通方式和交通流，因此挑选交叉口交通时空协同管控策略的重要依据是交叉口多种交通方式的综合交通效率。

1. 交叉口效率测算指标体系研究

（1）交叉口效率传统测算指标及计算方法

传统的交叉口效率测算注重反映交叉口功能，即保证城市交通系统的畅通。该理念受到传统交通理论以车为研究对象的影响，侧重于衡量机动车的通过效率。既往研究用于测算交叉口效率的具体指标通常为交叉口通行能力、平均停车次数、排队长度、车头时距一致性、最小车流速度、高峰小时平均流量等。

本节考虑到现阶段数据的可收集性和准确性，采用交叉口通行能力和机动车平均停车次数作为交叉口效率的传统测算指标。

交叉口通行能力是一个信号周期内能够通过交叉口的车辆数，反映了交叉口"通"的程度；机动车平均停车次数反映了交叉口"畅"的程度，本节只考虑车辆完全停车情况下的交叉口机动车平均停车次数。

（2）交叉口外部效率测算指标及计算方法

交通是连接和实现城市其他功能的基础，交叉口效率的高低不仅影响城市交通系统，而且对城市其他功能的实现也至关重要。传统的交叉口效率测算指标仅关注了交叉口本身的功能，即交叉口交通拥堵可能带来的通行能力下降、停车次数增多、通过速度降低等内部成本的增加，而忽视了交通拥堵导致的如额外时间、额外燃油消耗、大气污染、噪声污染等外部成本。这些外部成本不仅降低了交通对城市发展的推动作用，而且成为城市发展的瓶颈。因此，有必要对这些外部成本进行定量测算和内部化，以反映交通拥堵对人民生活水平、生态环境、社会经济的负面影响。

本节中的交叉口外部成本主要包括额外时间、额外燃油消耗和额外温室气体排放。交叉口的交通拥堵会使出行者正常的工作生活安排受到极大的影响，给出行者带来巨大的时间机会成本，即额外的时间成本。出行者由于拥堵在交叉口额外花费的时间具体体现为交叉口延误，交叉口机动车的平均延误时间可以根据修正后的 Webster 延误公式计算。

车辆的燃油消耗受到车辆载重、发动机功率、道路的坡度和平整度、车辆速度、道路交通状况等众多因素的影响。既往研究通过实际测量和仿真相结合的方式，建立了各种复杂的机动车油耗模型。由于微观模型考虑的影响因素过多，较难应用于实际应用中，例如，微观模型虽然可以描述拥堵状态下车辆加减速导致的额外燃油消耗，但实际中很难准确地收集到每辆车的加减速数据。本节假设机动车在交叉口的额外燃油消耗是在交叉口延误时间内产生的，且延误时间内车辆都处于怠速等待状态。交叉口的机动车平均额外燃油消耗为

$$F_T = \varepsilon_f D_T \tag{5-24}$$

式中，F_T 为交叉口的机动车平均额外燃油消耗（L）；ε_f 为机动车怠速油耗（L/s）；D_T 为一个周期内进入交叉口的所有车辆的平均延误时间（s/辆）。

机动车的尾气主要由二氧化碳和少量的有害气体（主要是氮氧化物、一氧化碳和碳氢化合物）组成，其具体成分和比例由机动车类型、燃油种类和燃油的燃烧情况决定。反映机动车尾气排放的指标有很多，其中应用最广泛的是机动车排放因子，它可以消除由机动车类型、运行状况等因素不同造成的非可比性，常用来比较不同车辆的排放情况。本节假设燃油中的碳完全转化为二氧化碳，即忽略微量有害气体中的一氧化碳和碳氢化合物，额外温室气体排放全部

由额外燃油的燃烧产生，交叉口的机动车平均额外温室气体排放量为

$$GR_T = \beta_{CO_2} F_T \quad (5-25)$$

式中，GR_T 为交叉口的机动车平均额外温室气体排放量（kg）；β_{CO_2} 为机动车温室气体排放因子，本节中指机动车消耗单位燃料所排放的二氧化碳量（kg/L）。

（3）"以人为本"的交叉口效率测算方法

交通的目的是实现人和物的移动，而非车辆的移动。交通出行中车辆只是运载人的一种工具，人仍然是交通中的核心。在测算交叉口效率时，应当"以人为本"，才能从根本上改善交通出行环境，因此有必要以人为对象对上述交叉口效率测算指标进行调整。本节假设交叉口都具有公交专用道，即公交车辆与社会车辆数据分开收集处理，且所有社会车辆数据都换算成标准车辆。

交叉口的机动车出行者通行能力为

$$c_T^M = \sum_i^n \lambda_i (P_b s_i^b + P_s s_i^s) \quad (5-26)$$

式中，c_T^M 为交叉口的机动车出行者通行能力（人/s）；λ_i 为交叉口第 i 相位的绿信比；s_i^b 为交叉口第 i 相位公交车进口道的饱和流量（辆/s）；s_i^s 为交叉口第 i 相位社会车辆进口道的饱和流量（辆/s）；P_b 为公交车平均载客数（人/辆）；P_s 为社会车辆平均载客数（人/辆）。

交叉口的机动车出行者平均停车次数为

$$H_T^M = \frac{\sum_i^n \left[q_i^b P_b \frac{(1-\lambda_i)}{(1-y_i^b)} + q_i^s P_s \frac{(1-\lambda_i)}{(1-y_i^s)} \right]}{\sum_i^n (q_i^b P_b + q_i^s P_s)} \quad (5-27)$$

式中，H_T^M 为交叉口的机动车出行者平均停车次数；y_i^b 为交叉口第 i 相位的公交车流量比；y_i^s 为交叉口第 i 相位的社会车辆流量比；q_i^b 为交叉口第 i 相位公交车进口道的车流量（辆/s）；q_i^s 为交叉口第 i 相位社会车辆进口道的车流量（辆/s）。

交叉口的机动车出行者平均延误时间为

$$D_T^M = \frac{\sum_i^n (d_i^b q_i^b P_b + d_i^s q_i^s P_s)}{\sum_i^n (q_i^b P_b + q_i^s P_s)}$$

$$d_i^b = \frac{(C-g_i)^2}{2C(1-y_i^b)} + \frac{y_i^b}{2\lambda_i s_i^b (\lambda_i - y_i^b)} - 0.65 \left(\frac{C}{q_i^{b^2}}\right)^{\frac{1}{3}} \left(\frac{y_i^b}{\lambda_i}\right)^{2+5\lambda_i} \quad (5-28)$$

$$d_i^s = \frac{(C-g_i)^2}{2C(1-y_i^s)} + \frac{y_i^s}{2\lambda_i s_i^s (\lambda_i - y_i^s)} - 0.65 \left(\frac{C}{q_i^{s^2}}\right)^{\frac{1}{3}} \left(\frac{y_i^s}{\lambda_i}\right)^{2+5\lambda_i}$$

式中，D_T^M 为一个周期时长内交叉口的机动车出行者平均延误时间（s/人）；d_i^b 为一个周期时长内第 i 相位到达的公交车平均延误时间（s/辆）；d_i^s 为一个周期时长内第 i 相位到达的社会车辆平均延误时间（s/辆）。

交叉口的机动车出行者平均额外燃油消耗为

$$F_T^M = \frac{\sum_i^n (\varepsilon_f^b d_i^b q_i^b + \varepsilon_f^s d_i^s q_i^s)}{\sum_i^n (q_i^b P_b + q_i^s P_s)} \tag{5-29}$$

式中，F_T^M 为交叉口的机动车出行者平均额外燃油消耗（L）；ε_f^b 为公交车怠速油耗（L/s）；ε_f^s 为社会车辆怠速油耗（L/s）。

交叉口的机动车出行者平均额外温室气体排放量为

$$GR_T^M = \beta_{CO_2} F_T^M \tag{5-30}$$

式中，GR_T^M 为交叉口的机动车出行者平均额外温室气体排放量（kg）。

2. 多方式综合效率测算模型构建及应用

（1）行人和非机动车效率测算指标及计算方法

随着可持续发展的观念深入人心，作为绿色交通的重要组成部分，慢行交通受到越来越多的重视。相对于机动车出行者，国内慢行交通出行者的出行环境仍需改善。国内虽然引进了很多先进的交通控制和管理技术，但这些技术大多服务于单一出行对象，即机动车出行者，缺乏对不同交通场景下不同出行者多样化需求的考虑。改善慢行交通出行者的出行环境，引导公众选择绿色的交通方式出行，对保护环境、促进城市交通可持续地快速发展具有重要意义。本节坚持"以人为本"的原则，为了充分体现慢行交通出行者的出行权益，在测算交叉口效率时考虑慢行交通的出行效率，建立交叉口多方式综合效率测算模型。

慢行交通出行者主要包括行人和非机动车出行者，通常情况下，行人和非机动车在交叉口最多停留一次即可顺利通过，在移动时不会消耗燃油，不会对环境产生影响，因此本节在测算交叉口的行人和非机动车效率时，只选取交叉口的通行能力和延误这两个指标。

交叉口的行人通行能力为

$$c_T^P = \sum_i^n \frac{\lambda_i^P W_P h_P}{w_P v_P} \tag{5-31}$$

式中，c_T^P 为交叉口的行人通行能力（人/s）；λ_i^P 为交叉口第 i 相位对行人的绿信比；W_P 为人行横道宽度（m）；w_P 为行人过街所需要的横向宽度（m），取 0.8m；h_P 为前后行人间距（m），取 1m；v_P 为行人速度（m/s）。

信号交叉口的行人过街平均延误时间和非机动车人均延误时间可根据美国

交通研究委员会的《道路通行能力手册》(Highway Capacity Manual, HCM)中的相关内容计算。

本节假设所有非机动车都没有其他乘客，即非机动车只载有驾驶员一人，交叉口的非机动车出行者通行能力为

$$c_T^N = \sum_i^n \lambda_i^N s_i^N \qquad (5-32)$$

式中，c_T^N 为交叉口的非机动车出行者通行能力（人/s）；λ_i^N 为交叉口第 i 相位对非机动车的绿信比；s_i^N 为交叉口第 i 相位非机动车的饱和流量（辆/s）。

(2) 基于经济效益的多方式综合效率测算模型

为了整合并直观反映交通拥堵在社会经济和生态环境等方面产生的外部影响，本节将上述交叉口外部效率测算指标用货币的形式表示为经济效益指标，分别为交叉口延误人均经济损失、交叉口额外燃油消耗人均经济损失和交叉口额外温室气体排放人均经济损失。

交叉口延误人均经济损失反映了出行者由于交叉口交通拥堵而无法正常参与劳动生产造成的经济损失：

$$\text{Loss}_D = \frac{P_w \sum_i^n (d_i^b q_i^b P_b + d_i^s q_i^s P_s + q_i^N d_i^N + q_i^P d_i^P)}{633600 \sum_i^n (q_i^b P_b + q_i^s P_s + q_i^N + q_i^P)} \qquad (5-33)$$

式中，Loss_D 为交叉口延误人均经济损失（元）；P_w 为交叉口所在城市职工月平均工资（元/月）；d_i^P 为一个周期时长内第 i 相位到达的行人平均延误时间（s/人）；q_i^P 为交叉口第 i 相位的行人流量（人/s）；d_i^N 为一个周期时长内第 i 相位到达的非机动车平均延误时间（s/人）；q_i^N 为交叉口第 i 相位的非机动车流量（辆/s）。

交叉口额外燃油消耗人均经济损失反映了由于交叉口交通拥堵而产生的额外能源消耗所造成的经济损失：

$$\text{Loss}_F = \frac{P_f \sum_i^n (\varepsilon_f^b d_i^b q_i^b + \varepsilon_f^s d_i^s q_i^s)}{\sum_i^n (q_i^b P_b + q_i^s P_s + q_i^N + q_i^P)} \qquad (5-34)$$

式中，Loss_F 为交叉口额外燃油消耗人均经济损失（元）；P_f 为燃油价格（元/L）。

交叉口额外温室气体排放人均经济损失反映了由于交叉口交通拥堵而产生的额外温室气体所造成的经济损失：

$$\text{Loss}_{GR} = \frac{P_{gr} \beta_{CO_2} \sum_i^n (\varepsilon_f^b d_i^b q_i^b + \varepsilon_f^s d_i^s q_i^s)}{\sum_i^n (q_i^b P_b + q_i^s P_s + q_i^N + q_i^P)} \qquad (5-35)$$

式中，Loss_{GR}为交叉口额外温室气体排放人均经济损失（元）；P_{gr}为国际碳交易价格（元/kg）。

本节综合考虑交叉口多方式通行能力，利用交叉口传统效率指标反映交叉口的畅通程度，引入经济效益系数进行交叉口外部效率修正，提出交叉口多方式综合效率测算方法如下：

$$E_T = (1 - \xi_e)\left(\frac{C_T^M}{H_T^M} + C_T^N + C_T^P\right) \quad (5-36)$$

$$\xi_e = \frac{633600(\text{Loss}_D + \text{Loss}_F + \text{Loss}_{GR})}{CP_w}$$

式中，E_T为交叉口多方式综合效率；ξ_e为交叉口的经济效益系数，反映了一个周期内由于交叉口交通拥堵而产生的外部经济损失占出行者收入的比例。

（3）多方式综合效率测算模型应用方式

在处理交叉口的具体交通问题时，需要在备选策略集中选择最优的交通时空协同管控策略实施，而多方式综合效率测算模型为这一选择提供了统一的评价标准，即基于经济效益的交叉口多方式综合效率。由于需要在策略实施之前进行效率测算，必须借助如 VISSIM、TransModeler、AIMSUN 等的交通仿真软件对不同策略实施后的交叉口交通流状况进行模拟，将仿真得到的交通流状态参数输入多方式综合效率测算模型中，即可得到不同交通时空协同管控策略实施后的交叉口综合效率，选择效率最高的策略实施。

除了对不同交通时空协同管控策略实施前评价外，多方式综合效率测算模型还可以在交通时空协同管控策略实施过程中发挥作用。根据交通时空协同管控策略的特征，可以将其分为两大类：第一类是动态策略，如可变车道、借道左转、潮汐车道等，这类策略在实施过程中可以根据交叉口实时交通状态进行动态调整；第二类是静态策略，如双待叠加、移位左转、排阵式待行等，这类策略一经确认后在实施过程中便不再变更。多方式综合效率测算模型可应用于动态策略的实施过程中，其启用流程如图 5-8 所示。

多方式综合效率测算模型在动态策略实施过程中的具体应用方式为：基于交叉口的实时交通数据可以得到交叉口实时交通状态指标，输入到多方式综合效率测算模型中可以算出实时的交叉口多方式综合效率 φ_0；同时，将交叉口的实时交通数据输入到实施前评价时所搭建的管控策略仿真模型，可以得到管控策略下的交叉口状态指标，再将其输入到多方式综合效率测算模型中，可以算出管控策略启用下的交叉口多方式综合效率 φ_1；若 $\varphi_1 > \varphi_0$ 则启用管控策略，反之则不启用。另外，在管控策略处于启用状态时，也可以采用类似的方式动态关闭管控策略，其流程如图 5-9 所示。

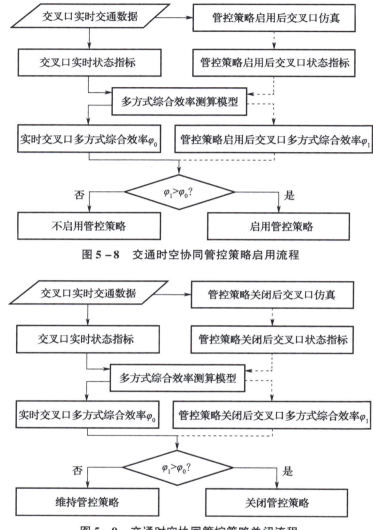

图 5-8 交通时空协同管控策略启用流程

图 5-9 交通时空协同管控策略关闭流程

3. 交叉口交通时空协同管控效果评价

随着交叉口交通时空协同管控策略的不断发展,一个科学、系统的评价指标体系及评价方法对于管控策略组合的实际应用是非常必要的,合理的评价方法有助于最优管控策略组合的选择,有助于提高交叉口的综合服务水平。现有的交叉口时空协同管控策略的评价方法种类较多,例如运行效率评价、运行安全评价、环境影响评价等单项评价方法。由于单项评价方法服务于单一目标,不能对管控策略组合的实施效果进行全面评价,需要一种科学合理的方法从多个角度对管控策略组合进行综合评价。由于不同管控目标之间可能存在冲突关系，在进行综合评价时不能简单地将单项评价方法进行叠加。综合评价方法涉及多方面的评价指标，评价角度相比单项评价更加全面，但也增加了评价系统的复杂程度。

(1) 交叉口交通时空协同管控效果评价指标体系构建

定制化评价需要根据具体评价目的对不同指标进行权重调整，因此本节基于科学性、实用性、独立性、系统性的原则采用塔式结构，如图 5-10 所示。

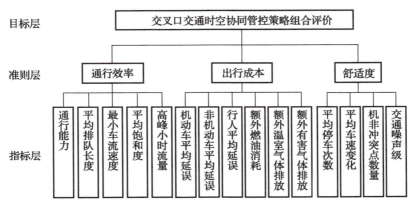

图 5-10　交叉口交通时空协同管控效果评价指标体系塔式结构

本节分别从通行效率、出行成本和舒适度三个方面对交叉口交通时空协同管控策略组合的实施效果进行评价，结合对交叉口效率测算指标的研究以及信号交叉口评价的相关研究，列举了 15 项指标作为评价依据，并对这 15 项指标进行了进一步提炼：

在通行效率层面，传统的交叉口通行效率指标体系存在较多问题，例如，交叉口平均饱和度可由通行能力和高峰小时流量推导得到，不符合独立性原则，因此本节只保留这三个指标中的平均饱和度；最小车流速度受到交叉口规模等管控策略以外因素的影响，为了消除这些因素的影响，本节采用平均速度比代替最小车流速度。

在出行成本层面，本节只以额外的出行成本为研究对象。额外的出行成本可分为额外时间成本、额外燃油消耗成本、额外温室气体排放成本和额外有害气体排放成本，本节中额外燃油消耗、额外温室气体排放和额外有害气体排放均可由机动车平均延误推导得到，因此只选取机动车平均延误作为出行成本的指标。

在舒适度层面，车辆在行驶过程中的加减速和发动机产生的噪声不仅影响乘车人的乘车体验，而且对于车辆周围的行人和非机动车驾驶员也会产生负面影响。车辆在交叉口的加减速常发生在车辆的起停阶段和机非冲突时。由于平均车速变化较难准确获取，机非冲突点数量与交叉口服务水平的关系尚无统一的评价标准，因此只保留平均停车次数和交通噪声级作为舒适度的指标。

精简后的交叉口交通时空协同管控评价指标体系如图5-11所示。

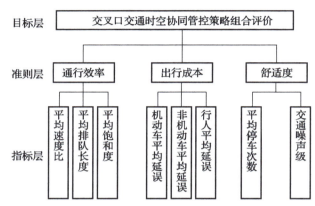

图5-11 精简后的交叉口交通时空协同管控评价指标体系

速度比也称为效率系数，反映了交通的畅通程度，交叉口的平均速度比由各进口道的车辆通过进口道的平均速度和进口道上游路段的区间平均速度之比的加权平均计算得到。排队长度可以直观地反映交叉口的拥堵程度，交叉口的平均排队长度可根据稳态理论计算。平均饱和度、机动车平均延误、非机动车平均延误、行人平均延误、平均停车次数按照前面的对应内容计算，机非冲突点数量根据交通管控策略组合和交叉口渠化形式确定，公路交通噪声小时等效声级（简称交通噪声级）根据JTG B03—2006《公路建设项目环境影响评价规范》中相关内容计算。

（2）交叉口交通时空协同管控效果评价方法

上述评价指标体系从三个方面用八个指标对交叉口交通时空协同管控效果进行评价。为了有效协调各个指标间的关系，准确反映管控策略组合的特点，需要一种有效的综合评价方法。本节以TOPSIS法为基础构建交叉口交通时空协同管控效果评价的方法体系。传统的TOPSIS法使用的是欧式距离，往往无法反映指标序列之间的非线性关系，导致理论结果与现实情况存在差异。因此本节用灰色关联分析中求取曲线间距离的方法替代欧式距离公式，使得距离测度方法更具柔性，能更好地反映实际情况。本节采用层次分析法确定各指标的权重，不仅弥补了TOPSIS法中由于指标权重事先确定而导致的赋值随意性等缺点，而且保证了评价方法能够反映管控目标的调整，增强了评价方法的适用性。图5-12展示了基于灰色关联TOPSIS法的交叉口交通时空协同管控效果评价方法模型框架。

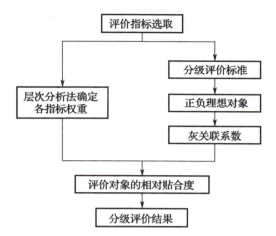

图 5 – 12 基于灰色关联 TOPSIS 法的交叉口交通时空协同管控效果评价方法模型框架

在选取了评价指标之后，为了增强对单个评价对象（管控策略组合）的可评价性，引入了分级评价标准作为额外的参照对象。本节采用的分级评价标准参考了 HCM 和国内关于信号交叉口服务水平分级标准的相关研究。表 5 – 5 给出了本节的分级评价标准。

表 5 – 5 分级评价标准

指标	1 级	2 级	3 级	4 级	5 级
平均速度比	>0.8	0.65～0.8	>0.5～0.64	0.35～0.5	<0.35
平均排队长度/m	<30	30～60	>60～80	>80～100	>100
平均饱和度	<0.6	0.6～0.7	>0.7～0.8	>0.8～0.9	>0.9
机动车平均延误/(s/辆)	<30	30～40	>40～50	>50～60	>60
非机动车平均延误/(s/辆)	<10	10～20	>20～40	>40～60	>60
行人平均延误/(s/人)	<10	10～20	>20～40	>40～60	>60
平均停车次数	<0.1	0.1～0.15	>0.15～0.2	>0.2～0.3	>0.3
交通噪声级/dB	<50	50～55	>55～60	>60～65	>65

TOPSIS 法中所用到的决策矩阵由代表分级评价标准的参照对象和代表管控策略组合的评价对象组成。在进行灰关联度计算前，需要对指标值按高优和低优区分，并进行对应的规范化处理以消除不同属性和量纲的影响，方便属性之间的比较。低优指标是指标数值越低越好，高优指标则反之。除了平均速度比为高优指标外，其余指标均为低优指标。TOPSIS 法的关键就是确定评价对象与理想对象之间的距离，根据规范化的决策矩阵可以得到正负理想对象。利用灰色关联分析法中的灰关联系数来定义某个指标下评价对象与正负理想对象之间

的距离，灰关联系数越大表示评价对象在某一指标上越接近理想对象。评价对象 i 在指标 j 下，与正理想对象的灰关联系数记为 ξ_{ij}^+，与负理想对象的灰关联系数记为 ξ_{ij}^-。

评价对象与理想对象之间的接近程度用相对贴合度来体现，相对贴合度值越大，说明评价对象越接近理想方案。由于不同指标对评价结果的影响程度会随着评价目标而改变，需要通过层次分析法确定各个指标的权重，其主要步骤包括：建立评价指标体系的递阶层次结构；构造各级指标的比较判断矩阵；比较判断矩阵的一致性检验；评价指标权重的确立。通过层次分析法得到的各评价指标的权重记为 $\omega = \{\omega_1, \omega_2, \cdots, \omega_J\}$。考虑到各指标权重的影响，评价对象 i 与理想对象之间的相对贴合度 δ_i 的计算公式如下：

$$\delta_i = \frac{\sum_{j=1}^{J} \omega_j \xi_{ij}^+}{\sum_{j=1}^{J} \omega_j \xi_{ij}^+ + \sum_{j=1}^{J} \omega_j \xi_{ij}^-} \tag{5-37}$$

在同时评价多种管控策略组合时，可以根据 δ_i 的大小对各管控策略组合进行排序，δ_i 越大表示该管控策略组合的效果越好，δ_i 越小表示该管控策略组合的效果越差。在对单一管控策略组合进行评价时，可以根据 δ_i 的大小对评价对象（管控策略组合）和参照对象（分级评价标准）进行排序，根据排列顺序确定该管控策略组合所属等级。

5.2.2 面向出行服务的公交主动优先技术

1. 面向出行服务的公交优先动态申请及排序

随着出行即服务新理念和方法在我国的逐步落地推广，对公共交通，尤其是公交车在行驶准时性、舒适性等方面提出了更高要求。作为提高公交车运行效率和服务水平的重要措施，公交优先措施，例如交叉口的公交信号优先措施，在多个城市相继实施。然而，由于我国城市公交存在线路密集、组织复杂、发车频繁等特点，且社会车辆流量普遍较大，公交优先措施落地实施效果并不理想，面临诸多问题，例如如何处理频繁的多路公交优先请求，如何兼顾和平衡公共交通和其他参与者的利益，如何从公交线路的总体运行效率出发设计公交信号优先策略等。因此，需要提出公交信号优先控制的分级方法来探索公交信号优先控制的关键技术。

(1) 公交信号优先控制分级体系

考虑到公交在停车线的到达分布、约束机制和协调公交车辆与其他出行方式（社会车辆）在上下游交叉口的运行时距等因素，本节从规划设计、信号控制的宏观和微观层面提炼了 24 项影响公交信号优先效益的主要因素，并且划分了六个等级来描述不同控制下的公交信号优先水平，见表 5-6。

表 5-6　公交信号优先控制级别划分

公交优先要素			公交优先控制等级					
分类	序号	要素内容	I	II	III	IV	V	VI
规划设计	1	公共交通路权及运行管理措施的考虑	1	1	1	1	1	1
	2	公交站点布置是否考虑公交信号优先运行	0	0	0	0	0	1
宏观层面	3	是否考虑公交运行的上下游关联性（公交时距关系）	0/1	1	1	1	1	1
	4	是否考虑公交车辆与社会车辆的时距协调关系	0	0	0	0	1	1
微观层面	5	是否根据公交时距关系及到车率分布确定交叉口控制策略集及约束边界	0	0	0	1	1	1
约束机制	6	是否有最大红灯时间监控机制	0	0	1	1	1	1
	7	是否有最大绿灯时间、最大红灯时间弹性机制	0	0	0	0/1	1	1
	8	是否有周期弹性机制	0	0	0	0/1	1	1
检测策略	9	是否有公交优先请求机制	0	1	1	1	1	1
	10	是否有公交多步检入机制	0	0	0	1	1	1
	11	是否有公交检出机制	0	0	0	1	1	1
	12	公交车辆检测时间精度是否达到0.1s，空间精度是否达到1m	0	0	0	0	0/1	1
请求响应	13	是否考虑公交优先请求竞争	0	0/1	1	1	1	1
	14	是否有公交优先动态排序机制	0	0	0	0/1	1	1
	15	是否考虑公交车辆实际运行时间与时刻表偏移	0	0	0	0	0	1
	16	是否考虑公交车辆满载率	0	0	0	0	0	1
控制策略	17	是否有固定/动态绿灯延长机制	0	1	1	1	1	1
	18	是否有红灯早断机制	0	0/1	1	1	1	1
	19	是否有相序调整机制	0	0	0	0	1	1
	20	是否有相位跳跃机制	0	0/1	1	1	1	1
	21	是否有相位插入机制	0	0	0	0	1	1
	22	是否有信号补偿机制	0	0	0/1	1	1	1
控制时间精度	23	控制时间精度是否达到5s及以内	0	1	1	1	1	1
	24	控制时间精度是否达到1s及以内	0	0	0	0	0/1	1

注：1—应考虑该要素；0—不考虑该要素。

第Ⅰ级，基本上对应于被动优先控制，主要从规划设计层面，考虑了公共交通路权及运行管理措施，没有公交请求生成机制。

第Ⅱ级，在第Ⅰ级基础上，增设了较为简单的公交请求生成机制，比如单步检入-无检出的检测系统；基于绿灯延长、红灯早断等机制，实现延长与缩短相位的简单操作，但不支持配时方案的相序调整。

第Ⅲ级，具有完备的公交检测系统，比如多步检入-检出或者连续检测系统，实现闭环控制；考虑公交的上下游时距关系以及交叉口处行人交通主体约束，在绿灯边界条件的基础上引入最大红灯时间监控机制；设计简单的多线路公交优先请求竞争机制，例如基于车辆属性或者到达时刻的优先次序。

第Ⅳ级，引入了多层边界时间参数框架；采用公交优先动态排序机制或者将公交信号优先与配时方案协调优化的方法，注重公交信号优先的整体效益。

第Ⅴ级，具有调整信号方案相序的功能；统筹路口层面公交和其他交通主体的通行效益；同时，考虑干线层面中公交与机动车流的时距协调关系。

第Ⅵ级，对公交时空数据的检测精度要求极高；在公交线路层面考虑站点布设位置、时刻表偏移、公交车辆满载率等因素，提高线路运行稳定性，实现单点场景的全局最优控制。

在分级体系中将本节定位为第Ⅳ级公交优先控制，将深入分析第Ⅳ级控制水平下的关键技术，探讨交叉口多请求下公交优先排序、公交优先策略、多线路公交优先竞争等方面，提高公交优先控制的精细化程度。

（2）多请求公交优先重要度要素提取

交叉口信号控制系统根据所接收到的公交优先请求数据，对请求数据进行预处理，提取公交优先动静态指标值，指标包括公交线路等级指标、行车间隔偏移度指标、公交车辆载客指标、公交车辆首末站判断指标、目标相位偏移度指标；根据所发出公交优先请求车辆的线路特征以及运行特征，明确公交优先请求的重要程度与迫切程度，设定3个公交优先请求组：急需优先请求组、一般优先请求组和无须优先请求组；基于公交车辆发出公交优先请求时的运行状态将公交优先请求进行分组，将该分组作为公交优先级排序方法实施的基础。

对于多优先请求共存的情况，不仅需要衡量各个公交请求车辆的运行状态，而且需要考虑公交车辆运行的静态属性。因此，将公交信号优先涉及的因素分为两类：公交车辆静态属性要素和公交车辆动态属性要素，并基于这两类要素确定公交车辆的优先级。

1）公交车辆静态属性要素。公交信号优先的静态影响因素主要体现在公交线路的空间管理措施方面，公交线路行驶的道路类型和公交类型对公交车辆的优先通行权影响较大。因此提取公交车辆线路等级R^i，其中不同等级道路上行驶的不同等级的公交车辆具有不同的公交优先等级，见表5-7。

表 5 – 7　公交静态优先等级

R^j	普通公交	大型公交	快速公交（BRT）	有轨电车
支路	1	2	3	4
次干路	2	3	4	5
干路	3	4	5	6

2）公交车辆动态属性要素。在具有多条公交线路的交叉口场景下，公交优先级不但需要考虑空间维度上的公交等级原则，还要兼顾时间维度上的先到先服务原则。因此，公交优先级的指标体系既要包含公交车辆类型，还要考虑公交车辆的动态因素。

动态属性要素的提取信息主要包括两类：①公交优先请求信息，包括公交车辆与停车线的距离 $D^{j,i}$（单位为 m）、公交车辆行程车速 $v_0^{j,i}$、公交车辆载客状态 $L^{j,i}$、公交下一站所停靠的站点编号 $p^i(p=1,2,3,\cdots,P)$；②公交线路基础信息，包括公交线路早高峰时间区间 $[t_1^j,t_2^j]$、公交线路晚高峰时间区间 $[t_3^j,t_4^j]$、公交线路平峰时间行车时间间隔 I_0^j、公交线路早高峰期间行车时间间隔 I_1^j、公交线路晚高峰时间行车时间间隔 I_2^j、公交线路首末站点编号 P^j。基于公交车辆动态属性计算公交车辆动态属性信息。

a. 行车间隔偏移度。根据公交车辆经过交叉口检测器时刻 $T_0^{j,i}$、同一线路的上一辆公交车经过交叉口检测器时刻 $T_0^{j,i-1}$，计算同一线路 j 公交车辆 i 与上一辆公交车 $i-1$ 的车头时距 $h^{j,i}=T_0^{j,i}-T_0^{j,i-1}$；判断公交车辆 i 经过检测器时刻所处于的公交车辆时间区间：若公交车辆经过交叉口检测器时刻 $T_0^{j,i}\in[t_1^j,t_2^j]$，则公交车辆行驶于早高峰；若公交车辆经过交叉口检测器时刻 $T_0^{j,i}\in[t_3^j,t_4^j]$，则公交车辆行驶于晚高峰；若公交车辆经过交叉口检测器时刻 $T_0^{j,i}$ 不属于上述区间，则公交车辆行驶于平峰。根据不同时间段内公交线路行车时间间隔计算车辆的行车间隔偏移度函数值为

$$w^{j,i}=\begin{cases}h^{j,i}-I_1^j,&T_0^{j,i}\in[t_1^j,t_2^j]\\h^{j,i}-I_2^j,&T_0^{j,i}\in[t_3^j,t_4^j]\\h^{j,i}-I_0^j,&T_0^{j,i}\notin[t_1^j,t_2^j]\text{且 }T_0^{j,i}\notin[t_3^j,t_4^j]\end{cases} \quad (5-38)$$

定义公交行车时间偏移程度分为早点、正点、晚点三种状态，当 $w^{j,i}<-1$ 时，即公交车辆运行时间间隔早于时刻表至少 1min，认为是早点；当 $-1\leqslant w^{j,i}\leqslant 2$ 时，即公交车辆运行时间间隔在提前于时刻表 1min 之内或迟到 2min 之内时，认为是正点；当 $w^{j,i}>2$ 时，即公交车辆运行时间间隔晚于时刻表 2min，认为是晚点。

b. 公交车辆载客函数。根据公交车辆载客状态 $L^{j,i}$，可以计算公交车辆载客函数值：

$$\sigma^{j,i} = \begin{cases} 0, & L^{j,i} = 空载 \\ 1, & L^{j,i} = 满载 \\ 0.5, & L^{j,i} = 其他 \end{cases} \quad (5-39)$$

c. 公交车辆首末站判断函数。根据公交车辆下一站所停靠的站点编号 p 与公交线路首末站点编号 P^j 判断公交车辆的下一站或经过交叉口的站点是否为首末站。

若公交车辆 $T_0^{j,i}$ 时刻发出公交优先请求信息后不经过公交站点到达停车线，则判断 p^i 是否等于 P^j，若 $p^i = P^j$，即若下一站为首末站，则令公交站点判断函数值 $u^{j,i} = 1$，否则 $u^{j,i} = 0$。

若公交车辆 $T_0^{j,i}$ 时刻发出公交优先请求信息后经过公交站点到达停车线，则根据式（5-40）计算公交车辆首末站判断函数值。

$$u^{j,i} = \begin{cases} 1, & P^j - p^i = 1 \\ 0, & P^j - p^i \neq 1 \end{cases} \quad (5-40)$$

d. 目标相位偏移度函数。在计算此函数值时，需要首先对公交车辆发出公交优先请求后到达停车线的时间进行预测。

利用公交车辆与停车线的距离 $D^{j,i}$、公交车辆行程车速 $v_0^{j,i}$，综合预测公交车辆到达停车线的时刻：

若公交车辆 $T_0^{j,i}$ 时刻发出公交优先请求信息后不经过公交站点到达停车线，则公交车辆到达停车线的时刻为 $T_{\text{bus}}^{j,i} = T_0^{j,i} + D_{\text{bus}}/v_0^{j,i}$。

若公交车辆 $T_0^{j,i}$ 时刻发出公交优先请求信息后经过公交站点到达停车线，则需要计算公交车辆加速延误 $\Delta d_+^j = a_+^j$、公交车辆减速度 $\Delta d_-^j = a_-^j$、基于公交运行的历史数据统计计算的公交车辆在站点的历史驻站时长平均值 $t_{\text{dwell}}^{j,\text{p}}$，则公交车辆到达停车线的时刻为 $T_{\text{bus}}^{j,i} = T_0^{j,i} + D_{\text{bus}}/v_0^{j,i} + \Delta d_+^j + a_-^j + t_{\text{dwell}}^{j,\text{p}}$。

根据所预测的公交车辆发出公交优先请求后到达停车线的时间，确定公交优先请求隶属的公交相位，并提取当公交车辆按照预测时间到达停车线时，所隶属公交相位的开始 $T_s^{j,i}$ 时刻与结束时刻 $T_e^{j,i}$，提取公交优先请求隶属公交相位的基础绿灯时长 G_i^0，并将偏移量和目标相位基础绿灯时长的比值定义为公交车辆 i 的目标相位偏移度：

$$o^{j,i} = \begin{cases} \dfrac{T_s^{j,i} - T_{\text{bus}}^{j,i}}{G_i^0}, & T_{\text{bus}}^{j,i} < T_s^{j,i} \\ 0, & T_s^{j,i} \leqslant T_{\text{bus}}^{j,i} \leqslant T_e^{j,i} \\ \dfrac{T_{\text{bus}}^{j,i} - T_e^{j,i}}{G_i^0}, & T_{\text{bus}}^{j,i} > T_e^{j,i} \end{cases} \quad (5-41)$$

（3）多请求公交优先三级排序

对公交优先请求进行分组。设置3个公交信号优先请求集合，急需优先集合 A、一般优先集合 B、无须优先集合 C。

提取公交车辆 i 的行车间隔偏移度函数值、公交车辆载客函数值、公交车辆首末站判断函数值，根据下述条件将公交优先请求加入对应的优先请求集合中：

若 $w^{j,i} < -1$，则公交请求 $q^{j,i} \in C$。

若 $-1 \leqslant w^{j,i} \leqslant 2$，且 $\sigma^{j,i} = 0$，则公交请求 $q^{j,i} \in C$。

若 $-1 \leqslant w^{j,i} \leqslant 2$，且 $\sigma^{j,i} \neq 0$，$u^{j,i} = 1$，则公交请求 $q^{j,i} \in C$。

若 $-1 \leqslant w^{j,i} \leqslant 2$，且 $\sigma^{j,i} = 1$，$u^{j,i} = 0$，则公交请求 $q^{j,i} \in A$。

若 $-1 \leqslant w^{j,i} \leqslant 2$，且 $\sigma^{j,i} = 0.5$，$u^{j,i} = 0$，则公交请求 $q^{j,i} \in B$。

若 $w^{j,i} > 2$，且 $\sigma^{j,i} = 0$，则公交请求 $q^{j,i} \in C$。

若 $w^{j,i} > 2$，且 $\sigma^{j,i} \neq 0$，$u^{j,i} = 1$，则公交请求 $q^{j,i} \in B$。

若 $w^{j,i} > 2$，且 $\sigma^{j,i} \neq 0$，$u^{j,i} = 0$，则公交请求 $q^{j,i} \in A$。

具体逻辑流程如图5-13所示。对于急需优先请求组中的公交优先请求，在实施公交优先时应优先考虑；对于一般优先请求组中的公交优先请求，采取常规公交优先措施；对于无须优先请求组中的公交优先请求，则不实施公交优先。

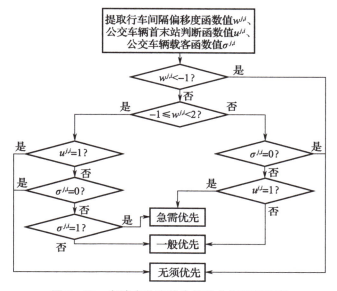

图5-13 多请求公交优先筛选分组逻辑流程

（4）多请求公交优先级计算

综合考虑公交车辆的静态基础属性、公交车辆发出优先请求时的动态属性、交叉口信号灯运行状态属性等方面，提出公交优先级指标体系与公交优先级量化计算方法。其中静态属性为基于公交类型和其所在路口道路等级确定的公交车辆线路等级，动态属性包括行车间隔偏移度、目标相位偏移度、公交车辆载客等指标。对筛选后所获得的不同重要程度公交优先请求组内的公交优先请求分别量化，建立统筹公交车辆静态属性、运行状态、运行连贯性的公交信号优先请求优先级计算模型，最终实现多线路多请求多重要度的公交优先服务排序，从而实现对信号控制交叉口公交优先请求重要程度的全面衡量。

1）整理各公交优先请求组公交车辆动静态属性。统计当前急需优先集合 A、一般优先集合 B、无须优先集合 C 中的公交优先请求，提取每个公交优先请求的行车间隔偏移度函数值 $w^{j,i}$、公交车辆载客函数值 $\sigma^{j,i}$、目标相位偏移度函数值 $o^{j,i}$、公交车辆线路等级 R^j。

2）计算公交车辆静态优先级及动态优先级。根据公交车辆线路等级 R^j 计算公交优先请求静态优先级 $\eta_{z,k}^{\mathrm{rou}} = R_{z,k}^{j,i}/R_{z,\max}$，其中，$R_{z,\max}$ 为当前第 z 个公交优先请求组中各请求的公交车辆线路等级的最大值。

根据行车间隔偏移度函数值 $w^{j,i}$、公交车辆载客函数值 $\sigma^{j,i}$、目标相位偏移度函数值 $o^{j,i}$ 计算公交优先请求的动态优先级 $\eta_{z,k}^{\mathrm{rek}} = \left[\dfrac{|w^{j,i}|}{I_{z,k}^{j,i}} + \sigma_{z,k}^{j,i} + \max(0, 1 - o_{z,k}^{j,i})\right]/3$，式中，$I_{z,k}^{j,i}$ 为当前第 z 个公交优先请求组中第 k 个公交优先请求在公交车辆所属的公交线路中的运行时间段行车时间间隔。

3）计算公交车辆优先级权重参数。根据交叉口实际场景标定公交优先请求的优先级权重参数 $\alpha_{z,k}^{\mathrm{s}}$、$\alpha_{z,k}^{\mathrm{d}}$，且相同请求组的优先级权重参数应一致，且参数应满足：

$$\begin{cases} 0 \leqslant \alpha_{z,k}^{\mathrm{s}} \leqslant 1 \\ 0 \leqslant \alpha_{z,k}^{\mathrm{d}} \leqslant 1 \\ \alpha_{z,k}^{\mathrm{s}} + \alpha_{z,k}^{\mathrm{d}} = 1 \end{cases} \quad (5-42)$$

式中，$\alpha_{z,k}^{\mathrm{s}}$ 为第 z 个公交优先请求组中第 k 个公交优先请求的静态优先级权重；$\alpha_{z,k}^{\mathrm{d}}$ 为第 z 个公交优先请求组中第 k 个公交优先请求的动态优先级权重。

取值过程中，公交优先请求的静态优先级权重 $\alpha_{z,k}^{\mathrm{s}}$ 取决于经过交叉口处的公交车辆线路等级差异：若公交车辆线路等级差异较大或线路等级均较大时，则应强调公交优先请求静态优先级，$\alpha_{z,k}^{\mathrm{s}} > 0.5$；若公交车辆线路等级均较小，则应降低公交优先请求静态优先级重要性，$\alpha_{z,k}^{\mathrm{s}} \leqslant 0.5$。公交优先请求的动态优先级权重取决于公交优先请求的静态优先级权重。

4）公交优先级计算。构建公交优先请求目标函数，目标函数的构成与具体计算方法为

$$L_{z,k}^{j,i} = \alpha_{z,k}^{\mathrm{s}} \eta_{z,k}^{\mathrm{rou}} + \alpha_{z,k}^{\mathrm{d}} \eta_{z,k}^{\mathrm{rek}}, \quad L_{z,k}^{j,i} \in [0,1] \quad (5-43)$$

式中，$L_{z,k}^{j,i}$ 为第 z 个公交优先请求组中第 k 个公交优先请求的公交请求优先级；$\eta_{z,k}^{\text{rou}}$ 为第 z 个公交优先请求组中第 k 个公交优先请求的静态优先级；$\eta_{z,k}^{\text{rek}}$ 第 z 个公交优先请求组中第 k 个公交优先请求的动态优先级。

计算各公交优先请求组中公交优先请求优先级，并按照从大到小的顺序进行排列。信号机对公交优先请求进行处理的顺序为：①按照公交优先请求的优先级从大到小处理急需优先请求组中公交优先请求；②当急需优先请求组中的所有公交优先请求均处理完毕后，按照公交优先请求的优先级从大到小处理一般优先请求组中公交优先请求；③无须优先请求组中的公交优先请求不影响交叉口的信号方案。多请求公交优先级计算排序逻辑如图 5-14 所示。

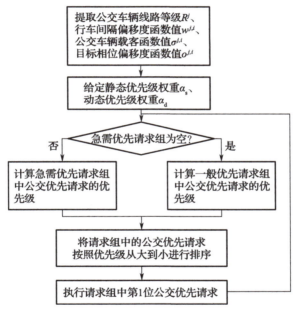

图 5-14 多请求公交优先级计算排序逻辑

2. 多请求公交优先控制模型构建

多请求公交优先控制模型主要针对生成优先请求的公交车辆，根据公交运动状态、配时方案和优先策略集，以降低公交延误、减少公交停车次数等为目标，考虑信号控制及车辆运行效率等约束，设计合理的公交信号优先配时方案。

（1）公交优先控制逻辑

公交优先控制主要包括请求生成和优先决策两部分。请求生成针对提出优先请求的公交车辆，结合公交车辆运行状态和运营信息、预设的请求筛选规则，判断是否同意为其生成优先请求；优先决策主要针对生成优先请求的公交车辆，根据公交运动状态、配时方案和优先策略集，以降低公交延误、减少公交停车次数等为目标，设计合理的公交信号优先配时方案。

根据收集到的公交优先相关数据以及公交车辆运行数据，按照公交优先请求顺序，确定当前公交车辆是否满足公交优先请求条件。如果不满足，则信号交叉口控制参数不变，只需保持原有配时方案。如果满足，则确定优先请求对应的优先策略和所需的优先时间。然后，判断该公交优先请求是否满足基本限制条件，如最小绿灯时间、最大绿灯时间等。如果不满足限制条件，则该公交优先请求被拒绝。如果满足限制条件，则确定公交优先策略（绿灯延长和红灯早断）。接着，判断路口信号控制机是否已有公交优先请求。如果没有，则接受新产生的公交优先申请并按该公交优先申请更新信号交叉口配时参数，执行公交优先相位。如果路口信号控制机存在公交优先请求，则判断新产生的公交优先请求与已有的公交优先请求是否存在冲突。若不存在冲突，则信号控制机通过新的优先请求，信号控制机更新信号配时参数，给予优先相位。如果存在优先请求冲突，则采用本节构建的多公交冲突优先请求控制模型，确定优先级别的顺序。然后给予优先级别最高的公交优先请求，更新信号机配时参数，执行公交优先。当优先公交车辆驶离信号交叉口后，结束公交优先相位，恢复初始信号配时方案。图5-15所示为多请求公交优先控制流程。

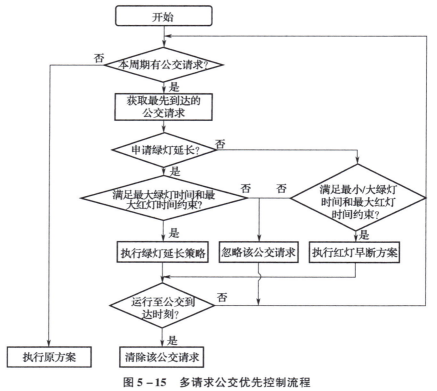

图5-15 多请求公交优先控制流程

（2）公交优先控制模型构建

1）控制模型约束条件。为保障各个方向的基本需求，避免由于各相位的绿灯时间分布严重失衡而产生交通拥堵，本节建立一套边界约束条件，即在满足边界约束的基础上才允许对配时方案进行优先调整。

统筹考虑不同交通主体通行权益的博弈关系，设计系统的边界时间参数框架：①监控配时方案的最大红灯时间、最小绿灯时间等，避免各个相位的机动车流、行人和非机动车流红灯等待时间过长；②采用最大绿灯时间限制公交车辆优先权；③为各个相位设置饱和度阈值，避免产生过大的排队长度。本节公交优先模型约束条件见表5-8。

表5-8 公交优先模型约束条件

约束条件	含义	约束对象
最大绿灯时间	保障通行能力	当前相位
最小绿灯时间		所有相位
最大红灯时间	避免通行权失衡	冲突相位
相位饱和度阈值	防止排队溢出	所有相位

2）优化目标函数构建。以公交车辆的延误和停车次数为关键指标，求解最佳的控制效益值，整体优化公交请求策略和配时方案。其中，公交的控制效益指标层包括公交优先请求的延误、停车次数和起动损失时间，权重层包括公交优先级和公交请求组，构建优化目标函数如下：

$$F_{\text{bus}} = \sum_{i=1}^{n} \sum_{k=1}^{k_i} w_{i,k}^{\text{bus}} L_{i,k}^{\text{bus}} (d_i^k + n_i^k t_{\text{L}})$$
$$\min PI_{\text{p}} = F_{\text{bus}} \tag{5-44}$$

式中，d_i^k 和 n_i^k 分别为相位 i 中第 k 个公交优先请求的延误、停车次数；t_{L} 为车辆起动损失时间；$w_{i,k}^{\text{bus}}$ 和 $L_{i,k}^{\text{bus}}$ 分别为目标相位 i 中第 k 个公交优先请求的请求组权重和公交优先级；F_{bus} 公交车辆的控制效益值；$\min PI_{\text{p}} = F_{\text{bus}}$ 为优化目标函数。

3）公交优先模型求解。式（5-44）是一个典型的混合整数非线性规划模型，已有很多成熟的求解方法，这里不再赘述具体算法。

5.3 特殊或异常交通需求下多方式出行协同诱导技术

5.3.1 异常交通需求识别

1. 机动车的异常出行需求识别

通常情况下，城市路段的实际通行速度会根据一天中时段的不同而呈现出较为规律的变化。然而，机动车的异常出行需求会导致路段车辆的通行速度迅速减慢（例如突发交通事故造成的车辆缓行），因此可以通过短时交通预测得到未来一段时间内路段通行速度的预测数据，并与实际数据对比来发现异常的路段，具体流程如图 5-16 所示。

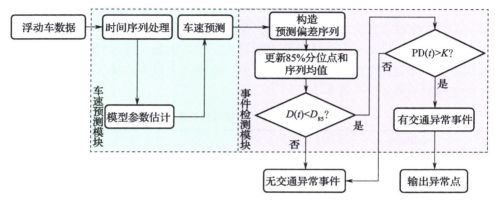

图 5-16　机动车异常出行需求识别流程

（1）车速预测

3.2.2 节中已经详细介绍了多种交通流参数（包括速度）时序数据的预测方法，本部分不再阐释相关内容。

（2）事件检测

本节采用偏差分析法进行异常事件检测，基本原理是交通异常事件的发生会使交通流的短时预测发生较大异变，可以以此异变为依据准确地判别和确定道路上交通异常事件的发生。

设 t 时刻交通参量的实际值为 $x(t)$，而通过上一时刻交通参量值计算得到的预测值为 $\bar{x}(t)$，计算预测偏差绝对值 $D(t) = |x(t) - \bar{x}(t)|$，以 $D(t)$ 为偏差分析模型的输入参量。

在发生交通异常事件之前，交通流状态正常。取正常状态下的预测偏差为样本序列，并取样本序列的 85% 位偏差 D_{85} 和预测偏差平均值 MD 作为判断标准，标准随时间变化不断更新。

$$\text{MD} = \frac{1}{n} \sum_{i=1}^{n} |x(t-i) - \bar{x}(t-i)| \tag{5-45}$$

交通异常事件的判别流程步骤如下：判断预测偏差的绝对值是否超过 D_{85}，如果不超过则说明该时刻没有异常事件发生，停止判断；如果预测偏差超过了 D_{85}，则需要进一步判断异常偏差 $D(t)$ 与正常偏差的均值 MD 的百分比 $PD(t)$ 是否超过限定的阈值 K（根据路段的历史速度数据，综合考虑检测准确率与平均检测时间决定），如果 $PD(t)$ 不超过设定的阈值 K，则说明道路上无交通异常事件发生，操作中止，否则，则判定道路上发生了交通异常事件。

$$\mathrm{PD}(t) = \frac{D(t)}{\mathrm{MD}} \tag{5-46}$$

2. 公交车的异常出行需求识别

相较于普通机动车，公交车的异常出行识别不仅需要识别公交车在道路网上的行驶异常，还需识别公交车的运营异常。公交车的行驶异常识别可以参考机动车的异常识别方法，而公交车的运营异常又可分为运行异常与载客量异常。

（1）公交车运行异常识别

理想状态下，公交车按事先规定好的发车间隔和稳定的车速运行，同一线路公交车在同一车站的车头时距基本稳定，但在复杂的内外部环境因素影响下，公交车不能按时到达车站。因此，实际上根据不同的车头时距，公交车辆在到达公交站时会有准点、早到和迟到三种状态，将早到和迟到定义为运行异常状态。

记公交车辆的平均运营速度为 V_p，车辆的平均运行速度为 V_s，公交线路长度为 L，站点数为 N，该线路共有 M 辆营运车辆，则在理想状态下公交车辆的车头间距 S、车头时距 H 的计算公式如下：

$$S = L/M$$
$$H = S/V_p \tag{5-47}$$

令 $a_{m,n}$ 表示车辆 m 到达站点 n 的时间，$h_{m,n}$ 表示车辆 m 在站点 n 的车头时距，则基于站点的公交车头时距为

$$h_{m,n} = a_{m+1,n} - a_{m,n} \tag{5-48}$$

本研究利用 k-means 聚类算法来获取不同运行状态的临界阈值。首先，确定输入变量为公交车辆的车头时距，由系统随机选择初始聚类中心；其次，由于公交运行状态共有三种，分别为集结、常态、大间隔，令其分别用 1、2、3 表示；最后，将公交运行状态用 Z 表示，则不同运行状态的车头时距范围为

$$Z = \begin{cases} 1, & 0 < h_{m,n} < h_a \\ 2, & h_a < h_{m,n} < h_b \\ 3, & h_b < h_{m,n} < +\infty \end{cases} \tag{5-49}$$

式中，h_a 为集结和常态的临界车头时距值；h_b 为常态和大间隔的临界车头时距值。

聚类算法的终止条件选取为迭代计算中有连续两次的聚类中心相同或达到最大迭代次数。对于样本之间的距离计算，选择使用较多的欧式距离，其函数表达为

$$d(x, y) = \sqrt{(x_i - y_i)^2} \tag{5-50}$$

综上，本研究首先根据公交车实时 GPS 数据计算出连续时间的车头时距 $h_{m,n}$，然后根据阈值判断是否发生了异常状态，若是，则输出站点 n。公交运行异常识别流程如图 5-17 所示。

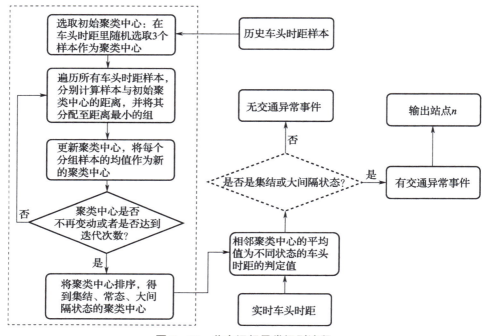

图 5-17 公交运行异常识别流程

（2）公交车载客量异常识别

载客量是公交运行状态判断的重要依据，停靠站处乘客需求不仅决定了车辆在站点处的停靠时间，同样也是影响车辆整体行程时间的因素之一。分析不同线路在各个站点之间的满载率，当满载率高于给定阈值时，则可认为发生了异常。当两个站点之间的线路满载率过高时，可以认为此公交线路上这两个站点之间的站点均发生了异常。具体流程如下：

1）基于公交车实时载客数据，将载客量转化为不同满载等级，以期符合目前常用的拥挤度信息发布方式。假设站点 n 的载客量为 l_n，则相应满载等级 C_n 为

$$C_n = \begin{cases} 0, & l_n < \tau_0 \\ 1, & \tau_0 < l_n < \tau_1 \\ 2, & \tau_1 < l_n < \tau_2 \\ \cdots\cdots \\ p, & \tau_{p-1} < l_n < \tau_p \end{cases} \quad (5-51)$$

式中，τ_0、τ_1、τ_2、$\cdots$、τ_p 为相邻满载等级的载客量临界点。

2）按需设定载客异常状态 $\tau_a(\tau_0 < \tau_a < \tau_p)$，划分正常载客状态和异常载客状态的邻界满载等级，即载客异常阈值。

3）输入载客量，根据阈值判断是否发生异常状态，若发生，则输出站点 n。

3. 地铁的异常出行需求识别

地铁的异常出行需求指的是相对于过去相同时间段内的进出地铁站客流量的非常态变化，分为客流量异常增多和减少两种现象。相对于客流量异常减少，异常增多更加常见，例如在城市大型活动或节假日时经常会有大量乘客进出地铁站。因此，本节着眼于客流量的异常增加，通过对单位时间内进出地铁站的客流量进行实时动态监测，并与站点拥堵阈值（基于同一时间段的地铁站点历史客流数据，通过聚类算法获取）进行比较，识别地铁站的异常客流量，即当进出地铁站的动态客流量大于拥堵阈值时，识别到地铁站的异常出行需求。

5.3.2 特殊或异常交通需求影响范围及持续时间

1. 机动车

特殊或异常交通需求的影响反映到宏观的机动车道路网络上就是交通拥堵的扩散。交通拥堵扩散的本质是存在交通瓶颈使得车辆滞留而产生排队，其扩散的方向是交通流运行的反方向。通过在逻辑上分析相邻路段拥堵出现与结束的时间顺序，可将相邻路段的交通拥堵划分为原发性交通拥堵和继发性交通拥堵。原发性交通拥堵是指在一个道路瓶颈处首先形成的交通拥堵，继发性交通拥堵是指由于原发性交通拥堵的回流和蔓延而形成的交通拥堵。原发性交通拥堵出现与结束时刻之差为拥堵的持续时间，该原发性拥堵导致的所有继发性拥堵所在的路段为拥堵的扩散范围。

交通拥堵扩散估计的基本思想是：以单个路段为单位，对其交通运行状态进行监视，最先出现拥堵状态的路段认为是原发性交通拥堵路段。原发性交通拥堵路段通常会对其上游的交通流造成较大影响，一般表现为上游路段及交叉口通行能力明显降低。

（1）路段交通状态判别

本研究基于固定检测器采集的地点交通数据来进行路段交通状态判别。由于地点交通参数数据的变化是渐进的，使用地点交通流参数数据进行分类时很难明确地将各种交通状态划分清楚，因此可以采用模糊聚类方法。基于模糊聚类的交通状态判别算法主要包括数据准备模块、聚类模块和决策模块三部分，具体流程如图5-18所示。

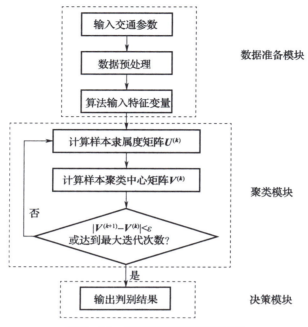

图 5-18 路段交通状态判别流程

数据准备模块包括数据预处理和算法输入特征变量设计，目的是为聚类模块提供输入变量。聚类模块主要采用模糊均值聚类算法计算样本集的隶属度矩阵和聚类中心矩阵。决策模块是根据样本数据属于何种类别的隶属度数据，确定样本的归属，即交通状态判别结果。输入变量采取固定检测器提供的交通量数据。

（2）空间影响范围

特殊或异常交通需求的空间影响范围是根据交通参数多步预测模型估计得到的，因此估计结果与事后真实的交通拥堵扩散范围不一定完全相符。本研究对每个路段的交通状态进行监控，当某一路段最早产生由特殊或异常交通需求引发的拥堵时，判断该路段发生原发性交通拥堵。根据拥堵扩散的方向上溯到上游交叉口，连续调用与上游交叉口连接的各路段交通状态信息，若在原发性交通拥堵消散前产生拥堵的路段，将其定义为一级继发性交通拥堵路段；若从原发性拥堵产生到消散的过程中，其上游各路段都没有发生拥堵，则认为此拥堵没有引起扩散。

由一级继发性交通拥堵路段继续向上游追溯，连续调用其上游各路段的交通状态信息，若在一级继发性交通拥堵消散前产生拥堵的路段，将其定义为二级继发性交通拥堵路段；反之亦然，依次递推。直到原发性交通拥堵消散前，继发性交通拥堵路段一直都没有引发下一级的继发性交通拥堵，这样的路段与原发性交通拥堵所在路段之前的范围为最大拥堵扩散范围。机动车特殊或异常交通需求影响范围识别流程如图 5-19 所示。

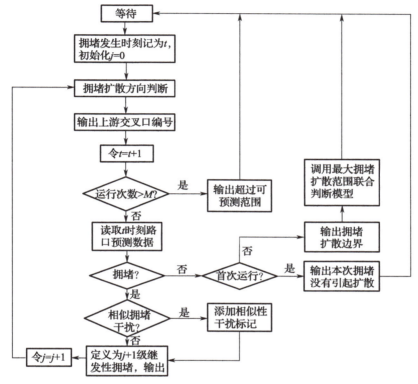

图 5-19 机动车特殊或异常交通需求影响范围识别流程

(3) 持续时间

对于单一路段 i，记由特殊或异常交通需求引发的交通拥堵开始时刻为 $t_1(i)$，交通拥堵结束时刻为 $t_2(i)$，则单个路段 i 的特殊或异常交通拥堵持续时间为

$$\Delta t(i) = t_2(i) - t_1(i) \qquad (5-52)$$

本研究首先对区域内所有路段的交通状态进行监控，一旦判别出路段产生特殊或异常交通需求时，记录此时刻，记为 $t_1(i)$。其次根据多步预测模型结果，计算各路段上的平均车速，并输入至交通状态判别算法中，对未来一段时间内各路段的交通状态进行判别。最后记录下各路段交通拥堵结束的时刻，并计算各路段的交通拥堵持续时间 $\Delta t(i)$。

为了保持交通拥堵扩散模型估计的精度，在进行多步预测时应设定最大预测步数 M；当预测步数达到 M 仍无法测算出 $t_2(i)$ 时，则用最大拥堵持续时间

T_{max} 近似替代持续时间的估计值。机动车特殊或异常交通需求持续时间估计流程如图 5-20 所示。

2. 地铁与公交

在实际公交网络中,常常存在小范围内有多个公交站点的现象或是单个 POI 周边存在多个公交站点的现象。这些站点由于地理位置接近、交通区位相仿、周边土地利用性质相似,在进行公交网络整体分析时,应将其视作一个节点。

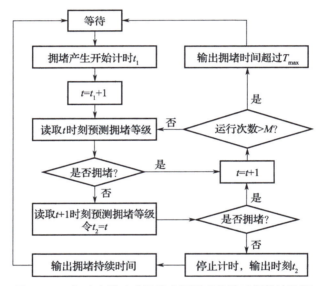

图 5-20 机动车特殊或异常交通需求持续时间估计流程

因此,在不失准确性的前提下,为了降低运算量,本研究引入超级节点的图表示方法。与常规的图表示方法不同,在超级节点方法中,可根据给定的标准,将在地理上紧密关联的节点组合在一起,形成更紧凑的图,更有利于分析实际网络。在公共交通网络分析中,超级节点是满足 $d_{ij} < d_{th}$ 条件的在地理上紧密关联的公交站点集合,其中,d_{ij} 为节点 n_i 与 n_j 的地理距离,d_{th} 为阈值,在本节中,$d_{th} = 100 \text{m}$。需要注意的是,公交站点的组合并不是物理意义上的合并,而是紧凑的拓扑表示。一个超级节点图 G 由常规节点 V、超级节点 V_S、常规边 E 和超级边 E_S 构成,即

$$G = (V, V_S, E, E_S) \tag{5-53}$$

式中,$V_S = \{ \text{sn}_i = \{n_i, n_k\} \mid d_{jk} < d_{th} \}, \forall i = 1, 2, \cdots, |V_S|$。

对新形成的超级节点需赋予一个新的空间位置,可采用构成此超级节点的所有常规节点的位置平均值作为此超级节点的空间位置。假设节点 n_i 与 n_j 之间

的边记为 e_{ij}，则两个超级节点之间的超级边可定义为

$$e_{sn_i,sn_j} \stackrel{def}{=} (sn_i, sn_j) \qquad \forall (n_i \in sn_i, n_j \in sn_j) \qquad (5-54)$$

常规节点与超级节点之间的超级边可定义为

$$e_{n_i,sn_j} \stackrel{def}{=} (n_i, sn_j) \qquad \forall (n_i \in V, n_j \in sn_j) \qquad (5-55)$$

因此，定义超级边集合 E_S 为

$$E_S = \{e_{sn_i,sn_j} \cup e_{n_i,sn_j}\} \qquad \forall sn_i, sn_j \in V_S, n_i \in V \qquad (5-56)$$

在公交网络中，由于超级节点和超级边的形成，原有的一些节点和自环将被消除。因此，使用超级节点表示网络能够缩减公交网络数据集，降低复杂度。此外，考虑到实际生活中，公交与地铁网络之间存在大量的换乘现象，且这种换乘不仅局限于同名的公交站点和地铁站之间。如果只将同名的公交站点与地铁站点作为公交网络与地铁网络的衔接点，则忽略了步行或借用非机动车进行换乘的现象，不能完全描述实际情况。因此，本研究将地铁站周边距离小于 h 的公交站视作换乘站（本节取 $h = 500$m），如果两个地铁站点在一条地铁线路中作为相邻的两个站点，则这两个站点间连接成一条边；如果两个公交站点在至少一条公交线路中作为相邻的两个站点，则这两个站点间连接一条边；如果某个公交站点为某个地铁站点的换乘站，则该公交站点与该地铁站点间连接一条边。地铁－公交复合网络示意图如图 5-21 所示。

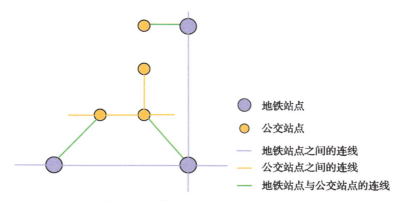

图 5-21 地铁－公交复合网络示意图

为了识别能够引起地铁交通网络产生级联失效并会对网络造成较大破坏性影响的站点，通常的做法是在一定假设情景下，依次遍历网络的所有站点，中断每一个站点，分析其对网络造成的破坏性影响。然而，在实际的网络环境中，网络的易脆性站点往往在整个网络中承担着重要的结构和功能作用，采用遍历网络所有站点的方式评估网络重要性站点，易于造成评估算法效率低下等问题。因此，本节首先采用站点抵抗性、扩散性对网络站点进行评估，然后分析这些站点运营中断后网络的级联失效性，以此提升影响范围与影响时间模型的计算

效率。地铁站点抵抗性大小 R 计算公式如下：

$$R = \max(Q_g) - \overline{Q}_g \tag{5-57}$$

式中，Q_g 为地铁站点 1h 内进出站客流量；$\overline{Q}_g$ 为地铁站点 1h 平均进出站客流量。

同理，公交站点抵抗性大小 R 计算公式如下：

$$R = Q_b(\gamma_{\max} - \overline{\gamma}) \tag{5-58}$$

式中，Q_b 为 1h 内通过并停留该站点运行的公交车辆数；$\gamma_{\max}$ 和 $\overline{\gamma}$ 分别为最大满载率和平均满载率。

需要指出，由于 R 的取值较多，为了提升模型运行效率，将各站点的 R 值进行从小到大排序，根据取值大小将所有站点的 R 值分为五个区间，并将区间的平均值作为该区间内所有站点的 R 值。

异常事件发生后，考虑到地铁站点与公交站点受到站间耦合、线路耦合以及自身不确定性等因素的影响，网络受影响的范围将会发生阶梯性变化。受影响客流在地铁与公交网络中的传播过程大致分为三个阶段：客流聚集阶段、客流蔓延阶段以及客流消散阶段。客流聚集阶段是指在异常事件直接影响区内，由于站点运营中断或列车延误，客流运输需求远大于系统的供给能力，大量乘客会在直接影响区的沿线站点聚集。客流蔓延阶段是指聚集形成的突发性大客流在时间和空间上的扩散蔓延。客流消散阶段是指系统服务水平恢复后，客流需求与供给能力逐步恢复到原来的平衡状态。异常事件下地铁 – 公交网络客流的传播机理主要体现在供给能力与需求的匹配关系上。无论是常态还是突发事件下，都有可能出现客流集中到达、供给能力不足以满足客流运输需求的情况。路网正常运行下，可以通过减小发车间隔、增大发车频率，使线网运能最大化，降低站点客流聚集程度。但在异常事件下，本线路列车的延误也易于引发邻接线路列车的延误、邻接线路站点客流的聚集。因此，很难从供给侧的角度对突发事件下网络的拥堵客流进行疏散。

针对地铁站点与公交站点在产生异常事故后，由客流重分配导致的异常扩散，提出站点扩散力度指标，其基本假设包含：

1）异常站点扩散是原始扩散，扩散力度最大；异常站点导致的拥堵站点定义为一级扩散站点，扩散力度次之；以此类推。

2）站点拥堵扩散是等比扩散，即与扩散站点相邻的站点获取到的扩散客流是相等的，有几个站点就几等分。

3）扩散力度大小根据扩散等级划分，根据等级数量，给每个等级赋予一个定值作为扩散力度。需要指出，该处赋值应采取逐渐缩小的赋值方式，即原始扩散值（异常站点平均客流量）给定后，一级扩散在原始扩散值基础上乘以给定系数 m（经验值），计算公式如下：

$$D_{i+1} = D_i m, i = 0,1,2,\cdots \tag{5-59}$$

式中，D_0 为 1h 异常站点的平均客流量。

异常事件发生后，本节采取级联失效算法测算轨道系统的影响范围以及影响时间，其核心关键是如何确定失效节点。本节采用抵抗性与扩散性指标判断某站点是否失效：若某站点 $R>D$，即表示该站点抵抗性大于扩散性，体现该站点具有"自保"能力，能够确保本站点不受到异常站点的影响；反之若 $R<D$，则表示该站点已经"失效"，且该失效站点会对周围站点产生影响。影响范围的定义为所有失效站点所围成的轨道公交网络区域，影响时间则为影响范围达到最大时所花费的时间。本节模型考虑的是短期的节点状态转移，因此原有节点的状态在短时间内处于平衡状态，各节点的变化是异常节点扩散导致的。节点下一时段的抵抗性是在前一时间段抵抗性的基础上，考虑该站点受上游相邻站点扩散的影响和该站点扩散至下游相邻站点而得到的，表达式为

$$R(t+1) = R(t) - \sum_{i=1}^{n_1} x_i + \sum_{i=1}^{n_2} y_i \qquad (5-60)$$

式中，x_i 为该站点单位时间内向下游相邻站点扩散能力；y_i 为该站点单位时间内接收上游相邻站点扩散能力的程度；n_1 为相邻下游站点的数量；n_2 为相邻上游站点的数量。

由于异常/特殊状态的站点对外扩散的能力是有限的，受到扩散作用影响而失效的站点也随时间不断向外扩散，从而恢复自身的正常状态，因此存在时间点 t_m 使得失效站点的数量最大，包含范围最大。将此时的 t_m 定义为异常/特殊出行需求影响时间，其所包含的范围 S_m 定义为异常/特殊出行需求的影响范围。本研究基于级联失效思想提出的异常/特殊出行需求影响确定模型算法步骤如下：

步骤 1：输入公共交通网络矩阵、异常/特殊出行需求点参数（位置信息、类型）、当前时段道路网参数（路网车辆运行速度、公交车运行速度、公交车辆荷载人数、公交车辆拥堵度、地铁站点实时进出站流量）、迭代步长。

步骤 2：计算当前时间步的各节点 R 值并进行 R 值处理。

步骤 3：计算当前时间步的各节点状态取值。

步骤 4：统计当前失效节点范围与数量，当前时间步的失效节点范围与数量小于上一时间步时，记录上一时间步的失效节点信息和总失效时间并跳至步骤 7。

步骤 5：更新参数。

步骤 6：重复步骤 2~5。

步骤 7：输出失效节点信息和总失效时间。

步骤 8：结束。

5.3.3 诱导信息下出行者行为选择分析及建模

1 诱导信息下出行者路径选择行为过程

一般而言，出行者在出行时，总是希望能尽可能地降低成本并获取更高的收益。出行成本与出行收益是由多方面的因素共同决定的，包括出行方式、出行时间及出行路径选择等。出行方式及出行时间由于受到某次出行特定条件的限制，很难做出调整，因此，出行路径的选择成为减少出行成本、提高出行收益的关键，同时也是最能产生直接收益的决策。

在出行过程中，出行者既可以在出行前，也可以在出行中对出行路径的选择进行决策。首先，出行者根据出行前的交通信息、个人出行经验、天气情况、偏好、不同出行目的等选择合适出行时间及出行方式开始行程，进入原始的出行道路。其次，交通管理者通过传感器、视频监控、图像采集器等设备采集相关数据，根据道路实行的实时数据综合分析当前的交通状况，向出行者提供相应的出行路线选择信息。最后，接收到出行信息的驾驶员将再一次根据交通信息内容、个人经验、偏好等进行路线的选择，此过程中，出行者对路线的选择会再一次影响交通流的分配，交通管理者通过相关设备采集到新交通流的相关情况后，再一次对相关交通状况进行综合分析，并向出行者提供新的交通信息，出行者则根据新的交通信息做出道路转换决策。如此循环往复，即构成了信息作用下出行者的路径选择行为过程。

需要注意的是，在出行者根据信息进行路径选择时，以上一次选择的结果为参考，如果之前服从信息取得的效果较好，则可能会继续选择服从信息；反之，出行者极可能拒绝信息。

2. 诱导信息下出行链选择行为模型

出行链是以某个基点为出发点，再回到该基点或另一基点所形成的环，其中包含一系列在空间和时间上相互联系的驻点（指停留某处进行活动的地点）和若干次出行，出行链动态选择行为的实质是多阶段决策问题，通过将实时动态的多方式诱导信息和出行者经验作为输入条件，分析出行链感知效用，引入信息信任度概念，运用动态规划理论，模拟出行者在多方式信息诱导条件下的出行链选择与优化过程。对出行链的研究通常以单次出行为基础，出行者从基点出发，经过交通网络中的若干节点，到达某驻点后，完成一次出行。以小型汽车通勤者为例，设置出行链基点为家，其在诱导信息下的动态出行决策流程如图 5-22 所示。

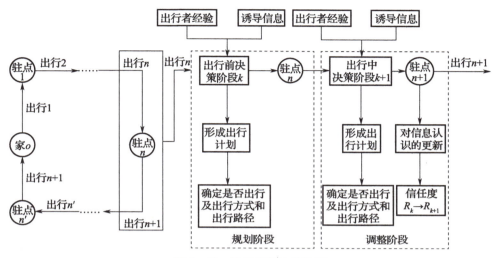

图 5-22 动态出行决策流程

图 5-22 中，每次出行前，出行者在出行者经验和诱导信息的共同作用下选择是否出行及出行方式和出行路径，形成出行计划，称为出行前决策阶段。当出行者在交通网络中面临新的交通状态时，再根据出行者经验和当时的诱导信息调整出行计划，形成新的出行决策，称为出行中决策阶段，形成决策的节点称为决策节点。多方式诱导信息对出行链的影响体现在不断地规划和调整单次出行，整体上表现为出行链结构的变化。

（1）出行链感知效用

假设从节点 i 出发可直达节点 j，记出行者在决策阶段 k 对连接节点 i 和 j 的路段的感知效用为 $U_{ij}(k)$，出行完成时得到的实际效用为 $U_{Dij}(k)$，$U_{ij}(k)$ 是出行者的决策依据，$U_{Dij}(k)$ 为决策结果。

出行者的出行链感知效用就是出行链中相继节点之间路段的感知效用之和。由于出行必然会产生一定的成本，这对于出行者来说是一种负效用；若仅考虑出行负效用，出行链感知效用最大化的结果便是取消所有出行，显然不合理。因此，$U_{ij}(k)$ 由节点活动正效用和路段出行负效用组成，节点活动正效用与活动类型和活动持续时间有关，路段出行负效用与路段属性相关。在出行链选择行为模型中，节点活动正效用和路段出行负效用就代表诱导信息，节点活动正效用的引入还可解决诱导信息影响下出行者取消某些非强制性活动（如购物、娱乐）的问题。

（2）诱导信息信任度

多方式信息诱导下，诱导信息和出行经验共同影响通勤者对出行链的感知效用。从出行者的角度来看，诱导信息可能存在误差，因此需要通过出行经验进行修正。以多方式诱导信息中的路段行程时间 $t_{ij}(k)$ 为例，其估算公式为

$$t_{ij}(k) = \omega(k) t_{Iij}(k) + [1 - \omega(k)] t_{Eij}(k) \tag{5-61}$$

式中，$\omega(k)$ 为权重系数，表示选择过程中诱导信息和出行者经验的相对重要性，可理解为对诱导信息的信任度；含有下标 I 和 E 的量分别为诱导信息提供值和出行经验值。将 $\omega(k)=0$ 的情况称为没有诱导信息的出行环境。

出行者每次出行的决策环境都在变化，决策结果也未必与预期值一致，$U_{Dij}(k)$ 和 $U_{ij}(k)$ 之间的差异激发出行者不断修正对信息的认知，此过程可被称为学习过程，根据韦伯定律，学习的激发过程为

$$\delta_{ij}(k) = \begin{cases} 1, & \Delta U_{ij}(k) \geq \eta U_{ij}(k) \\ 0, & \Delta U_{ij}(k) < \eta U_{ij}(k) \end{cases} \tag{5-62}$$

$$\Delta U_{ij}(k) = |U_{Dij}(k) - U_{ij}(k)|$$

式中，$\delta_{ij}(k)$ 为指示变量，当 $\delta_{ij}(k)=1$ 时，表示学习被激发；$\Delta U_{ij}(k)$ 为最小可觉差，等于预期效用与实际效用的差值，也表示信息的价值；η 为韦伯常数，取值为出行者单位时间价值（Value of Time，VOT）的倒数。通过定义不同的信任度更新原则，可对出行链感知效用进行不断的更新。

（3）求解算法

实时变化的诱导信息使出行者在每个决策阶段的最优出行链均是动态变化的，但在任意决策节点，寻找从当前节点到终点最优出行链的决策是静态的，并且不再考虑之前路段的状态，满足无后效性。因此，可以将出行链选择问题视为一个多阶段决策问题。动态规划理论多用于求解静态网络的多阶段决策问题，可以用于分析出行链的选择过程，其原理是在多方式信息诱导下的任意决策阶段 k，出行者总以出行链感知效用最大化为目标进行选择，即找到满足 $Ul_{opt}(k) = \max \sum_{i \in l} \sum_{j \in l} U_{ij}(k)$ 的节点构成的最优出行链 $l_{opt}(k)$。

基于出行链的多方式交通网络比较复杂且存在闭环，可通过增加虚拟节点的方式将其转化为无圈（闭环）网络。在每个决策阶段，采用 Dijkstra 算法搜索从当前节点到终点的最优出行链。Dijkstra 算法可以解决网络中从某节点到其他任何节点的最优路径问题，其本质是动态规划与贪心策略的结合，且满足以下递归关系式：

$$P_k(S_{k+1}) = \max[U_{ij}(k) + P_{k-1}(S_k)], i \in S_{k-1}, j \in S_k, k = 1, 2, \cdots, k$$
$$P_0(S_1) = 0 \tag{5-63}$$

式中，S_k 为阶段 k 的可选节点集合；$P_{k-1}(S_k)$ 为起点至 S_{k-1} 中所有节点的出行链感知效用最大值的集合。

5.3.4　诱导信息的多方式组合发布

1. 交通信息发布方式分析

现有的交通信息发布方式主要有交通广播、可变信息标志（Variable Message Sign，VMS）、车载终端、移动终端、呼叫中心和短信平台。

（1）交通广播

交通广播分为调频广播和数字广播。调频广播（FM）是利用无线电波发射的模拟信号来进行信息发布的，当无线波微弱时，就会有噪声，从而影响其时效性；而数字广播发射的数字信号，虽没有噪声，但当信号在临界值时（即将收不到信号信息时）就会发生卡碟情况，从而影响信息的正常传输。

（2）VMS

VMS适合发布路况、天气等信息，服务对象以私家车驾驶员为主，有表现力强、播放时间自由、系统稳定的优点，同时存在针对性差、获取信息不主动、信息不能存储等弊端。

（3）车载终端

车载终端可发布所有的动、静态信息，将信息以语音、图像、文字等形式展示出来，并且在出行的全过程发挥作用，但车载终端需要有一个集成的信息发布平台作支撑，需要较高的技术要求，并且安装成本也较高。

（4）移动终端

移动终端可发布出行前和出行中的信息，出行前用户登录手机可以看到发布的路况信息，出行中的信息由其携带的导航设备发布，主要用于路径规划。移动终端发布信息方式比较机动，用户只需支付相关通信费用即可，但其缺点是发布量小、发布内容不足。

（5）呼叫中心

呼叫中心包括路况与路线查询服务、故障报告和堵塞报告、救援服务、个性化服务四个方面的功能。信息服务主要包括出行前和出行中，相比较广播，其系统稳定性较高，但是其建设成本也较高。

（6）短信平台

短信平台分为交通信息点播服务、交通信息定制服务、交通信息广播服务。短信平台可提供一天24h服务，信息发布对象明确、传送可靠，并且提供个性化服务，缺点是信息的发布需要收费，并且服务地区需要有电波信号的覆盖。

交通信息发布方式的需求分析主要从出行者的角度出发。出行者的出行方式包括公交出行、驾车出行和其他出行方式。公交出行的信息需求包括公交发车以及到站信息、公交线路信息等，主要信息需求适用于出行前和出行中。驾车出行所需信息包括路网状况、拥堵、交通管制、停车等交通信息以及天气信息，出行者需要了解起点与目的地之间的最优路径，所需信息主要适用于出行前和出行过程中。其他出行方式主要包括地铁出行、轻轨出行、出租车出行等，所需的交通服务信息有站点信息、换乘信息以及打车费用等。不同出行方式的出行者所需信息不同，因此需要不同的信息发布组合方式进行有针对性的信息服务。

2. 交通信息发布方式评价模型

（1）评价指标体系构建

诱导终端组合的交通信息发布方式评价指标的选取遵循全面性、科学性以及稳定性的原则，同时又以效益因素和成本因素为指标选取目标因素。通过查阅相关资料并结合主观经验的方式，对各种交通信息发布终端的功能、市场需求以及建设成本等进行分析和赋值，并进行标准化处理以消除量纲的差异。最终的指标体系包括目标层、因素层和指标层（共7个指标），见表5-9。

表5-9 交通信息发布方式评价指标体系

目标层	因素层	指标层	特征
交通信息发布方式评价	成本因素	社会成本	反映信息发布方式的社会特征
		企业成本	反映企业的参与作用
		个人成本	反映用户自身的成本因素
	效益因素	可靠性	反映信息发布的准确程度
		及时性	反映信息发布的及时程度
		先进性	反映信息发布的技术水平
		个性化	反映个性化服务水平

（2）评价模型

建立基于主客观综合权重 TOPSIS 法的交通信息发布方式优选模型，模型构建过程如下：

1）首先根据各信息发布方案的实际情况，对评价指标体系中的定性指标进行赋值，建立原始决策矩阵。

2）对原始决策矩阵进行向量规范化处理，得到规范化矩阵；经过线性比例变换，将正、逆向指标转换为正向指标，并对规范化矩阵进行向量归一化处理，得到向量归一化标准矩阵。

3）根据层次分析法和熵值法确定目标体系的联合权重。

4）根据标准矩阵和联合权重计算加权标准化矩阵。

5）确定正理想方案和负理想方案。

6）计算各方案到正理想方案和负理想方案的距离。

7）计算各方案的相对贴近度，并根据贴近度的大小对各方案进行排序。

在进行交通信息发布方式组合时，考虑到交通信息发布方式数量较少，可通过穷举法进行组合，并选取相对贴近度靠前的组合方式进行诱导信息的发布。

第 6 章
面向复合网络的个体出行方案规划技术

方式转换及网络建模是多方式组合出行优化的关键。面向复合网络的个体出行方案规划技术应从城市居民出行特征出发，梳理私家车、公交车、自行车等典型出行场景，总结出行链的主要特征，建立以步行为转换媒介的出行转换模式，构建简洁、高效且易于标定的方式转换技术。对各类出行方式分别建立单方式网络，通过方式转换系统建立不同方式网络层之间的联系，构建多模式交通复合网络拓扑模型，实现方式链出行的表达与描述。多方式网络模型的核心是方式转换节点设置，可能设置于交叉口，也可能设置在路段中，甚至设置在停车场，方式转换节点及转换成本阈值的科学设置是支撑整个多模式交通复合网络拓扑的关键所在。

6.1 复合网络的表达模型

在方式链出行的背景下，对于复合交通网络的拓扑应在网络结构上体现出相应的特点。多模式交通结构是方式链集合在交通网络上的分布，这种分布是各种出行方式组合在网络上的叠加，可以看作方式链集合中各方式系统所分担的交通量在网络上的加载。从网络形态上看，城市交通网络主要是以地面道路网络为基础、结合轨道交通线网整合而成的复合网络，各方式层存在相似的形态结构和网络节点分布；而从功能上看，由于网络系统的方式属性不同，各网络层的具体拓扑结构存在一定差异。

6.1.1 复合交通网络拓扑

复合网络由各种单方式网络组合而成，通过方式转换设施建立起不同方式网络层之间的联系，从而实现方式链出行。方式链组成是网络结构的直接体现，方式转换系统是复合网络区别于传统道路网的重要特征。在前述方式链出行特点的基础上，对复合网络的结构框架按照网络层次、节点类型及与方式间的关系进行总结，如图 6-1 所示。

为了更加直观地分析复合网络的拓扑结构，将二维路网按不同出行方式进行三维展开，如图 6-2 所示。将图 6-2a 所示的二维复合网络按不同出行方式进行三维展开，如图 6-2b 所示，转换成由步行网络、自行车网络、地铁网络、公交网络及小型汽车网络组成的多模式复合网络拓扑结构。

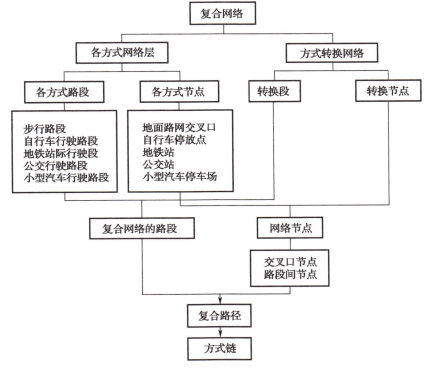

图 6-1 复合网络结构框架

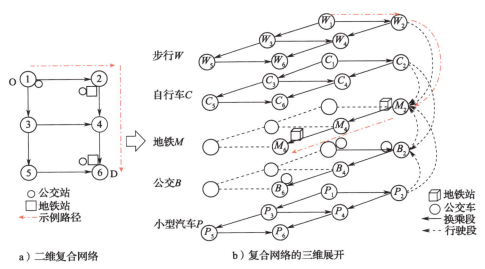

a）二维复合网络　　　　b）复合网络的三维展开

图 6-2 简单多模式复合网络结构举例

借鉴超级网络概念及其拓扑方法，令 $G(N,A,D)$ 表示所构建的复合网络，其中，N 表示网络节点集合，A 表示路段集，D 表示前述的五种出行方式层，分别用 W、C、M、B 和 P 表示步行、自行车、地铁、公交车和小型汽车，即 $D = (W,C,M,B,P)$。

6.1.2 方式网络层构建

在五种不同方式网络层构建中，应以步行网络层为基础。理论上，所有的出行都应是以步行开始、以步行结束，因此，借鉴其他超级网络的概念，智慧出行多方式网络的起始段和结束段可描述为"上网弧"和"下网弧"。

出行起讫点（OD）均应设置在步行方式层的节点上，其原因在于步行层作为整个复合网络的基础网络，具有最强的连通性和可达性。不考虑快速路等对步行方式进行封闭的道路系统，步行在城市道路几乎任何路段都可以进行双向通行，因而步行网络应是覆盖最密集的网络，包含机动交通不可达到的支路系统。此外，步行网络包含的节点最全面，不仅包含路段、交叉口等节点，还包括设置在路段中间的小区、大型公共设施等出入口节点和方式转换节点。

自行车与步行同属于慢行交通系统，且我国大多数城市仍保有大量的自行车出行需求（如上海、杭州等）；不少城市的自行车道路网布设也具有很好的连续性和可达性。与步行交通类似，自行车道路网络的覆盖密度和节点布设密度也相对较高。

地铁和公交都是以一定的班次频率运行于预先规划的线网之上，具有相似的网络结构，即均是由不同运行班次线路叠加而成，但在线路独立性上有所不同。公交线网可能在几条线路的重合路段上共用车道，而地铁线路只有公用的站点，每条线路在各轨道路段上均独立运行。如果公交网络没有设置公交专用道，那么在公交线网覆盖的路段，公交车与小型汽车共用车道。在这种情况下，虽然方式层的拓扑是分离的，但是重合路段在流量和通行能力的计算上依然是相互关联的。

小型汽车网络的可达性优于地铁和公交，但不及步行和自行车，其原因在于小型汽车网络的拓扑受到路段允许通行方向的限制，在网络构建中要将单行道路及双向通行道路的特征体现在网络拓扑结构中。

6.2 基于复合网络的可行组合路径生成技术

6.2.1 复合网络的路段表达

在复合网络上，相同地理位置的节点由于所属的方式网络不同而被拓扑为两个及以上的不同节点，如图 6-2 所示，节点 6 对应于 W_6、C_6、M_6、B_6 和

P_6。为了描述的简明性，节点可表示为方式属性和节点编号的组合，如节点d_n表示d方式层上的编号为n的复合网络节点，且$d \in D$，$d_n \in N$。因此，网络各路段可表示为

$$a_{x_i,y_j} = (x_i, y_j) \in A, x, y \in D \text{ 且 } i, j \in N \tag{6-1}$$

式中，x_i为上游节点的编号；y_j为下游节点的编号；x为上游节点所在的方式层；y为下游节点所在的方式层。

这样的编号方式给出的信息可以解读为：当$x = y$时，a路段上下游两个节点在同一方式层上，路段为行驶段；当$x \neq y$且$i = j$时，a路段上下游两个节点在不同方式层上，表示方式转换，定义为方式转换段，是一个虚拟路段。如图6-2b所示，路段(C_2, B_2)为自行车网络转换公交网络的方式转化段，而路段(B_2, B_4)则为公交网络的行驶段。

相应地，在二维网络上，各路段可表示为

$$a'_{i,j} = (i, j) \in A, i, j \in N \tag{6-2}$$

将三维网络对应到二维复合网络中，可以发现，在各路段中，有些路段（如$a'_{2,4}$）为全方式可通过的路段，即

$$a'_{2,4} = \{(W_2, W_4), (C_2, C_4), (M_2, M_4), (B_2, B_4), (P_2, P_4)\} \tag{6-3}$$

有些路段则只包含其中几种方式，如路段$a'_{1,3}$包含步行、自行车和小汽车行驶段，但不包括地铁和公交线路的行驶段（地铁线路可看作大致依托市政道路定线），即

$$a'_{1,3} = \{(W_1, W_3), (C_1, C_3), (P_1, P_3)\} \tag{6-4}$$

通过以上分析，各方式在网络上的连通性及可达性便可得到完整表达。

各方式网络的路段是复合网络组成的基本单位，路段表达是为了将网络拓扑和后续的路径选择描述得更加清晰。然而，在实际的网络编程计算过程中，节点编号无法实现既包含方式的字母又表达顺序的数字，需要将各个节点编号，并将不同方式属性赋值给每个节点，以明确各节点所在的方式网络。若给节点附上位置信息（如经纬度），则可以识别位置相同但编号不同的节点（即地理位置相同但所属出行方式属性不同的节点）。

6.2.2 复合路径的表达

基于复合路段表达研究，一次出行所经过的不同方式网络层的路径可以得到清晰地表达，以图6-2为例，图6-2a所示为有向线段组成的、涵盖各出行方式的简单复合网络，其中有向线段代表路段的通行方向。假设在网络中，步行、自行车、小型汽车可在任意一条路段上通行，其中一条公交线路经过路段集节点1—2—4—6，并在复合节点1、2、6处设有公交车站点；一条地铁线路经过路段集2—4—6并在节点2、6处设有地铁站点。若节点1为起点（O），

节点 6 为终点（D），则 OD 间存在多种出行方式组合。

在考虑出行方式的复合网络中，OD 间的一条方式链为出行路径。如图 6-2a 所示，从节点 1 步行至节点 2，换乘地铁由节点 2 经由节点 4，最终到达节点 6，用步行换乘地铁的方式链结构完成一次出行，这种出行路径可以表示为 MMC = $\{(W_1, W_2), (W_2, M_2), (M_2, M_4), (M_4, M_6)\}$。其中，MMC（Multi-modal Combination）为方式链。复合网络的构建可以更清晰地描述 OD 间的出行方式组合，为后续交通结构演化建模提供基础。

6.3 组合路径出行广义成本测算方法

在组合出行中，出行成本应基于方式链测算，而方式链的出行总成本由链中每一路段的出行成本之和构成，包括行驶段的出行成本和方式转换段的转换成本。具体的成本构成如图 6-3 所示。

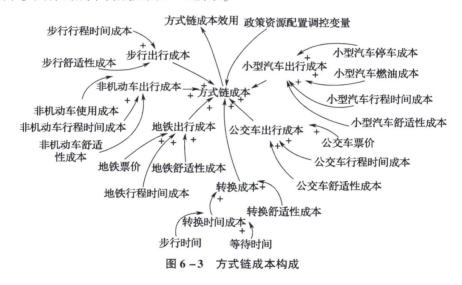

图 6-3　方式链成本构成

6.3.1　行驶段出行成本

复合网络各方式层的行驶段由不同的广义费用组成。行驶段的广义出行费用主要考虑出行时间成本、直接的货币支出（购票、停车费、自行车租赁费等）和舒适性成本。下面将分述步行、自行车、地铁、公交以及小型汽车的行驶段成本计算方法。

步行是一种没有货币支出的出行方式，其主要的出行费用表现为行程时间成本和舒适性成本等。由于人行走的步速较为平均，因此可将路段行程时间看作恒定的步行自由流时间；而步行是一种适用于短途出行的方式，步行时间越长，较其他方式而言越耗费体力，因此相较于其他方式，要在舒适性上给予更多的惩罚，可体现在系数值大小的确定上。步行"行驶段"的出行成本表达如下：

$$T_a^w = t_a^w \tag{6-5}$$

$$S_a^w = T_a^w \chi^w \tag{6-6}$$

$$G_a^w = T_a^w \omega + P_a^w + S_a^w \eta \tag{6-7}$$

式中，S_a^w 为步行舒适性；T_a^w 为步行时间；t_a^w 为步行自由流通行时间；χ^w 为步行舒适性损耗系数；G_a^w 为步行出行成本；ω 为时间-成本折算系数；P_a^w 为步行的货币支出；η 为舒适性-成本折算系数。

自行车在路段上的行驶时间受到路段流量和通行能力的影响，可以用 BPR 函数进行描述。在货币支出方面，私家自行车的出行在不考虑自行车折旧维修等情况下，几乎没有货币支出，但随着公共自行车、共享单车等自行车租赁业务的普及，自行车出行包含租赁费用，因此在建模中应将其计入该方式使用的首段行驶段的出行成本中。类比步行，自行车骑行适合中短途出行，对于体力的要求较其他机动交通出行方式更高，因此在舒适性上也给予类似步行的惩罚函数形式。自行车行驶段的出行成本表示如下：

$$T_a^c = t_a^{c0} \left[1 + a_c \left(\frac{v_a^c}{C_a^c} \right)^{\beta_c} \right] \tag{6-8}$$

$$P_a^c = p^c \vartheta_c \tag{6-9}$$

$$S_a^c = T_a^c \chi^c \tag{6-10}$$

$$G_a^c = T_a^c \omega + P_a^c + S_a^c \eta \tag{6-11}$$

式中，T_a^c 为自行车骑行时间；t_a^{c0} 为路段自行车在自由流状态下的骑行时长；P_a^c 为自行车货币支出；p^c 为自行车租赁费用；ϑ_c 为自行车方式货币支付系数；S_a^c 为自行车骑行舒适性；T_a^c 为自行车骑行时间；χ^c 为步行舒适性损耗系数；ω 为时间-成本折算系数；η 为舒适性-成本折算系数。

地铁是一种出行时间可控的机动交通出行方式，因此其出行时间可看作仅与出行距离长短相关，一旦距离确定，则出行时间也可确定。乘坐地铁的货币支出是购票费用，与出行距离成正比；该方式较为适合中长途出行，因此其舒适性与距离的关系在模型中视为线性关系，表达如下：

$$T_a^m = t_a^{m0} \tag{6-12}$$

$$P_a^m = p^m \vartheta_m + L_a^m p^{m0} \tag{6-13}$$

$$S_a^m = T_a^m \chi^m \tag{6-14}$$

$$G_a^m = T_a^m \omega + P_a^m + S_a^m \eta \tag{6-15}$$

式中，T_a^m 和 t_a^{m0} 为地铁行程时间；P_a^m 为地铁货币支出；p^m 为地铁起步计价费用；ϑ_m 为地铁货币支付系数；L_a^m 为地铁行驶里程；p^{m0} 为地铁每千米增加票价；S_a^m 为地铁出行舒适性；χ^m 为地铁舒适性损耗系数；G_a^m 为地铁出行成本；ω 为时间-成本折算系数；η 为舒适性-成本折算系数。

公交车作为地面机动交通出行方式，在与小型汽车混行情况下，路段行程时间受路段流量和通行能力的影响，可采用 BPR 函数描述行程时间：

$$T_a^b = t_a^{b0} \left[1 + a_b \left(\frac{v_a^b}{\mathrm{ELF}_b C_a^b} \right)^{\beta_b} \right] \tag{6-16}$$

式中，T_a^b 为公交车路段行程时间；t_a^{b0} 为路段自由流状态下的行程时间；v_a^b 为路段出行需求（人次/h）；ELF_b 为公交平均载客率（人次/辆）。在有公交专用道的情况下，公交出行时间可类比地铁：

$$T_a^b = t_a^{b0} \tag{6-17}$$

货币支出和舒适性类比地铁方式，票价成本计入公交出行方式路段集的首段，其成本描述如下：

$$S_a^b = T_a^b \chi^b \tag{6-18}$$

$$P_a^b = p^b \vartheta_b \tag{6-19}$$

$$G_a^b = T_a^b \omega + P_a^b + S_a^b \eta \tag{6-20}$$

式中，S_a^b 为地铁出行舒适性；χ^b 为公交舒适性损耗系数；P_a^b 为公交的货币支出；p^b 为购票费用；ϑ_b 为公交货币支付系数；G_a^b 为公交出行成本；ω 为时间-成本折算系数；η 为舒适性-成本折算系数。

对小型汽车方式层来说，对行程时间成本、舒适性成本的描述可类比自行车，但不同的是，小型汽车出行的货币支出包括燃油费和停车费。燃油费的开支与其行程距离成正比，而停车费则计在小型汽车方式路段集的末段。小型汽车路段出行成本为

$$T_a^p = t_a^{p0} \left[1 + a_p \left(\frac{v_a^p}{\mathrm{ELF}_p C_a^p} \right)^{\beta_p} \right] \tag{6-21}$$

$$P_a^p = L_a^p \mathrm{FCF} + p^{p'} \vartheta_p \tag{6-22}$$

$$S_a^p = T_a^p \chi^p \tag{6-23}$$

$$G_a^p = T_a^p \omega + P_a^p + S_a^p \eta \tag{6-24}$$

式中，T_a^p 为小型汽车路段行程时间；t_a^{p0} 为路段自由流状态下的行程时间；v_a^p 为路段出行需求（人次/h）；ELF_p 为小型汽车平均载客率（人次/pcu）；P_a^p 为是小型汽车出行的货币支出；L_a^p 为路段长度；FCF 为每公里燃油消耗；$p^{p'}$ 为停车费用；ϑ_p 为小型汽车的货币支付系数；S_a^p 为小型汽车出行舒适性；χ^p 为相应舒适性损耗系数；G_a^p 为小型汽车路段出行成本；ω 为时间-成本折算系数；η 为舒适性-成本折算系数。

6.3.2 转换段转换成本

方式间的转换成本可看作由转换时间和舒适性成本构成，不存在货币支出。转换时间包括步行时间和等待时间两部分，这里的步行是指在转换段上的步行，如将自行车停好进入地铁站台的步行时间等。舒适性成本随等待及步行时间的增加而增加，且与等待环境相关，比如冬天在室内等候可能会比室外等候更舒适等。因此转换成本可描述为

$$T_a^{xy} = t_a^{xy0} + t_a^{xy'} \tag{6-25}$$

$$S_a^{xy} = T_a^{xy} \chi^{xy} \tag{6-26}$$

$$G_a^{xy} = T_a^{xy} \omega + S_a^{xy} \eta \tag{6-27}$$

式中，x、y 分别为上游方式和下游方式；T_a^{xy} 为方式转换时间；t_a^{xy0} 为转换步行时间；$t_a^{xy'}$ 为转换等待时间；S_a^{xy} 为转换舒适性；χ^{xy} 为转换舒适性系数；G_a^{xy} 为转换段转换成本；ω 为时间-成本折算系数；η 为舒适性-成本折算系数。

6.3.3 方式链出行成本

在复合网络上，假设所有的需求发生和吸引都在网络节点上产生，那么从 O 到 D 点某条路径的广义费用为该路径经过的所有行驶段的费用与转换段的转换费用之和，可表示为

$$C_k^{rs} = \sum_{a \in k} G_a(T_a) \tag{6-28}$$

式中，r、s 分别为 O 点和 D 点；k 为某条路径；a 为路径 k 所经过的任一行驶路段或转换路段。

6.4 基于用户画像的出行前静态方案匹配技术

静态方案匹配技术可基于用户偏好，实现用户出行请求与方案库的模糊匹配。出行者基于对不同方式的偏好和出行成本考虑，选择不同的组合出行方案。因此需要在出行成本测算的基础上构建组合方式出行选择模型，进而对出行组合方案进行规划。

6.4.1 出行组合方案优化

1. 多方式组合出行选择决策过程

进行交通方式选择预测所依据的最主要的原理是效用理论。在经济学中，效用指消费者自身消费或享受服务所带来的对需求和欲望的满足程度，通常情况下，效用大小由消费者主观感受决定。后来效用理论渐渐在交通方式选择预

测中得到了应用和延伸。交通出行中的效用体现在出行者从出行设施、出行过程、出行服务以及出行工具中所得到的满足感，若满意度较高，则出行效用较高。

出行者在出行时，会面临一系列的备选方案选择，各种选择方案共同构成了选择集，每种方案构成了选择枝。其中每一种方案对于理性的出行者来说，都有特定的效用值。效用值越大表示该方案对于出行者来说，吸引程度越高，出行者越有可能采取该种方案出行。通常这种效用值的大小和所选择方案的属性特征之间的关系用效用函数来描述。效用函数关系可表示为

$$U_{in} = U(X_{in}) \tag{6-29}$$

式中，U_{in} 为出行者 n 选择运输方式 i 时所带来的效用；X_{in} 为选择方式 i 时的综合特性变量；$U(*)$ 为效用值与特性变量之间的关系式。

当面临多个出行选择枝时，此时可理解为多方案选择问题。为了更准确地描述出行者的选择行为和各备选方案特性之间的关系，引入效用函数。效用函数通常包括确定性效用和随机性效用两部分，并基于随机效用服从一定的概率分布假设，推测获取出行者选择各种备选方案的概率。根据随机效用最大化理论，出行者在特定的选择条件下，总是选择对自身效用最大的选择方案。因此，出行者 n 选择 i 方式的概率可表示为

$$P_{in} = \text{Prob}(U_{in} \geq \max U_{jn}, i \neq j, j \in A_n)$$
$$0 \leq P_{in} \leq 1, \sum_{i \in A_n} P_{in} = 1 \tag{6-30}$$

式中，A_n 为可供出行者 n 选择的出行方式集合；U_{in} 为出行者 n 选择第 i 种方式时的效用；U_{jn} 为出行者 n 选择第 j 种方式时的效用。

由于出行者对各种出行方式的判断误差和主观偏好，效用函数 U_{in} 可分为固定项和随机项两部分，其表达式为

$$U_{in} = V_{in} + \varepsilon_{in} \tag{6-31}$$

式中，V_{in} 为可观测到的特性变量计算的固定项；ε_{in} 为偏差或不可观测到的因素影响造成的随机项。

针对效用函数，本节选择交通出行研究领域中常用的非集计分析经典模型多项 logit 模型（MNL 模型）。根据最大效用理论，出行者选择某一种出行方式是由于其效用值大于其他出行方式。假设 logit 模型效用函数中的随机项相互独立，且服从同一甘布尔（Gumbel）分布，可推导出多项 logit 模型为

$$P(k) = \frac{e^{\theta V(k)}}{\sum_j e^{\theta V(j)}} \tag{6-32}$$

式中，θ 为感知系数。

式（6-32）可计算得出各个选择枝被选中的概率，MNL 模型参数标定过程如图 6-4 所示。

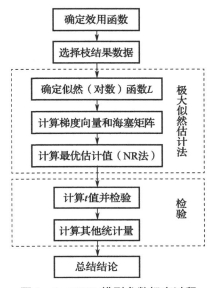

图 6-4　MNL 模型参数标定过程

2. 基于出行方式链的方式选择模型

基于出行方式链的方式选择模型以出行方式链为基础，将出行方式链看作一个整体。首先运用出行方式链成本测算模型，对备选的各选择枝的方式链成本进行测算，然后通过 MNL 模型计算各出行方式链被选择的概率。基于出行方式链的方式选择模型整体结构如图 6-5 所示。

假设从 O 点到 D 点的出行过程中，共有四种交通出行、三条方式链可供选择，分别记为 A、B、C，如图 6-6 所示。图 6-6 中也清晰地描述了出行方式选择的 MNL 模型原理及具体过程。

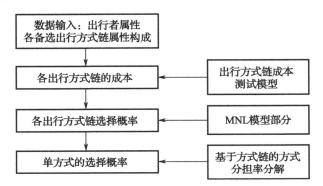

图 6-5　基于出行方式链的方式选择模型整体结构

根据出行方式链成本测算模型，可测得出行三条出行方式链的成本分别为 C_A、C_B 和 C_C。根据方式链选择 MNL 模型，选择方式链 A、B、C 的概率分别为

$$P_A = \frac{e^{-\theta C_A}}{e^{-\theta C_A} + e^{-\theta C_B} + e^{-\theta C_C}} \quad (6-33)$$

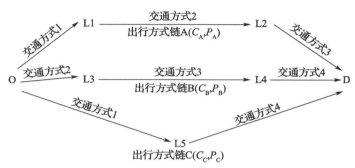

图 6-6　基于出行方式链的 MNL 模型

$$P_B = \frac{e^{-\theta C_B}}{e^{-\theta C_A} + e^{-\theta C_B} + e^{-\theta C_C}} \quad (6-34)$$

$$P_C = \frac{e^{-\theta C_C}}{e^{-\theta C_A} + e^{-\theta C_B} + e^{-\theta C_C}} \quad (6-35)$$

综上，若 OD 点对间共有 M 条出行方式链，可得对于任意一条出行方式链 i 的选择概率 P_i 为

$$P_i = \frac{e^{-\theta C_i}}{\sum_{i=A}^{M} e^{-\theta C_i}} \quad (6-36)$$

3. 模型实例分析

为了更清晰地阐述基于出行方式链的方式选择方法，对出行方式链成本测算模型进行测试运用。以从苏州新湘苑到苏州工业园区三星电子的通勤人员为例，共有三种推荐出行路线选择，以高德地图路线显示为例，三条推荐路径如图 6-7 所示。

图 6-7 中，高德地图只显示了主要的交通方式，并非以完整的方式链形式展示。为了进行基于出行方式链的方式选择模型运用，需将三条出行方式链进行补充完善。三条路径所包含的完整方式链分别为：

1）出行方式链 A：步行—970 路公交—158 路公交—自行车。
2）出行方式链 B：步行—轨道交通 1 号线—108 路公交—自行车。
3）出行方式链 C：步行—轨道交通 1 号线—打车。

三种方式链方案特征信息见表 6-1。其中进入方式链时间是指出行者从家出发到乘坐第一种交通工具所用的时间，包括出行者的步行时间和等待时间；

离开方式链时间指从方式链最后一种交通工具离开时刻至出行者到达目的地的时间长度；出行方式出行费用指出行者直接支付的票价或者经济费用（打车费用、公共自行车费用）。方式链成本测算所需的支付费用与行驶时间和方式转换时间均以高德地图导航显示的信息为准。

图 6-7 三条推荐路径

表 6-1 三种方式链方案特征信息

出行过程方案	步行—公交—公交—自行车	步行—地铁—公交—自行车	步行—地铁—打车
步行进入方式链时间/min	20	12	12
步行进入方式链距离/km	0.5	0.6	0.6
第一种出行方式出行/min	50	17	17
第一种出行方式出行费/元	2	4	3
第一种出行方式出行距离/km	11.5	9.7	9.7
第一种转换时间/min	15	7	8
第二种出行方式出行时间/min	17	31	18
第二种出行方式出行费用/元	2.5	2.5	3
第二种出行方式出行距离/km	8.1	10	10.9
第二种转换时间/min	4	4	14
第三种出行方式出行时间/min	8	8	12
第三种出行方式出行费用/元	1	1	12.5
第三种出行方式出行距离/km	1.1	1.1	3.2
步行离开方式链时间/min	—	—	3
步行离开方式链距离/km	—	—	0.2

由 MNL 模型可求得各方式链在不同的随机感知系数下的分担率，当感知系数分别为 0.05、0.1、0.2、0.3、0.4、0.5 时，各方式链的分担率见表 6-2，其变化趋势如图 6-8 所示。

表 6-2 不同随机感知系数下的各方式链分担率（单位为%）

感知系数	步行—公交—公交—自行车	步行—地铁—公交—自行车	步行—地铁—打车
0.05	21.6	40.1	38.3
0.1	13.2	45.3	41.5
0.2	4.4	52.0	43.6
0.3	1.4	55.9	42.8
0.4	0.4	58.6	41.6
0.5	0.1	60.9	39.0

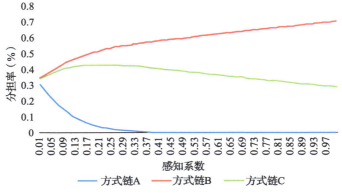

图 6-8 不同随机感知系数下的各方式链分担率变化趋势

由表 6-2 和图 6-8 的计算结果可知，随着随机感知系数 θ 的逐渐减小，各出行方式链分担率逐渐变得均匀，即随着出行选择的随机性逐渐增强，各方式链选择间的差异性逐渐弱化。

6.4.2 出行偏好与模式识别

居民出行具有时空多维度特性，引入多维数据分析模型——张量分解模型对出行数据进行数据挖掘，获取出行偏好和出行模式。对居民出行 OD 张量进行张量分解建模，并对各维度的因子矩阵和核张量结果进行分析，在空间因子矩阵方面，探索人口数据与空间因子矩阵的联系，运用皮尔逊相关系数、变异系数以及聚类方法对因子矩阵进行深入挖掘。

随着信息化的发展，现实中大量的高维数据得以采集。为了确保数据信息的完整性，现实数据可自然地利用张量来刻画，例如出行的起点、终点、时间、出行者年龄、性别等；在完成数据表示后，如何对其进行分析并挖掘张量数据中的隐含结构和内部特征成为一个新的难题。一个朴素的想法是考虑低维度数据的处理方法，如二阶张量的处理方法进行矩阵分解。矩阵分解的方法如 PCA、奇异值分解（Singular Value Decomposition，SVD）以及隐因子分析模型（Latent Factor Model，LFM）等应用广泛，其主要用途有三个，即降维处理、缺失数据补全和隐关系挖掘。

张量是矩阵的高维扩展，因此可以将张量通过 N 阶矩阵化，然后再利用 PCA 或者 SVD 等矩阵分解方法来实现，但这样处理割裂了张量各模式之间关系，丢失结构性信息。因此，更好的处理方法需要保留模式之间的结构性关系。

CP 分解（Canonical Polyadic Decomposition）将一个 N 阶张量 $M \in \mathbb{R}^{I_1 \times I_2 \times \cdots \times I_N}$ 分解为多个秩为 1 的张量 $a^{(1)} \circ a^{(2)} \circ \cdots \circ a^{(N)} \in \mathbb{R}^{I_1 \times I_2 \cdots \times I_N}$ 的线性组合，即

$$\begin{aligned} M &\cong \sum_{r=1}^{R} \lambda_r a_r^{(1)} \circ a_r^{(2)} \circ \cdots \circ a_r^{(N)} \\ &= G \times_1 A^{(1)} \times_2 A^{(2)} \times \cdots \times_N A^{(N)} \\ &= [\![G; A^{(1)}, A^{(2)}, \cdots, A^{(N)}]\!] \end{aligned} \quad (6-37)$$

式中，λ_r 为对角型核张量 $G \in \mathbb{R}^{R \times R \times \cdots \times R}$ 的非零元素；$A^{(n)}$ 为因子矩阵，$A^{(n)} = [a_1^{(n)}, a_2^{(n)}, \cdots, a_R^{(n)}] \in \mathbb{R}^{I_1 \times R}$。使得等式成立的最小 R 称为张量的 CP 秩。特别地，对于一个标准的三阶张量 $M \in \mathbb{R}^{I \times J \times K}$，CP 分解可表示为

$$M = \sum_{r=1}^{R} \lambda_r a_r \circ b_r \circ c_r \quad (6-38)$$

式中，$a_r = u_r^{(1)}$；$b_r = u_r^{(2)}$；$c_r = u_r^{(3)}$。

元素表示为

$$M_{i,j,k} \cong \sum_{r=1}^{R} \lambda_r a_{ir} \circ b_{jr} \circ c_{kr}, i=1,2,\cdots,I, j=1,2,\cdots,J, k=1,2,\cdots,K \quad (6-39)$$

张量的 Tucker 分解是一个更一般化的模型，它是由 Tucker 在 1963 年提出的三阶分解方法。Tucker 分解将一个 N 阶张量 $M \in \mathbb{R}^{I_1 \times I_2 \times \cdots \times I_N}$ 分解为一个核张量 $G \in \mathbb{R}^{J_1 \times J_2 \times \cdots \times J_N}$ 和 N 个因子矩阵 $A^{(n)}$ 的 n-mode 的乘积，表达式为

$$\begin{aligned} M &\cong \sum_{j_1}^{J_1} \cdots \sum_{j_N}^{J_N} G_{j_1 \cdots j_N} a_{j_1}^{(1)} \circ a_{j_2}^{(2)} \circ \cdots \circ a_{j_N}^{(N)} \\ &= G \times_1 A^{(1)} \times_2 A^{(2)} \times \cdots \times_N A^{(N)} \\ &= [\![G; A^{(1)}, A^{(2)}, \cdots, A^{(N)}]\!] \end{aligned} \quad (6-40)$$

式中，$A^{(n)}$ 为 n-mode 的因子矩阵，$A^{(n)} = [a_1^{(n)}, a_2^{(n)}, \cdots, a_{j_n}^{(n)}] \in \mathbb{R}^{I_n \times J_n}$，可以看

作各模态的主成分或者模式，$n=1,2,\cdots,N$，$j_n=1,2,\cdots,J_n$；G 为核张量，描述了不同模态之间的主成分之间的相互关系。

根据张量的矩阵化，张量 Tucker 分解的矩阵形式可表示为

$$M_{(n)} = A^{(n)} G_{(n)} [\![A^{(N)} \otimes \cdots \otimes A^{(n+1)} \otimes A^{(n-1)} \otimes \cdots \otimes A^{(1)}]\!]^{T} \quad (6-41)$$

特别地，对于一个三阶张量，其分解示意图如图 6-9 所示，即

$$M \cong \sum_{j_1}^{J_1} \sum_{j_2}^{J_2} \sum_{j_3}^{J_3} G_{j_1 j_2 j_3} a_{j_1}^{(1)} \circ a_{j_2}^{(2)} \circ a_{j_3}^{(3)} \quad (6-42)$$

$$= G \times_1 A^{(1)} \times_2 A^{(2)} \times_3 A^{(3)}$$

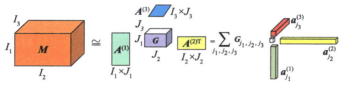

图 6-9　三阶张量的 Tucker 分解示意图

对于图 6-9 所示的三阶张量，张量分解的元素可表示为

$$M_{i_1,i_2,i_3} \cong \sum_{j_1}^{J_1} \sum_{j_2}^{J_2} \sum_{j_3}^{J_3} G_{j_1 j_2 j_3} A_{i_1 j_1}^{(1)} A_{i_2 j_2}^{(2)} A_{i_3 j_3}^{(3)} \quad (6-43)$$

式中，$i_1 = 1, 2, \cdots, I_1$；$i_2 = 1, 2, \cdots, I_2$；$i_3 = 1, 2, \cdots, I_3$。

Tucker 分解的矩阵形式可表示为

$$M_{(1)} \cong A G_{(1)} (C \otimes B)^{T}$$
$$M_{(2)} \cong B G_{(2)} (C \otimes A)^{T}$$
$$M_{(3)} \cong C G_{(3)} (B \otimes A)^{T} \quad (6-44)$$

由于出行矩阵为二维张量，添加时间标签后为三维张量，即 $M \in \mathbb{R}^{I_1 \times I_2 \times I_3}$，其中，$I_1$ 为出行起点小区数，$i_1 \in \{1, \cdots, I_1\}$；$I_2$ 为出行终点小区数，$i_2 \in \{1, \cdots, I_2\}$；$I_3$ 为时间窗口数，$i_3 \in \{1, \cdots, I_3\}$。张量元素 M_{i_1,i_2,i_3} 表示在时间窗口 i_3 中，从 i_1 小区到 i_2 的出行数。出行张量的分析框架如图 6-10 所示。

分解得到的因子矩阵为 $A^{(1)}$、$A^{(2)}$、$A^{(3)}$，其中出行起点因子矩阵 $A^{(1)} \in \mathbb{R}^{I_1 \times J_1}$ 和出行起点因子矩阵 $A^{(2)} \in \mathbb{R}^{I_2 \times J_2}$ 反映了空间中不同交通小区所属的模式，时间维度因子矩阵 $A^{(3)} \in \mathbb{R}^{I_3 \times J_3}$ 反映时间维度的模式。核张量 $G \in \mathbb{R}^{J_1 \times J_2 \times J_3}$ 反映出行起点、终点以及时间维度的相互影响关系。

一般地，非负张量分解可看作带有非负约束的最小化均方误差的优化问题，定义为

$$\min_{A^{(n)}, G} F \triangleq \frac{1}{2} \| M - G \times_1 A^{(1)} \times_2 A^{(2)} \times \cdots \times_N A^{(N)} \|_F^2$$

$$\text{s.t.} \quad G \in \mathbb{R}_+^{J_1 \times J_2 \times \cdots \times J_N}, A^{(n)} \in \mathbb{R}_+^{I_n \times I_n} \forall_n = 1, 2, \cdots, N \quad (6-45)$$

式中，M 为初始张量，$M \in \mathbb{R}^{I_1 \times I_2 \times \cdots \times J_N}$；$G$ 为核张量，$G \in \mathbb{R}^{J_1 \times J_2 \times \cdots \times J_N}$；$J_n$ 为核张量 n-mode 的维度，$n=1,2,\cdots,N$；$A^{(n)}$ 为因子矩阵；F 为损失函数；$\|\cdot\|_F$ 为 Frobenius 范数。

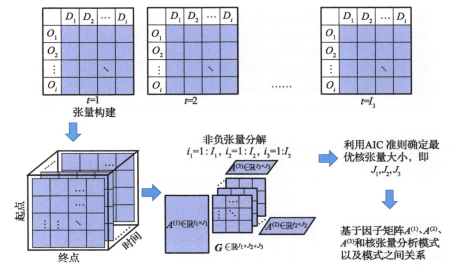

图 6-10　出行张量的分析框架

常见的非负矩阵分解和非负张量分解是基于交替最小二乘算法优化损失函数，本章中的非负张量分解目标是寻找使损失函数最小的因子矩阵和核张量。由上述可知，Tucker 分解的张量 n-mode 矩阵化表示为核张量的 n-mode 展开与因子矩阵的 Kronecker 乘积，即

$$M_{(n)} \cong A^{(n)} G_{(n)} [A^{(N)} \otimes \cdots \otimes A^{(n+1)} \otimes A^{(n-1)} \otimes \cdots \otimes A^{(1)}]^{\mathrm{T}} \quad (6-46)$$

这里，定义 $A^{(\backslash n)} \triangleq [A^{(N)} \otimes \cdots \otimes A^{(n+1)} \otimes A^{(n-1)} \otimes \cdots \otimes A^{(1)}]$，则 NTD 的矩阵化形式表示为

$$M_{(n)} \cong A^{(n)} G_{(n)} A^{(\backslash n) \mathrm{T}} \quad (6-47)$$

损失函数可表示为

$$\min_{A^{(n)}, G_{(n)}} F = \frac{1}{2} \left\| M_{(n)} - A^{(n)} G_{(n)} A^{(\backslash n) \mathrm{T}} \right\|_F^2$$

$$\text{s. t. } G \in \mathbb{R}_+^{J_1 \times J_2 \times \cdots \times J_N}, \ A^{(n)} \in \mathbb{R}_+^{I_n \times J_n} \ \forall n = 1, 2, \cdots, N \quad (6-48)$$

由此可以计算 F 相对各分量的偏导数：

$$\nabla_{A^{(n)}} F = (A^{(n)} G_{(n)} A^{(\backslash n) \mathrm{T}} - M_{(n)}) A^{(\backslash n)} G_{(n)}^{\mathrm{T}} \ \forall n = 1, 2, \cdots, N$$

$$\nabla_{G_{(n)}} F = A^{(n) \mathrm{T}} (A^{(n)} G_{(n)} A^{(\backslash n) \mathrm{T}} - M_{(n)}) A^{(\backslash n)} \quad (6-49)$$

通过交替地提升其中一个因子矩阵并保持其他因子矩阵不变，我们可以得

到因子矩阵 $\boldsymbol{A}^{(n)}$ ($n=1,2,\cdots,N$) 的非负交替最小二乘更新规则如下：

$$\boldsymbol{A}^{(n)} \leftarrow [\boldsymbol{A}^{(n)} - \alpha(\boldsymbol{A}^{(n)}\boldsymbol{G}_{(n)}\boldsymbol{A}^{(\backslash n)\mathrm{T}} - \boldsymbol{M}_{(n)})\boldsymbol{A}^{(\backslash n)}\boldsymbol{G}_{(n)}^{\mathrm{T}}]_{+} \quad (6-50)$$

式中，$[\,\cdot\,]_{+}$ 为强制非负性，$[\,\cdot\,]_{+} = \max\{\theta,x\}$，$\theta$ 为一个极小的正数，α 为学习率。

在更新完因子矩阵后，便可以更新核张量 n-mode 的矩阵 $\boldsymbol{G}_{(n)}$：

$$\boldsymbol{G}_{(n)} \leftarrow [\boldsymbol{G}_{(n)} - \alpha\boldsymbol{A}^{(n)\mathrm{T}}(\boldsymbol{A}^{(n)}\boldsymbol{G}_{(n)}\boldsymbol{A}^{(\backslash n)\mathrm{T}} - \boldsymbol{M}_{(n)})\boldsymbol{A}^{(\backslash n)}]_{+} \quad (6-51)$$

本研究提出的基于用户画像的出行前静态方案匹配技术可以实现出行组合方案规划、出行偏好及模式识别，通过随机效用最大化理论进行多方式组合出行选择决策，基于备选的方式链进行成本测算并利用 MNL 计算各出行方式链被选择的概率，最后引入张量分解模型对出行数据进行数据挖掘来获取出行偏好及出行模式。

第 7 章
基于实时交通信息的出行方案动态调整技术

出行过程中,事故与事件的发生以及突发管控措施的实施会导致局部路网状态发生剧烈变化,带来特定 OD 点对之间不同组合出行方案的出行成本发生较大变化,需要采取调整策略以确保出行全过程的最优性。

7.1 出行路径动态优化方法逻辑框架

出行路径动态优化主要是在出行前的规划路线基础上,针对交通状态变化导致最优路线改变以及交通突发事件导致规划路线存在交通拥堵两种情况,融合路网实时信息对出行路径进行动态调整,保证用户在整个出行过程中可以保持系统最优性。

为了实现出行路径的动态优化,需要结合路网实时信息对交通状态的未来演化进行预测,当剩余行程中优化路径行程时间与当前规划路径的行程时间差值大于一定阈值时,对用户进行提示,以方便其进行路径决策。本节提出了一种从起点至终点的最优路径迭代算法,具体逻辑框架如图 7-1 所示。

为描述上述问题,利用时间间隔 t 以表示模型在不同时段的运转过程。时间间隔 t 的取值与交通信息采集频率相等,即每采集到最新的交通信息后,时刻 t 均会变为 $t+1$ 时刻。在引入时间参数后,模型需要通过一个迭代过程在出行途中对出行路径不断进行修正,最后到达终点。

迭代的基本思路是将每次信息更新时刻所处位置的下游节点设为起点,并利用最新获取的交通信息进行未来的行程时间预测,得到此时刻从起点到终点的最优路径。当时刻变化时,再判断此时刻所处位置的下游节点是否为终点,若不是,则重复上述过程,利用最新交通信息规划路径,若下游节点是终点,则结束运算。由此迭代方法可以在每次信息更新时规划当前的最佳出行路径,以实现在全出行过程中规划的出行路径对交通信息的实时响应。由上述分析可知,如何利用实时信息对未来行程时间估计是路径动态优化的核心所在。

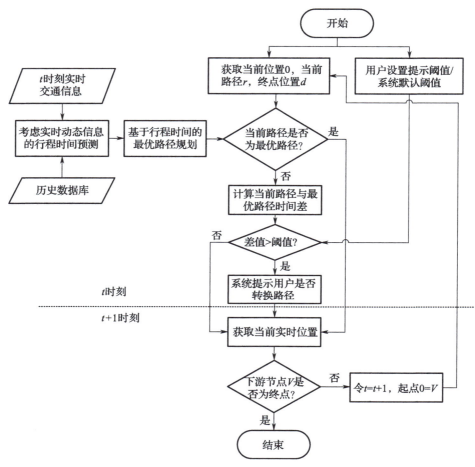

图 7-1 出行路径动态优化方法逻辑框架

7.2 实时动态信息影响的行程时间预测方法

出行前规划路线时的预估到达时间会随着实时交通状态演化而发生一定程度的变化,当变化达到一定程度时会导致最优路线的改变。本章提出了一种混合时空图卷积网络,利用导航流量数据尽可能地提升预估到达时间预测的效果。

在出行线路规划中产生了计划交通流量,计划中交通流量的变化预示着交通状态的潜在变化。为此,本章将交通流量这一异质信息整合到通行时间预测模型当中,设计出一种基于域转换器(Domain Transformer)结构的通行时间估计方法。

交通流理论中,路段的交通流量和车辆密度呈三角形曲线映射关系,而曲线的参数是因路段而异的,如图7-2所示。基于此转换关系设计了将流量转化为通行时间的转换器,该转换器由两层网络构成,分别用于提取全局共享信息和学习不同路段的精细化信息。针对交通网络的非欧几里得（Noneuclidean Geometry）几何特性,利用图卷积（Graph Convolution）结构提取了网络的空间依赖性特征,进而设计了一种新的邻接矩阵,以更好地体现路段间的交通邻近性。

在以往的研究中,邻接矩阵的权重只按距离衰减,并没有考虑到路段间固有的交通邻近性。为解决这一问题,本章设计了一种复合邻接矩阵（Compound Adjacency Matrix）,在距离衰减的基础上进一步引入了路段通行时间的协方差。

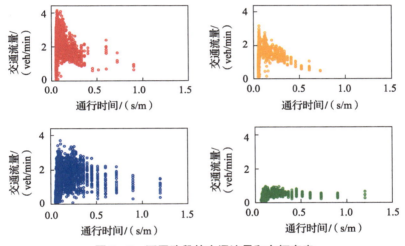

图 7-2 不同路段的交通流量和车辆密度

混合时空图卷积网络（H-STGCN）将未来交通流量信息转化为通行时间信息,利用路段间参数共享的门控卷积提取时间依赖特征,同时利用基于复合邻接矩阵的图卷积从合并后的通行时间信息中捕捉空间依赖信息。H-STGCN 经由端到端的训练,具备基于计划中交通流量信息预测未来交通拥堵的能力。

H-STGCN 整体框架如图 7-3 所示,模型输入由两个特征张量组成,分别是理想未来流量 V 和通行时间张量 T。V 和 T 均包含三个维度：空间维度、时间维度、通道维度,分别对应路段、所使用的时间片和特征。域转换器（模块 a）首先将 V 转化为通行时间信息,输出未来通行时间张量。接下来,两个独立的门控卷积（模块 b）分别作用于 X 和 T 的时间维度以提取更高层级的时域特征。将每个路段视为一个节点,基于复合邻接矩阵的图卷积（模块 c）作用在合并（Concatenation）后的信号上。两个门控卷积继续扩大时域上的感知范围,并最终经由一个全连接层（FC）输出预测结果。

7.2.1 模型输入与数据处理

输入特征张量 X 的每个切片对应一个单独的时间片 t，而每个切片由两部分组成：理想未来流量和通行时间。

未来理想流量 $\nu_{i,t_0,f}$ 作为对真实未来流量这一无法获取信息的近似，可以通过在线导航引擎获取。图 7-4 示意了出行服务导航系统架构，导航过程中，车辆每秒钟与云服务器同步自身坐标，与此同时，为保证用户获取到最新的交通状态信息，云服务器对预计到达时间是实时更新的。

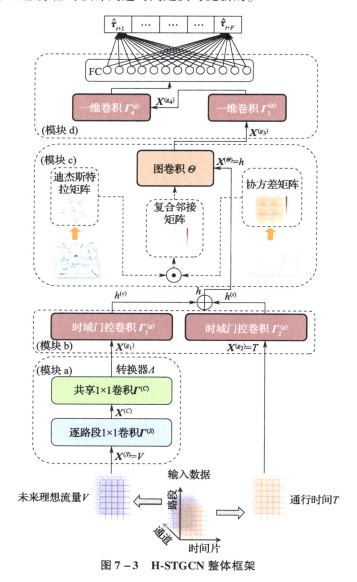

图 7-3 H-STGCN 整体框架

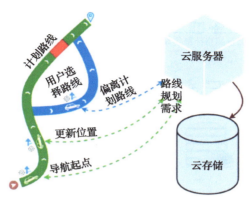

图 7-4 出行服务导航系统架构

智慧出行服务出行路径的原始数据形式为

$$L = \{(r, \{(\rho_{r,l}, \delta_{r,l}, \psi_r) | l \in [0, M_r]\} | r \in [0, N_L]\} \quad (7-1)$$

式中，r 为路径进程的索引号；ψ_r 为路径 r 的发起时间；$\rho_{r,l}$ 为规划路线中的第 l 个路段；$\delta_{r,l}$ 为到达 $\rho_{r,l}$ 的预估时间；M_r 为路线中路段的总数量；N_L 为导航进程的总数量。预计到达时间来自机器学习模型的预测（利用历史轨迹等数据训练得到）。算法 1 展示了从导航服务路线集合中推算未来理想流量的过程。

H-STGCN 中，流量输入包含与预测时间窗口相对应的未来理想流量和历史平均流量：

$$V_{i,t} = [v_{i,t,0}, v_{i,t,1}, \cdots, v_{i,t,F}, v_{i,t,0}^{(h)}, v_{i,t+1,0}^{(h)}, \cdots, v_{i,t+F,0}^{(h)}] \quad (7-2)$$

式中，i 为路段的索引号。

通行时间输入包含实时通行时间及其与预测时间窗口相对应的历史均值 $T_{i,t} = [\tau_{i,t}, \tau_{i,t}^{(h)}, \tau_{i,t+1}^{(h)}, \cdots, \tau_{i,t+F}^{(h)}]$。实时通行时间 $\tau_{i,t}$ 通过完成地图匹配的 GPS 点数据整合计算得到。

算法1：道路的未来理想流量的路径聚集算法
输入：数据集中的导航路径记录 L
输出：未来理想流量 v
1   初始化 Z 为空集
2   for each $r \leftarrow 0, 1, \cdots, N_L - 1$ do
3   for each $l \leftarrow 0, 1, \cdots, M_r - 1$ do
4        $s \leftarrow \rho_{r,l}\{s \text{ is the id of a road segment}\}$
5        $t \leftarrow \delta_{r,l}\{t \text{ is a time slot}\}$
6   for $f \leftarrow 0, 1, 2, \cdots, F$ do
7   if $t \geq \psi_r$ then
8            $\zeta \leftarrow (s, t, f)$
9   Add ζ to Z
10   else
11   break
12   end if

(续)

算法 1：道路的未来理想流量的路径聚集算法
输入：数据集中的导航路径记录 L
输出：未来理想流量 v
13      $t \leftarrow t - \Delta t$ $\{\Delta t$ stands for the length of a single time slot$\}$
14   end for
15   end for
16   end for
17   for each $s_0 \leftarrow 0, 1, \cdots, n-1$ do
18   for each $t_0 \leftarrow 0, 1, \cdots, S_{train} + S_{test} - 1$ do
19   for each $f_0 \leftarrow 0, 1, \cdots, F$ do
20      $v_{s_0}, t_0, f_0 = \text{cardinality}(\{\zeta \mid \zeta \cdot s = s_0, \zeta \cdot t = t_0, \zeta \cdot f = f_0, \forall \zeta \in Z\})$
21   end for
22   end for
23   end for
24   return v

7.2.2 域转换器构建方法

域转换器由串联的两层网络组成，即逐路段卷积（Segmentwise Convolution）和路段间共享卷积（Shared Convolution），如图 7-5 所示。各个部分的作用和具体信息分述如下。

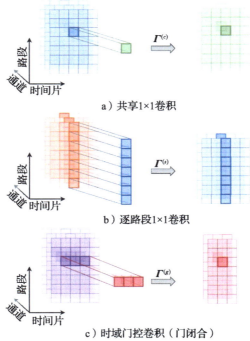

图 7-5 域转换器结构示意图

共享 1×1 卷积。路段及时间片间参数共享的卷积层位于域转换器的顶部,该卷积运算如图 7-5a 所示,旨在捕捉全局的三角形曲线映射关系。记这一层的输入和输出为 $X_{i,t,:}^{(c)}$ 与 $Y_{i,t,:}^{(c)}$,则有

$$Y_{i,t,:}^{(c)} = \varGamma^{(c)}(X_{i,t,t}^{(c)}) = \sigma(X_{i,t,t}^{(c)} \cdot F^{(c)} + b^{(c)}) \tag{7-3}$$

式中,$F^{(c)}$ 为权重;b 为偏置项;σ 为指数线性单元(Exponential Linear Unit,ELU)激活函数。

逐路段 1×1 卷积。为保证模型能够充分提取精细到路段级别的特征,路段参数个性化的卷积层位于域转换器的底部,该卷积运算如图 7-5b 所示。记这一层的输入和输出为 $Y_{i,t,:}^{(s)}$ 与 $X_{i,t,:}^{(s)}$,则有

$$Y_{i,t,:}^{(s)} = \varGamma^{(s)}(X_{i,t,t}^{(s)}) = \sigma(X_{i,t,t}^{(s)} \cdot F_{i,:,:}^{(s)} + b_{i,t}^{(s)}) \tag{7-4}$$

式中,$F_{i,:,:}^{(s)}$ 为权重;$b_{i,t}^{(s)}$ 为偏置项;σ 为 ELU 激活函数。

7.2.3 基于复合邻接矩阵的图卷积网络设计

以往研究中的邻接矩阵,一般假设节点间的相似性简单地依距离衰减,其表达式如下:

$$w_{ij}^{(d)} = \begin{cases} \exp\left(-\dfrac{d_{ij}^2}{\sigma^2}\right) &, \exp\left(-\dfrac{d_{ij}^2}{\sigma^2}\right) \geqslant \delta \\ 0 &, \text{其他} \end{cases} \tag{7-5}$$

式中,d_{ij} 为路段 i 与 j 的最短路距离,控制衰减速度;δ 为控制矩阵稀疏性的截断阈值。这里,可将 $w_{ij}^{(d)}$ 称为迪杰斯特拉矩阵(Dijkstra matrix)。在很多场景下,单纯的空间接近程度并不能反映真实的通行时间邻近性。更具体而言,交通拥堵路段与对其临近路段交通的影响取决于邻近路段的若干属性,包括道路等级、车流转向等。由此,提出了复合邻接矩阵的概念及表达式:

$$\begin{aligned} w_{ij}^{(c)} &= \sigma_{ij} w_{ij}^{(d)}, 1 \leqslant i \leqslant n, 1 \leqslant j \leqslant n \\ \sigma_{ij} &= \sum_{t \in [0, S_{\text{train}}]} (\tau_{i,t} - \bar{\tau}_i)_+ (\tau_{j,t} - \bar{\tau}_j)_+ \end{aligned} \tag{7-6}$$

式中,$(\cdot)_+ = \max\{0, \cdot\}$;$\bar{\tau}_i = \sum_{t \in [0, S_{\text{train}}]} \tau_{i,t}/S_{\text{train}}$。

将交通路网视为一个以路段为节点的图,那么归一化图拉普拉斯(Normalized Graph Laplacian)矩阵和缩放变换的图拉普拉斯(Scaled Graph Laplacian)矩阵分别表示为

$$\begin{aligned} L &= I_n - D^{-\frac{1}{2}} W^{(c)} D^{-\frac{1}{2}} \\ \tilde{L} &= 2L/\lambda_{\max} - I_n \end{aligned} \tag{7-7}$$

式中,I_n 为单位矩阵;$W^{(c)}$ 为复合邻接矩阵;D 为对角矩阵,$W^{(c)}$ 的度矩阵

(Degree Matrix); $\lambda_{\max}$ 为最大特征值。

图卷积层可通过 $\tilde{L}$ 的切比雪夫多项式（Chebyshev Polynomials）进行参数化，这一层的输入和输出为

$$X^{(\Theta)}_{:,t,:} \in \mathbb{R}^{n \times C^{(\Theta_{\text{in}})}} \text{ 和 } Y^{(\Theta)}_{:,t,t} \in \mathbb{R}^{n \times C^{(\Theta_{\text{out}})}} \tag{7-8}$$

由式（7-8）可知：

$$Y^{(\Theta)}_{:,t,j} = \sigma\left(\sum_{m=1}^{C^{(\Theta_{\text{in}})}} \sum_{k=0}^{K-1} \Theta_{k,m,j} T_k(\tilde{L}) X^{(\Theta)}_{:,t,m} + b^{(\Theta)}_j\right) \in \mathbb{R}^n, \forall j = 1,2,\cdots,C^{(\Theta_{\text{out}})} \tag{7-9}$$

式中，$T_k(\tilde{L})$ 为切比雪夫多项式第 k 阶项；K 为卷积核大小；$\Theta_{k,m,j}$ 为权重张量；$b^{(\Theta)}_j$ 为偏置项；σ 为 ELU 激活函数。

时域门控卷积如图 7-5c 所示，路段间参数共享的一维卷积将输入 $X^{(g)} \in \mathbb{R}^{n \times P \times C^{(g_{\text{in}})}}$ 转化为张量：

$$[A\ B] \in \mathbb{R}^{n \times (P-K_t+1) \times (2C^{(g_{\text{out}})})} = F^{(g)} * X^{(g)} + b^{(g)} \tag{7-10}$$

式中，$*$ 为一维卷积运算符；F 为卷积核；K_t 为卷积核的大小；P 为输入时序长度；b 为偏置项。

A 和 B 形状相同，通道数均为 C。此处，使用 GLU（Gated Linear Unit）进一步引入非线性操作：

$$\Gamma^{(g)}(X^{(g)}) = A \odot \sigma(B) \in \mathbb{R}^{n \times (P-K_t+1) \times C^{(s_{\text{out}})}} \tag{7-11}$$

式中，$\odot$ 为哈达玛积（Hadamard Product）。

时空图卷积网络（Spatio-Temporal Graph Convolutional Network，STGCN）将空域图卷积层和时域门控卷积层交替地进行堆叠以同时捕捉时间和空间的依赖性。如将 H-STGCN 的流量特征分支和邻接矩阵中的协方差项移除，则 H-STGCN 退化为只有单个时空卷积块（ST-Conv Block）的 STGCN 模型。

7.3 基于潜在语义知识蒸馏的动态交通事件实时识别方法

动态交通事件是指由于道路通行能力变化影响用户出行时间的事件，包括封闭、施工、事故等。基于自然语言处理（NLP）的交通事件抽取是获取交通动态事件的重要途径，主要流程为收集交通官方平台以及各个媒体平台信息，经过命名实体识别、事件拆分组合输出动态事件，最终用于用户出行规划路线。图 7-6 是基于自然语言处理的交通事件识别方法。

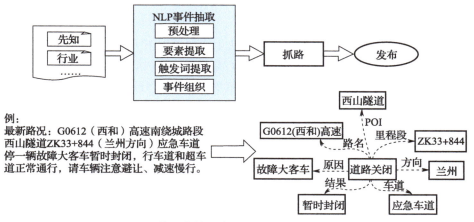

图7-6 基于自然语言处理的交通事件识别方法

预训练模型是NLP领域近期最重要的进展之一，例如Google发布的BERT预训练语言模型提升了诸多NLP任务的性能，在11种不同NLP测试中创出最佳成绩，预训练模型成为自然语言理解主要趋势之一。预训练模型通常包括两个阶段：第一阶段是在大型语料库基础上对给定上下文预测特定文本；第二阶段是在特定的下游任务进行微调（finetuning）。由于BERT模型有上亿参数量，单个样本计算一次的开销为上百毫秒，因而给部署线上服务带来很大的困扰，如何让BERT瘦身是工业界以及学术界重点攻坚问题。Hinton提出了知识蒸馏的概念，使用Teacher-Student模型进行模型瘦身。其中Teacher是"知识"的输出者，Student是"知识"的接收者。将Teacher知识压缩到Student网络，Student网络与Teacher网络具有相同的预测能力，但Student拥有更快的推理速度，极大节省了计算资源。

目前前沿的预训练技术包括微软的BERT-PKD（Patient Knowledge Distillation for BERT）、Huggingface的DistilBERT，以及华为的TinyBERT。上述三个代表性成果的基本思路都是减少迁移编码的层数和隐含层大小，其细节性差异主要体现在损失函数的优化设计上。

知识蒸馏的最核心问题是如何捕捉模型潜在的语义信息。先前工作的焦点主要集中在损失函数的设计上，致使模型偏重于单个样本表达信息的提取，对潜在语义信息的捕捉能力有限。为此，本章设计了一种基于对比学习的知识蒸馏框架（LRC-BERT），并在此基础上提出COS-NCE损失，通过优化COS-NCE损失拉近正样本、拉远负样本距离，提升模型学习潜在语义表达信息的能力。同时，为进一步提高LRC-BERT的学习效果，设计了一种两阶段训练过程。最后，在字向量嵌入层首次引入梯度扰动技术提升模型鲁棒性。

7.3.1 语义知识蒸馏研究背景

当前在深度学习领域的模型压缩方法主要包括以下方向：裁剪、因子分解、权重共享、量化与知识蒸馏。裁剪的核心是移除网络中不必要的部分，具体方法包括权重裁剪、注意力头部裁剪、层裁剪等。因子分解通过将参数矩阵分解成两个较小矩阵的乘积来逼近原始参数矩阵，给矩阵施加了低秩约束。权重共享既可以应用于输入嵌入层，也可以应用于前馈/自注意力层的参数。知识蒸馏是一种模型压缩常见方法，在 Teacher-Student 框架中将复杂的学习能力强的网络学到的特征表示"知识蒸馏"出来，传递给参数量小、学习能力弱的网络。

7.3.2 基于对比学习潜在语义知识蒸馏方法框架

1. 问题定义

Teacher 网络定义为 $f^T(x,\theta)$，x 为模型输入，θ 为模型参数，模型输出为 Z^T。Student 网络定义为 $f^S(x,\theta')$，输出为 Z^S。知识蒸馏的目标是使得 Student 的 $f^S(x,\theta')$ 表达更加贴近 $f^T(x,\theta)$ 表达，同时最小化预测层损失，使 Student 网络与 Teacher 网络具有同样的性能。

2. 模型蒸馏结构

图 7-7 所示为（LRC-BERT）结构示意图，对比学习的作用使得 Student 能够在中间层学习到 Teacher 潜在语义信息。举例来说，对于 Student 表达 Z^S 应与 Teacher 的特征表达 Z^T 相接近，而要远离负例 n_1^T 和 n_2^T。

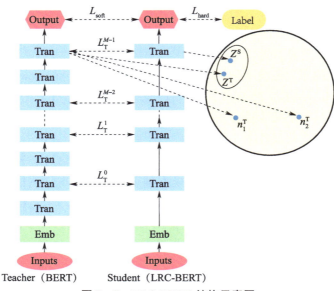

图 7-7 LRC-BERT 结构示意图

3. 基于对比损失余弦的噪声对比估计

对比学习目标是为输入 X 学习一个表示 Z（最好的情况是 Z 已知时一定可以精准确定 X），常用的衡量指标为互信息 $I(X,Z)$。对比学习通过最大化互信息确定对比学习损失（也称 InfoNCE），其核心理念是通过计算样本间的距离，拉近正样本、拉远负样本，获取 X 的深层信息表达。

本章设计了一种新的基于对比损失余弦的噪声对比估计方法（Cosine-Based Noise-Contrastive Estimation，COS-NCE）用于中间层的知识蒸馏。对于一个给定的 Teacher 网络 $f^T(x,\theta)$ 以及 Student 网络 $f^S(x,\theta')$，面向任何一个正例，随机选择 K 个最邻近的样本 $N = \{n_1^-, n_2^-, \cdots, n_k^-\}$，由此可得 Teacher 网络的中间层表达 Z^T 和 Student 网络中间层表达 Z^S，以及 K 个负例表达 $N = \{n_1^-, n_2^-, \cdots, n_k^-\}$。

不同于传统对比学习方法采用欧氏距离或者互信作为损失函数的衡量指标，本节提出余弦角度度量方式来进行对比学习，如图 7-8 所示。

1）在特征空间上，Z^S 与 Z^T 角度更加贴近，而与负例 n^T 的余弦角度差异变大。

2）对于不同 Student 网络的 f^{S1} 和 f^{S2}（Student f^{S1} 语义与 Teacher 语义更相似）：在欧氏距离（绿色）上 Z^{S2} 更加贴近 Z^T，然而在基于余弦距离衡量上 Z^{S1} 相对比 Z^{S2} 更贴合 Z^T，可见余弦距离更加符合语义特征表达度量。

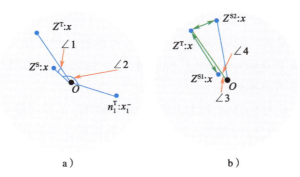

图 7-8 对比学习中的余弦角度度量方式

COS-NCE 损失函数见式（7-12），$g(x,y) \to [0,2]$，用来衡量两个向量角度距离，$g(x,y)$ 越小代表两个向量越相似，$g(x,y) = 2$ 代表两个向量不相似状态的边界。COS-NCE 设计动机是最小化 Z^S 和 Z^T 的角度距离，最大化 Z^S 和 n^T 角度距离。本问题中，$g(n_i^T, Z^S)$ 与 $g(Z^T, Z^S)$ 的距离需要最大化，具体的处理手段可将最大化问题转换成最小化问题：

$$L_C(Z^S, Z^T, N) = \frac{\sum_{i=1}^{K}\{2 - [g(n_i^T, Z^S) - g(Z^T, Z^S)]\}}{2K} + g(Z^T, Z^S)$$

$$g(x, y) = 1 - \frac{x \cdot y}{\|x\|\|y\|}$$

(7-12)

4. 迁移层蒸馏

COS-NCE 用于迁移层蒸馏，每个迁移层包含多头注意力以及前馈神经网络（FFN）。针对 FFN 的输出蒸馏环节，假定 Teacher 网络有 N 个迁移层，Student 网络有 M 个迁移层，可使用统一的方式完成 Teacher 的 N 个迁移层与 Student 的 M 个迁移层之间的映射，见式（7-14）。

$$L_T^i = L_C(h_i^S W, h_{\phi_i}^T, H_i^T) \quad (7-13)$$

式中，h_i 为 Student 网络第 i 个迁移层的输出，$h_i^S \in R^{l \times d}$；$h_{\phi_i}^T$ 为 Teacher 网络的第 ϕ_i 个迁移层的输出，$h_{\phi_i}^T \in R^{l \times d'}$；$l$ 为文本长度；d' 为 Teacher-Student 隐含层大小（d 的维度少于 d'）；$H_i^T = \{h_{0,\phi_i}^T, h_{1,\phi_i}^T, \cdots, h_{K-1,\phi_i}^T\}$ 为 Teacher 网络第 i 个负迁移样本；$W \in R^{d \times d'}$ 为维度映射参数，目的是将 Student 与 Teacher 隐含层大小对齐。

5. 预测层蒸馏

为更好地适配下游预测任务，采用 Student 的预测层输出学习 Teacher 的预测层输出，即软损失。同时 Student 学习真实标签，即硬损失。其中 KL 散度（Kullback-Leibler Divergence）用于 Student 学习 Teacher 的预测分布，交叉熵函数用于 Student 学习真实标签。

设 y^S、y^T 分别为 Student 和 Teacher 的预测输出，τ 控制输出分布的平滑度，y 为真实标签，α、β、γ 分别为不同损失的加权系数。为了让模型更加高效地学习中间层表达，本章采用两阶段训练方法，在第一阶段关注中间层的对比损失 α、β、γ 设置为 1、0、0。在第二阶段 β、γ 权重设置大于 0，保证模型有能力预测下游任务。

$$L_{\text{soft}} = \text{softmax}(y^T/\tau) \log\left[\frac{\text{softmax}(y^T/\tau)}{\text{softmax}(y^S/\tau)}\right]$$

$$L_{\text{hard}} = -\text{softmax}(y/\tau) \log[\text{softmax}(y^S)]$$

(7-14)

6. 基于梯度扰动的训练

模型结构是影响鲁棒性的重要因素，如何提升模型鲁棒性是模型压缩算法中一个重要关注点。本节引入梯度扰动技术构造一种增强 LRC-BERT 鲁棒性的方法，如图 7-9 所示。该方法没有直接使用 L_{total} 对模型进行反向梯度传播，而是优先计算向量映射（Emb）的梯度 $\nabla L_{total}(emb^s)$，将其作用于 emb^s 输入进行扰动，最终使用梯度扰动之后，损失对模型进行参数更新。

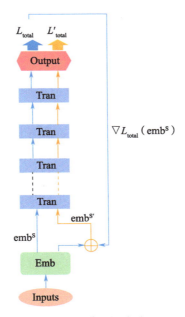

图 7-9 梯度扰动过程

第 8 章
出行服务评价技术

长期以来，作为交通产业的重要组成，出行服务提供者更关注公共交通服务效益和运营效率，出行服务的评价往往从服务管理者的角度出发，忽视了乘客的出行体验。但随着生活水平的提升，乘客对出服务质量提出了更高的要求，推动交通产业发展质量不断提升。随着 MaaS 这一概念的出现，出行服务迅速成为当下的热点与发展趋势。在过去的几年里，服务质量已经成为从业人员、管理人员和研究人员关注的主要领域，乘客的出行体验取代效益和运营效率成为出行评价的重点。随着出行产业的发展，交通行业的研究人员和管理人员不断优化所提供的出行服务相关细节，优化顾客出行体验，增加利润率。同时，不断提高的服务质量也是出行服务厂商和交通规划者吸引和保留更多的乘客的重要工具，对提高市场份额有着重要意义。此外，高质量的交通服务也将鼓励人们转向公共交通服务，对碳中和进程也有着一定推动作用。出行服务的优化将促进交通产业和现代城市的可持续发展，评价技术可以帮助交通参与者优化战略目标，并确定筹资决策。

在出行评价不断发展的背景下，模型的重要性逐渐凸显，出行服务评价模型有助于从业者了解与服务质量相关的因素，为其提供服务产品的改进方向。近年来，许多研究者从不同的角度，使用一系列不同的方法来研究交通部门的服务质量。由于出行服务质量概念的复杂性、用于评估服务质量属性的多样性、用于分析服务质量的数据不精确性和主观性以及乘客感知的异质性，目前发展的基于乘客满意度调查方法繁多且没有统一的标准。目前，较多的研究基于陈述偏好调查的离散选择模型分析公共交通服务质量。这种方法是基于这样的假设：尽管某些方面，乘客对服务质量的满意度可能是特别积极或消极的，但乘客满意度的总体水平由个人对所提供的全部服务的评价来衡量。尽管运输部门使用了各种复杂的评价方法，其测量也具有特殊性，但基于乘客满意度的模型正在被最广泛地用于分析交通部门的服务质量，基于乘客满意度调查的交通服务质量分析也是出行领域的主要分析方法。

8.1 出行服务评价策略

出行服务质量的概念是复杂、模糊和抽象的，主要是因为服务的三个特性：无形性、异质性和不可分割性。许多研究者认为，服务质量的感知是消费者期望与实际服务感知比较的结果。基于这种思路，模型将期望解释为对服务的预测，作为一个理想的标准或足够或可容忍的质量属性与顾客的实际感知相比较。当分析公共交通行业的服务质量时，许多研究者用重要性测量来代替期望，尽管这并没有理论基础，然而，衡量哪些服务属性对顾客来说是重要的可能比衡量顾客期望值对管理者来说更有意义。服务质量和满意度两个变量的性质相似，都来自于不确认理论，二者的关系并不明确。近年来，关于"服务质量–满意度–忠诚度/行为意向"范式有很多研究，这个范式认为，满意度是服务质量和忠诚度或行为意向之间的联系。但也有研究者认为，虽然服务质量与满意度这两个概念在很多文献中被交替使用，但它们本质上是相异的。服务质量是一种认知判断（思考/判断），总结了服务中特别好（或坏）的元素，特别是与其他直接替代方案相比；而与此相反，乘客的满意度是一种纯粹体验式的情感判断（喜欢/愉悦），是消费者的满足反映。

在实际研究中，大量的属性被用来评估服务质量，许多研究甚至考虑了超过100个属性，这些属性也通常被归纳为数量更少的维度。尽管对服务质量维度的性质没有普遍的共识，但人们普遍认为服务质量是一个多维度的构造，并且是多层次或分层的。在出行评价调查中，调查中包括的属性维度必须根据每个具体案例进行选择。然而，在实际分析中许多属性是重复的，无论考虑的是什么类型的服务和环境，通用属性的归纳尤为重要。对于交通服务来说，服务的频率、准时性、舒适性和清洁度、安全性、信息的可用性、工作人员提供的服务、票价等项目有着更突出的意义。除了这些项目，还应该考虑每个特定环境下支撑服务的其他方面，因为不同用户的体验在很大程度上取决于用户的社会和人口特征、所处的环境（地理区域、社会阶层和服务类型）、出行的原因以及使用的交通方式，不同服务评价特异性的选择通常是在详尽研究属性对服务评价重要性的基础上进行的。在实际应用中，为达成上述目的，文献调查、服务商调查、试点用户调查、统计测试等方法往往被组合使用，以确定是否应该考虑某个属性；此外，通过重要性分析，这些方法也被用来通过减少属性的数量以简化数据收集。一般而言，存在几类对服务质量和满意度有着重要影响的属性，即核心属性或关键属性。

UNE-EN 13816：2003 标准对服务特性进行了分类，根据遵守和不遵守对顾客满意度的影响，分为基本因素（如准时性、安全性）、比例因素（如舒适性、清洁度）和吸引力因素（如非接触式服务、高效引导）。美国交通研究委员会《公交能力和服务质量手册》将属性分为可用性、舒适性和便利性因素，第一种因素涵盖时间表、服务覆盖面、信息提供等关键因素，对乘客来说比较重要，而后两者对乘客来说不太重要（如服务外观、过度拥挤、票价等）。这两类因素也被称为基本属性和非基本属性，基本属性在其水平较低时损害了服务质量（如准时性、频率、服务覆盖面），而非基本属性（如清洁度、驾驶员是否礼貌）被认为是次要的服务特征，非基本属性的存在在一定程度上会提高服务质量，但非基本属性的缺失却不会对服务质量有明显损害。

在客运服务中，服务质量是乘客的感知与期望相比较的结果。其概念往往具有主观性，因此评价过程通常涉及主观评估，导致不精确的数据。模糊理论等方法可以处理评估服务质量的数据中固有的主观、定性和不精确信息问题。但这一概念的主观性也使用户对服务不同特点的看法有很大差异。不同用户的社会经济特征，以及对公共服务的态度具有多样性，用户的感知也往往是异质的。为了分析这种异质性，一种可能性是对样本在人口的社会经济和人口统计方面的特征（收入、性别、汽车可用性、频率等）进行分层，以此建立特定的模型。近年来，关于主观数据（乘客的意见）是否可以与服务性能的客观数据（技术数据）相结合来评价公共交通整体质量的争论不断出现。一方面，服务质量是乘客主观所认为的质量，主观评价显示出用户评价之间的高标准偏差，而客观数据的这种异质性较低。大多数服务属性评价调查获得的客观值高于用户表达的平均满意率，只有少数主观指标达到的值高于客观值，如果用户认为某个服务方面是令人满意的，但客观上却没有达到适当的质量标准，那么交通机构可能就不会投入更多的资源来改善这个方面。但另一方面，客观指标可以提供更清晰、更少偏差的信息，如果用户对某个服务方面不满意，但这个方面已经提供了良好的质量标准，那么为满足客户要求而分配的额外资源将被浪费。此外，主观因素的测量方法有很强的主观性，如果受访者的抽样不正确，或者用户的判断过于异质，在分析服务质量时可能会出现相当大的统计误差。

在出行服务评价策略中，用户调查是收集用于分析质量信息的一个重要工具。乘客满意度调查问卷要求客户对每个关键的服务属性进行满意度或性能感知的评价，其分析结果被应用到出行总体评价中。在调查问卷中，乘客被要求对每个属性的重要性进行评价，或者对不同属性进行排名，以及对整体的服务满意度进行评价；在某些情况下，乘客被要求从感知和期望两个方面对每个属性进行评价，或者从感知和期望两个方面对总体服务进行评价。以欧盟 MaaS 出行应用 MaaS4EU 的乘客满意度调查问卷为例，研究者调查了使用者对出行服务体验和满意度的评价，并分析了影响乘客使用出行平台的三个最主要因素，同时调查了出行服务的使用对用户出行和生活的影响。此外，作为线上应用程序，MaaS4EU 还调查了乘客对服务平台的使用感受。在分析形式中，数字量表的使用最为广泛，范围也更大；而语言量表使用较少，范围较窄。

8.2　出行服务评价指标体系及测算方法

服务质量分析有两种主要的理论方法，一是乘客服务感知方法，二是结合了乘客对服务期望的感知方法。根据服务质量是通过分解（服务属性被单独分析）还是聚合（属性的聚合分析被用来获得整体的服务质量指数或乘客满意度指数）的差异，服务质量分析在方法学上也有两种模型。分解模型有助于从一系列繁多的服务属性中确定改善服务的优先次序，而聚合模型则提供了一个服务质量指数，可以更有效地对服务进行长期分析，并对不同的服务进行比较（如地域范围、供应商等）。在某些情况下，两种方法同时使用能取得更好的效果：分解模型帮助管理者更优化地集中他们组织的注意力和资源，而聚合模型在整体上分析服务质量的水平，并确定服务对乘客的整体感知产生的影响。下面将基于两种理论和两种方法论，对分解模型和聚合模型下的服务感知方法、服务感知－期望方法进行介绍。

8.2.1　服务感知－期望聚合模型

从客户的角度来看，服务质量（Service Quality，SQ）是反映期望服务和实际服务之间差异的函数。聚合的表现－期望模型被定义为

$$\mathrm{SQ} = \sum_{j=1}^{k}(P_{ij} - E_{ij}) \quad (8-1)$$

式中，k 为属性的数量；P_{ij} 为刺激因素 i 对属性 j 的性能感知；E_{ij} 为关于刺激因素 i 对属性 j 的服务质量期望。

几十年来，这一模型一直作为服务质量分析的起点，因为它提供了一个整体的服务质量指数，可以在一段时间内进行分析或比较不同的服务，但这种方法并不能帮助确定服务属性改进的优先次序。另外，式（8-1）意味着所有的属性在服务质量中都是同等重要的，但事实并非如此，考虑不同属性的重要程

度，加权后的服务质量可能会有更好的评价效果。

乘客满意度指数（Customer Satisfaction Index，CSI）考虑了属性的重要性和满意率，可以更好地反映服务质量，表达式为

$$\text{CSI} = \sum_{k=1}^{N} [\bar{S}_k W_k] \tag{8-2}$$

式中，$\bar{S}_k$ 为用户对服务质量 k 属性表达的满意率的平均值；W_k 为 k 属性的权重，根据用户表现的重要率 I_k 计算，具体来说，它是用户对 k 属性所表达的重要率的平均值与所有服务质量属性的平均重要率之和的比率。

乘客满意度指数代表对整体满意度的良好衡量，因为它将顾客对几个服务属性的判断总结为一个单一的分数。然而，顾客的满意率在用户之间可能是非常异质的。这些异质性不能被乘客满意度指数所考虑。为了克服这一不足，重要率权重和满意率可以根据其分散性进行修正。异质乘客满意度指数（Heterogeneous Customer Satisfaction Index，HCSI）改进了乘客满意度指数，有更好的表达效果，即

$$\text{HCSI} = \sum_{k=1}^{N} [S_k^c W_k^c], S_k^c = \bar{S}_k \frac{\frac{\bar{S}_k}{\text{var}(S_k)}}{\sum_{k=1}^{N} \frac{\bar{S}_k}{\text{var}(S_k)}}, W_k^c = \frac{\frac{\bar{I}_k}{\text{var}(I_k)}}{\sum_{k=1}^{N} \frac{\bar{I}_k}{\text{var}(I_k)}} \tag{8-3}$$

式中，S_k^c 为根据距平均值偏差修正后用户对 k 属性的满意率；W_k^c 为根据满意率的分散度修正后用户表现的 k 属性权重。异质乘客满意度指数将异质性引入用户的判断中，同质化属性的重要性也得到了突出。

8.2.2 服务感知聚合模型

一些研究者认为，表现感知已经是顾客对预期和实际服务的比较，因而只基于表现的感知模型比表现感知－期望的综合模型要好。仅基于乘客实际服务感知的测量方法一般可表述为

$$\text{SQ} = \sum_{j=1}^{k} P_{ij} \tag{8-4}$$

式中，k 为属性的数量；P_{ij} 为刺激因素 i 对属性 j 的性能感知。

8.2.3 服务感知分解模型

基于象限分析方法，表现分解模型广泛应用于服务质量评估中。在实际应用中，x 轴和 y 轴分别代表乘客对出行服务某一属性的评价排序和重要性，$x-y$

轴分割的四象限图为研究者提供了可视化的量化分析工具。相对而言，表现分解模型直观而简单，广泛应用于交通运输行业。但这种量化仍然是模糊的，不同出行服务指标的优先级仍是不确定的。

8.2.4 服务感知-期望分解模型

容忍区（Zone of Tolerance，ZOT）等概念的提出为基于期望的表现分解模型提供了理论基础。假设乘客对出行服务的期望可以分为两个层次，即期望服务（Desired Service，DS）和充分服务（Adequate Service，AS）。容忍区定义为期望服务和充分服务之间的差异，服务优越性（Service Superiority，SS）定义为期望服务和感知服务（Perceived Service，PS）之间的差异，服务适当性（Service Adequacy，SA）定义为感知服务和充分服务之间的差异。一般而言，期望服务是乘客希望得到的服务，是乘客认为"可以"和"应当"的组合，而充分服务是顾客认为可以接受的出行服务，二者之差即容忍区可以很好地反映乘客的出行满意度；事实上，ZOT可以更直观地对服务质量的期望进行分析，通过定义一个基于客户满意度性能比（ZOT Service Quality，ZSQ）的概念，服务质量实现了从定性分析到量化分析的过程：

$$ZSQ = \frac{PS - AS}{DS - AS} = \frac{SA}{ZOT} \qquad (8-5)$$

在式（8-5）中，DS、AS、PS分别代指期望服务、充分服务及感知服务，ZSQ代表根据顾客期望的服务质量的性能比。某一服务属性的ZSQ值越小，意味着性能越差，因此应该有更高的优先级来进行改进。一般地，在出行服务指标的评价过程中，管理者仅需考虑不同属性的ZSQ值，通过值的大小判断所考虑属性的重要性和优先级。在特殊情况下，如果ZSQ值大于1，表明乘客当前接受的服务高于期望服务，不需要改进；而如果ZSQ值小于0，表明当前服务已经低于乘客所容忍的服务，则必须立即改进该属性。

8.3 出行服务评价反馈机制

出行服务评价反馈为交通部门MaaS系统提供了支撑，也是出行服务平台应用功能优化的关键。在实际应用过程中，出行服务完成后，乘客往往被要求填写满意度调查问卷，而基于MaaS的线上评价模式可以实现平台与乘客用户间的实时交互反馈，形成一个闭环反馈系统，如图8-1所示。

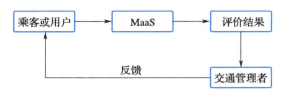

图 8-1　出行服务评价反馈机制

在出行服务评价反馈体系中，乘客或用户是参与出行的主体，是 MaaS 出行平台服务的对象，而在反馈体系中，乘客的评价体验也是 MaaS 服务商和交通系统优化的重要参考；MaaS 平台为乘客提供多样的出行方案，也为乘客提供其他用户的出行评价参考，在此基础上，MaaS 平台整合服务评价数据，参与到交通管理部门的系统优化和服务改善中；政府管理部门作为监管机构，是反馈体系框架的制定者和实际出行运营过程的监督者，现阶段我国出行服务体系建设仍处在起步阶段，而出行服务评价指标、计算方法等国家标准的建设需要交通部门的指导，在一站式出行服务中，各项权力责任的划分也需要法律法规的健全和完善，作为顶层设计者，交通管理者也需要与 MaaS 平台通力合作，在实际应用与反馈中不断完善出行服务评价反馈机制。

参考文献

[1] 汪光焘,王婷. 贯彻《交通强国建设纲要》,推进城市交通高质量发展[J]. 城市规划, 2020,44(3):31-42.

[2] 刘向龙,刘好德,李香静,等. 中国出行即服务(MaaS)体系框架与发展路径研究[J]. 交通运输研究,2019,5(3):1-9.

[3] WONG Y Z, HENSHER D A, MULLEY C. Mobility as a service (MaaS): Charting a future context[J]. Transportation Research Part A: Policy and Practice, 2020, 131: 5-19.

[4] LYONS G, HAMMOND P, MACKAY K. The importance of user perspective in the evolution of MaaS[J]. Transportation Research Part A: Policy and Practice, 2019, 121: 22-36.

[5] ARIAS-MOLINARES D, GARCÍA-PALOMARES J C. The Ws of MaaS: Understanding mobility as a service fromaliterature Review[J]. IATSS Research, 2020, 44(3): 253-263.

[6] JOSHI J, JAIN K, AGARWAL Y, et al. TMaaS: Traffic management as a service using cloud in VANETs [C]//2015 IEEE 3rd International Conference on Smart Instrumentation, Measurement and Applications (ICSIMA). New York: IEEE, 2015: 1-6.

[7] CALAFATE C T, SOLER D, CANO J C, et al. Traffic management as a service: The traffic flow pattern classification problem [J]. Mathematical Problems in Engineering, 2015, 27: 716598.

[8] 杨东凯,吴今培,张其善. 智能交通系统及其信息化模型[J]. 北京航空航天大学学报, 2000, 26(3): 270-273.

[9] 鲍晓东,张仙妮. 智能交通系统的现状及发展[J]. 道路交通与安全, 2006, 6(8): 15-18.

[10] QURESHI K N, ABDULLAH A H. A survey on intelligent transportation systems[J]. Middle-East Journal of Scientific Research, 2013, 15(5): 629-642.

[11] FIGUEIREDO L, JESUS I, MACHADO J T, et al. Towards the development of intelligent transportation systems[C]//ITSC 2001. 2001 IEEE Intelligent Transportation Systems. New York: IEEE, 2001: 1206-1211.

[12] PERALLOS A, HERNANDEZ-JAYO U, ONIEVA E, et al. Intelligent transport systems: technologies and applications[M]. Hoboken: John Wiley & Sons, 2015.

[13] WILLIAMS B. Intelligent transport systems standards[M]. Dedham: Artech House, 2008.

[14] ANDERSEN J, SUTCLIFFE S. Intelligent transport systems (its)-an overview[J]. IFAC Proceedings Volumes, 2000, 33(18): 99-106.

[15] ZEAR A, SINGH P K, SINGH Y. Intelligent transport system: A progressive review[J]. Indian Journal of Science and Technology, 2016, 9(32): 1-8.

[16] 柴彦威,申悦,塔娜. 基于时空间行为研究的智慧出行应用[J]. 城市规划, 2014(3): 83-89.

[17] 姜红德. 智慧出行,IT领航[J]. 中国信息化, 2016(11): 58-61.

[18] 张春霞,彭东华. 我国智慧物流发展对策[J]. 中国流通经济, 2013, 27(10): 35-39.

[19] 石亚萍. 基于物联网的智慧物流[J]. 物流技术, 2011, 30(9): 44-45.

[20] 孙中亚,甄峰. 智慧城市研究与规划实践述评[J]. 规划师, 2013(2): 32-36.

[21] LIU T, CEDER A A. Analysis of a new public-transport-service concept: Customized bus in China[J/OL]. Transport Policy, 2015, 39: 63 - 76. DOI:10.1016/j.tranpol.2015.02.004.

[22] ESTER M, KRIEGEL H P, SANDER J, et al. A density-based algorithm for discovering clusters in large spatial databases with noise [C]//KDD-96 Proceedings. New York: AAAI Press,1996:226 - 231.

[23] TAO Y, BOTH A, SILVEIRA R I, et al. A comparative analysis of trajectory similarity measures[J]. GIScience & Remote Sensing, 2021, 58(5): 643 - 669.

[24] LI T, CHEN P, TIAN Y. Personalized incentive-based peak avoidance and drivers' travel time-savings [J]. Transport Policy, 2020, 100:68 - 80.

[25] CATHERINE S. Travel behavior change in older travelers: Understanding critical reactions to incidents encountered in public transport [J]. International Journal of Environmental Research & Public Health, 2015, 12(11): 14741 - 14763.

[26] BEN E E, PACE R D, BIFUICO G N, et al. The impact of travel information's accuracy on route-choice [J]. Transportation Research Part C: Emerging Technologies, 2013, 26:146 - 159.

[27] GKIOTSALITIS K, STATHOPOULOS A. A mobile application for real-time multimodal routing under a set of users' preferences [J]. Journal of Intelligent Transportation Systems, 2015, 19 (1 - 4):149 - 166.

[28] TSENG Y Y, KNOCKAERT J, VERHOEF E T. A revealed-preference study of behavioural impacts of real-time traffic information [J]. Transportation Research Part C: Emerging Technologies, 2013, 30:196 - 209.

[29] GAN H. To switch travel mode or not? Impact of smartphone delivered high-quality multimodal information [J]. Intelligent Transport Systems Iet, 2015, 9(4): 382 - 390.

[30] FUJII S, TANIGUCHI A. Determinants of the effectiveness of travel feedback programs—A review of communicative mobility management measures for changing travel behaviour in Japan [J]. Transport Policy, 2006, 13(5): 339 - 348.

[31] SALEH W, FARRELL S. Implications of congestion charging for departure time choice: Work and non-work schedule flexibility [J]. Transportation Research Part A Policy and Practice, 2005, 39(7/9): 773 - 791.

[32] BENE E, ETTEMA D. Rewarding rush-hour avoidance: A study of commuters'travel behavior [J]. Transportation Research Part A, 2011, 45(7): 567 - 582.

[33] HE S Y. Does flexitime affect choice of departure time for morning home-based commuting trips? Evidence from two regions in california [J]. Transport Policy, 2013, 25:210 - 221.

[34] COOLS M, MOONS E, CREEMERS L, et al. Changes in travel behavior in response to weather conditions: Do type of weather and trip purpose matter [J]. Transportation Research Record Journal of the Transportation Research Board, 2010, 2157:22 - 28.

[35] KIMURA, HIROAKI, NAKAJIMA, et al. Designing persuasive applications to motivate sustainable behavior in collectivist cultures [J]. PsychNology Journal, 2011, 9(1): 7 - 28.

[36] HU X, CHIU Y C, ZHU L. Behavior insights for an incentive-based active demand management platform [J]. International Journal of Transportation Science & Technology, 2015, 4(2): 119 - 133.

[37] GREENE-ROESEL R, CASTIGLIONE J, GUIRIBA C, et al. BART perks: Using incentives to manage transit demand [J]. Transportation Research Record Journal of the Transportation Research Board, 2018, 2672(8): 036119811879276.